7A1

258 LAH 1975

WITHDRAWN

NOV 0 5 20

D0014469

GAYLORD | | | PRINTED IN U.S.A.

CARSON CITY LIBRARY

hi-lites noted
ok to circ. 12/07

Cómo Vencer la Depresión

Tim LaHaye

La misión de Editorial Vida es proporcionar los recursos necesarios a fin de alcanzar a las personas para Jesucristo y ayudarlas a crecer en su fe.

©1975 EDITORIAL VIDA
Miami, Florida 33166-4665

Publicado en inglés bajo el título:
How to Win Over Depression
por *Zondervan Publishing House*
© 1975 por *Zondervan Publishing House*

Traducción: *Edwin Sipowics*

Diseño de cubierta: *O'Design*

Reservados todos los derechos

ISBN 0-8297-0515-5

Categoría: *Psicología / Consejería*

Impreso en Estados Unidos de América
Printed in the United States of America

99 00 01 02 03 04 ❖ 23 22 21 20 19 18

3 1472 70090 3960

Dedicatoria

Este libro está dedicado a los deprimidos.

El autor espera que todos los que hayan sufrido inútilmente la desdicha desesperante y desesperanzada de esta epidemia emocional, sin miras de poder escapar de sus garras, no sólo lean el tratamiento que sugiere, sino que lo apliquen para lograr una nueva dimensión en su vida.

INDICE

Introducción 9

1. El problema de la depresión 11

2. Luchas contra la depresión 18

3. Síntomas de la depresión 25

4. Ciclos de depresión 30

5. Causas de la depresión 48

6. ¿Es curable la depresión? 60

7. El lugar de la ira en la depresión 91

8. Autoconmiseración y depresión 100

9. Cómo superar la autoconmiseración .. 117

10. Mente y depresión 129

11. Autoimagen y depresión 143

12. Temperamento y depresión 167

13. Ocultismo y depresión 188

14. Música y depresión 195

15. Diez pasos para vencer la depresión .. 200

16. Cómo ayudar a nuestros hijos a evitar la depresión 220

17. Cómo ayudar a un amigo deprimido.. 232

18. La desdichada mayoría 238

19. Un optimista de ochenta y cinco años de edad 247

Reconocimientos

El autor está en deuda con muchas personas por la eficaz ayuda que le prestaron para escribir este libro. Numerosos consultantes deprimidos hicieron posible percibir la naturaleza interior del problema de la depresión, ofreciendo una gran oportunidad para probar la validez de las fórmulas que aquí se estipulan, a fin de lograr la victoria en la lucha contra la depresión.

El Dr. James DeSaegher, miembro del Departamento de Inglés en la Universidad Internacional de los Estados Unidos, en San Diego, fue de una ayuda inconmensurable en la corrección gramatical del manuscrito. La señora Barrie de Lyons, Linda Dukes y la señora Bonnie de Perry pasaron a máquina mis garabatos manuscritos o las cintas grabadas durante mis viajes en avión a diversos compromisos en el país. Los doctores William Halcomb, de San Clemente, y Nelson Bell y William McCandles, de San Diego, como asimismo la enfermera Ruth Erne, me asesoraron en los aspectos médicos del tema, y revisaron prolijamente los seis primeros capítulos. Las azafatas de los aviones, los comerciantes y pasajeros en general que entablaron conversación conmigo cuando se percataron del tema sobre el cual escribía, hicieron comentarios positivos y terminaron por convencerme de la gran necesidad que había de publicar este libro.

Finalmene, mi maravillosa esposa y mis hijos que aceptaron de buen grado mi grave preocupación durante los meses que demandó la gestación de este escrito, se han ganado para siempre mi gratitud.

Introducción

Cuando la revista *Newsweek* dedicó la portada y su artículo de fondo al tema titulado "La batalla contra la depresión", ¡fue la gota de agua que faltaba! Desde algún tiempo atrás yo pesaba la conveniencia de escribir un libro sobre "Cómo ganar la batalla contra la depresión", y ese artículo terminó por convencerme. El leer "Pues no hay duda alguna que la depresión, que por largo tiempo encabezó la lista de enfermedades mentales en los Estados Unidos, es ahora virtualmente epidémica, con el suicidio como su más frecuente resultado"[1] no hizo más que confirmar mis propias observaciones. Si mi sala de consejero servía como pauta, la depresión estaba en franco aumento. Ese artículo y la reciente oleada de libros que se editan sobre el tema, no dejan lugar a dudas de que nuestra ciudad no constituye un refugio en un problema que avanza como un tifón, haciendo estragos en la civilización occidental.

Durante varios años he realizado un estudio especial sobre esta fatal enfermedad emocional que cobra tantas vidas. Durante mis investigaciones me vi frente a una montaña de confusiones, contradicciones y sugerencias disfrazadas de sicología, difícil de encasillar. Cuando aumentó el número de personas deprimidas que me consultaban, me vi obligado a brindarles mi ayuda a mi leal saber y entender. Poco a poco logré una fórmula que para muchos resultó beneficiosa. De vez en cuando cruzaba por mi mente la idea de escribir este libro, en la esperanza de que también los lectores pudieran beneficiarse con dicha fórmula, pero no fui suficientemente motivado hasta hace tres años.

Sin tendencia habitual a la depresión, me resultaba imposible identificarme, por experiencia personal, con los trastornos emocionales de mis consultantes. Pero el 7 de octubre de 1969, experimenté en carne propia el más devastador suceso de mi vida desde la muerte de mi padre cuando yo tenía diez años de edad. Afectado de un grave proceso depresivo, por vez primera pude identificarme con el frío, apático y desesperanzado sentimiento de los deprimidos.

La primera depresión pasó a los pocos días, pero durante los siguientes dos años y medio sufrí otras cuatro depresiones, reconociendo todas ellas la misma fuente de origen. Mirando atrás descubro que cada vez que utilicé la fórmula que aconsejo a los demás, la depresión pasó. Y retornaba cuantas veces no apliqué la fórmula.

Ahora que la depresión ha alcanzado proporciones nacionales "virtualmente epidémicas", y ahora que sé algo de ella por experiencia personal, tanto por los éxitos como por los fracasos, creo llegado el momento de escribir este libro. Lo hago en la esperanza de que ayudará a otros a comprender la verdadera causa que desencadena la acción de ese gran victimario emocional y ofrecer, al mismo tiempo, un remedio eficaz.

De una cosa estoy seguro: no somos víctimas obligadas de la depresión. Si alguno de mis lectores o alguno de sus seres queridos tiene este problema, sabrán alborozados que hay un medio para triunfar sobre este mal. Estoy más que convencido que aplicando la fórmula prescrita en este libro, podrán librarse para siempre de la depresión.

---

[1] "Coping With Depression". Copyright Newsweek, LXXXI (8 de enero de 1973) 51. Por permiso.

CAPITULO UNO

El problema de la depresión

Una mujer atractiva, de más de treinta años de edad, se sentó en una silla de mi sala de consejero y exhaló el conocido y desalentado suspiro que a fuerza de escucharlo tantas veces he aprendido a asociarlo con la depresión. Su nombre podría haber sido señora de "Tengolotodo". Efectivamente, nada le faltaba pues todo lo tenía.

Salió de su lujosa mansión estilo colonial de 65.000 dólares, dejando atrás su fabuloso guardarropas lleno de modelos exclusivos y con sus problemas a cuestas llegó a mi despacho manejando un flamante automóvil utilitario. Tenía tres encantadoras hijas en edad escolar y un dinámico y ejecutivo esposo que "nunca le fue infiel". Poseyendo prácticamente todo lo que se puede poseer no era feliz.

Concurrió al consultorio del siquiatra tres veces a la semana durante dos meses y a pesar de ello, la noche antes de venir a consultarme, la señora de "Tengolotodo" estuvo a punto de quitarse la vida. En un estado de depresión bajó los visillos de la ventana en su dormitorio, se metió de vuelta en la cama no bien sus hijas partieron para el colegio, y se tapó la cabeza con la sábana. Aun cuando su pulcro aspecto decía lo contrario, me aseguró que se levantó de la cama para consultarme.

Si bien esta joven madre sufría los efectos de una grave depresión, no era, por cierto, de las más graves. En realidad, su condición emocional no era infrecuente, ya que la mayoría de las personas que me consultan están deprimidas. Y esto pareciera ser la regla general, según comentan los demás consejeros con quienes he hablado al respecto. Todos los días recurren a los consejeros varios casos de depresión. Un prominente sicólogo afirmó lo siguiente: "Todos, sin excepción, nos sentimos deprimidos a veces. Es perfectamente normal". Un médico, hablando a sus colegas sobre el diagnóstico de la depresión, comentaba que "en cierta medida, debe esperarse de todas las personas, un cierto grado de depresión".

Hace ya muchos años que la depresión es la enfermedad emocional No. 1 de la nación, y va en progresivo aumento. En más de cuarenta seminarios sobre Vida de la Familia que he dirigido en distintos puntos del país, los oyentes han adquirido más grabaciones de mi disertación "Causas y curación de la depresión" que de ninguna otra de mis disertaciones, aun más que "Armonía sexual en el matrimonio", "Superando las preocupaciones", "Por qué los polos opuestos se atraen" y diez otras selecciones.

Entre 50.000 y 70.000 se suicidan todos los años, y sabemos que sólo un pequeño porcentaje de los que intentan suicidarse logran su objetivo. Investigando cuidadosamente todos esos casos, se ha llegado a la conclusión de que más de la mitad de los suicidas padecían distintos grados de depresión. El Instituto Nacional de Salud Mental ha logrado establecer que 125.000 norteamericanos son hospitalizados anualmente por depresión, mientras que otros 200.000 o más están bajo tratamiento siquiátrico. Además el Dr. Nathan Kline, del Rockland State Hospital de Nueva York, afirma que hay numerosos casos de depresión que no se tratan, por no haber sido diagnosticados como tales. Se estima que los afectados llegan a ocho millones por año.[1] En opinión de numerosos investigadores, la humanidad sufre más a consecuencia de la depresión que de cualquier otra enfermedad.

Y si bien progresa a un ritmo alarmante, la depresión no es cosa nueva. La historia y la literatura indican que es tan antigua como el hombre. El libro de Job, que es el más antiguo libro conocido, nos presenta un notable personaje, afectado de un grave estado depresivo, y que exclama: "Así he recibido meses de calamidad, y noches de trabajo me dieron por cuenta. Cuando estoy acostado, digo: ¿Cuándo me levantaré? Mas la noche es larga, y estoy lleno de inquietudes hasta el alba. Mi carne está vestida de gusanos, y de costras de polvo; mi piel, hendida y abominable. Y mis días fueron más veloces que la lanzadera del tejedor, y fenecieron sin esperanza. Acuérdate que mi vida es un soplo, y que mis ojos no volverán a ver el bien. Los ojos de los que me ven, no me verán más; fijarás en mí tus ojos, y dejaré de ser. Como la nube se desvanece y se va, así el que desciende al Seol no subirá; no volverá a ver su casa, ni su lugar le conocerá más. Por tanto, no refrenaré mi boca; hablaré en la angustia de mi espíritu, y me quejaré con la amargura de mi alma" (Job 7:3-11). Después de leer lo que le ocurrió a Job (pérdida de su familia y de su fortuna, y afectado de una sarna maligna que cubría todo su cuerpo) ¿quién se atreve a decir que no habría reaccionado de la misma manera en circunstancias similares?

El primer escritor de quien se sabe que describió en forma categórica la depresión fue Hipócrates, el médico y filósofo griego. En su ingeniosa clasificación de los cuatro temperamentos, denominó a uno de ellos como "melancolía", sugiriendo la errónea explicación de que era provocado por una corriente sanguínea negra y viscosa.

Areteo, notable médico griego del siglo II, describió a los deprimidos como "tristes" y "desanimados". Los enfermos, según él, adelgazaban, se mostraban perturbados y sufrían de insomnio. Si las condiciones persistían, se quejaban de "mil futilidades" y expresaban deseos de morir.[2]

Plutarco, otro notable del siglo II, incluyó la melancolía en un claro contexto religioso: "Se mira a sí mismo como un hombre que ha merecido el odio y la persecución de los dioses. Le espera un triste sino;

no se atreve a utilizar ningún método para alejar o remediar su mal, no sea que se lo halle culpable de luchar contra los dioses. Nada quiere saber con el médico o con el buen amigo que procura consolarlo. —Dejadme—, dice el desdichado, —dejadme que yo, el impío, el maldecido, el odiado por los dioses, sufra mi castigo—. Se sienta fuera de la casa envuelto en una arpillera o en trapos inmundos. De cuando en cuando se revuelca, desnudo, en la suciedad, confesando este y aquel otro pecado. Que comió o bebió alimentos o bebidas inapropiadas. Que anduvo por sitios que no contaban con la aprobación de los dioses. Las festividades en honor de los dioses no le producen placer alguno, sino que por el contrario, lo llenan de miedo y temor."[3]

Un prolijo estudio de estas antiguas crónicas revelan una gran similitud con las modernas descripciones de la depresión. Así, por ejemplo, el Dr. Beck explica: "Los signos y síntomas cardinales utilizados en el día de hoy para el diagnóstico de la depresión aparecen en las más antiguas descripciones: genio abatido (triste, desalentado, fútil); autocastigo ("el maldecido, el odiado de los dioses"); autodegradación ("envuelto en una arpillera o en trapos sucios... se revuelca, desnudo, en la suciedad"); desea morirse; síntomas subjetivos y objetivos (agitación, pérdida de peso y del apetito, insomnio); imagina haber cometido pecados imperdonables. La anterior descripción cubre todas las características típicas de la depresión. Son muy pocos los síndromes siquiátricos cuya descripción clínica se haya mantenido tan constante a lo largo de los siglos de la historia."[4]

Es deprimente pensar que después de casi 2.500 años, los especialistas seculares de hoy en día no estén en mejores condiciones que los antiguos para encarar este problema.

La depresión es universal

No es aventurado decir que todos, en algún momento u otro de la vida, atraviesan por un período depresivo. Por supuesto que no todos son casos tan desesperados que los induzcan al suicidio, pero no hay nadie que escape a la regla general de que todos, en alguna oportunidad, han experimentado en mayor o menos grado un ataque depresivo. Durante estos últimos años he dirigido una encuesta en auditorios que sumados sobrepasan las cien mil personas. La pregunta era: "¿Hay entre los presentes alguno que nunca, en toda su vida, haya sufrido una depresión?" Hasta el presente, al menos, ninguna persona se ha visto libre de este problema.

Por cierto que todas esas personas no reconocen que están hundidas en el Pantano de la Desconfianza. (De la obra de Juan Bunyan "El Peregrino".) Mucha de esa gente, al responder a la pregunta, pensaba en términos de leves estados depresivos, lo que algunos denominan familiarmente "estar con la luna" o, como lo expresó una señora "tener un nudo en la garganta". Pero todas tenían clara conciencia de que en ciertos períodos de su vida se sintieron desdichados. Claro está que media una gran diferencia entre no sentirse feliz y estar mentalmente enfermo. Sin embargo, aun las formas más benignas de la depresión pueden empañar el brillante cristal de la vida.

La depresión, aparte de ser un mal universal, tampoco hace acepción de personas. Las últimas investigaciones sobre la materia han demostrado que afecta tanto a los pobres como a los ricos. Como lo habremos de demostrar en este libro, no es provocada por las circunstancias, ni las posesiones, ni la posición que se ocupa en la vida; por lo tanto, todos son susceptibles a ella.

Ninguna profesión está exenta de la depresión, pues la hallamos entre conductores de taxímetros, amas de casa, comerciantes, maestros, obreros de la construcción y contratistas. Muchos temen que el hecho de confesar que están deprimidos equivale a reconocer que padecen de una minusvalía mental. Si bien existe una relación directa con los mecanismos pensantes, nada tiene que ver con el índice de inteligencia. Todo lo contrario, las personas con más elevado índice de inteligencia son las más vulnerables a esta dolencia. Así, por ejemplo, casi todas las autoridades que he consultado sobre la materia están contestes en que Sir Winston Churchill, baluarte de Inglaterra en momentos de gravísima crisis nacional, sufría agudos ataques depresivos. Algunos de los más grandes genios universales padecieron del mismo mal. Al terminar una magnífica obra de arte u otra expresión creativa, caían en un apático período de depresión.

Muchos estudiantes del colegio secundario recordarán el cuento corto de Edgar Allan Poe titulado *"The Pit and the Pendulum"* (El abismo y el péndulo). Se dice que luego de producir esta obra, el genial escritor cayó en un período depresivo que duró diez días. Algunos, como Stephen Foster, ahogaban su creatividad en los vapores del alcohol; varios poetas vieron acortada su vida a consecuencia de su desenfreno sexual, y otros artistas malgastaron su genio dándose a similares excesos. Van Gogh llegó al extremo de cortarse una oreja en un arranque de desesperación.

Cuando afirmamos que todos los seres humanos han experimentado lo que es la depresión, hablamos en términos generales de las diversas formas que toma, y que hemos de analizar más adelante. Estas distintas formas van del simple "estar con la luna" y pequeñas variantes del humor, común a todas las personas, a las más graves sicosis. La vida misma es algo impredecible, y todo ser humano necesariamente experimenta la infelicidad. Un siquiatra admitió que "pareciera que estamos permanentemente hambrientos de felicidad". Para mucha gente la felicidad es un raro lujo que, como habremos de ver, depende no tanto de las circunstancias, sino de la actitud mental, pero toda vez que una persona se siente desdichada tiende, en alguna medida, a sentirse deprimida. Es ilusorio creer que algún ser humano pueda escapar a las causas naturales que provocan las desdichas de la vida. Por lo tanto, si vivir es experimentar diversos grados de infelicidad, y la depresión es la antítesis de la felicidad, luego todos los hombres están destinados, en alguna ocasión, a sentirse deprimidos.

Los estudiosos del comportamiento humano han debido lidiar, desde siempre, con dos interrogantes: 1. ¿Por qué algunos sufren la depresión con más frecuencia que otros? 2. ¿Cuál es la verdadera causa de la depresión? Ambos interrogantes serán tratados en capítulos subsiguientes. Muchos prefieren pensar que es una enfermedad que reconoce causas físicas, y así pensando se libran de toda responsabilidad. Los que así actúan comprometen seriamente sus probabilidades de curación.

He observado gente feliz y contenta, cuya alegría irradiaba en medio de las más desdichadas circunstancias de la vida, en tanto que otros truecan las circunstancias de alegría en abismos de depresión. A menos que una persona esté dispuesta a enfrentar el hecho de que es su actitud mental ante las circunstancias —no las circunstancias— la causa desencadenante de su desdicha y depresión, en mi opinión esa persona es incurable.

---

1 "Coping With Depression" (Lidiando con la depresión), Copyright *Newsweek*, LXXXI (Enero 8, 1973). 51. Por permiso.

2 Aaron T. Beck, *Depression: Causes and Treatment* (Philadelphia: University of Pennsylvania Press, 1967), p. 4.

3 *Ibid.*, p. 5

4 *Ibid.*

CAPITULO DOS

Luchas contra la depresión

Una de las primeras cosas que aprende un estudiante de segundo año de sicología, es que la conservación propia es la primera ley de la vida. Cuando alguien se lastima un brazo, protege esa zona lastimada con otras partes del cuerpo. Si se lastima una pierna, consciente o inconscientemente pondrá más peso de su cuerpo sobre la pierna sana. La lucha natural por la existencia provocará automáticamente variaciones emocionales que producen cambios en el comportamiento, y en algunos casos, cambios en el aspecto físico.

Esto es particularmente cierto en el ámbito de la depresión. Se echa mano de artificios subconscientes en algunos casos, para evitar la depresión o para salirse de sus garras. La gente utiliza distintas técnicas y desarrolla gradualmente ciertos hábitos que se tornan característicos de su personalidad. Estos mecanismos de defensa pueden manifestarse en forma de cambios de humor, que alteran su relación con los demás. Su actitud frente a las circunstancias puede tornarse regresiva o narcisista y, en caso de prolongarse resultará, en última instancia, una manera de escapar a la realidad. Esto es a lo que denominamos "perder contacto con la realidad". Tales personas mantienen su capacidad de oír pero están incapacitadas de ejecutar movimientos o de hablar. Como es obvio, la gravedad de la depresión determinará el grado de lucha contra la misma que, a su vez, produce lo que solemos llamar comportamiento anormal. No es raro que el enfermo apele al suicidio como último recurso para librarse de la agobiante tiranía de la depresión.

Como veremos más adelante, la forma en que esta lucha se manifiesta en la vida de una persona puede ser observada desde la más tierna infancia. La separación de un objeto amado es una de las principales causas que dan origen a la depresión, lo que hace que un bebé bien alimentado, satisfecho y cuyos pañales están secos, rompa a llorar cuando sus padres abandonan la alcoba. El contacto con el objeto amado —en este caso la madre— produce la felicidad. La separación engendra la soledad, cuyo resultado final es la depresión. Consecuentemente, la lucha de la criatura contra la depresión, lo hace llorar. Si la madre es una mujer inmadura y se irrita por lo que ella considera un comportamiento irracional de parte del bebé, puede que le grite al niño, lo cual agrava el problema. En este caso tenemos dos personas inmaduras que están en conflicto en su lucha contra la depresión. La voz áspera y enojada de la madre aumenta la inseguridad del niño, y el comportamiento desmandado de la madre le crea en ella un sentimiento de culpabilidad y de desprecio por sí misma, que también contribuye a su depresión.

La otra eventualidad es que la madre no puede soportar el lloro del niño por lo cual se apresura a levantarlo amorosamente procurando así eliminar una de las causas que podrían deprimirla. Esta acción, sin embargo, no contribuye en nada al entrenamiento del bebé para enfrentar la vida, que necesariamente exige períodos de separación de los objetos amados. No solamente crea en el niño el hábito de la dependencia, sino que esclaviza a la madre a los caprichos del hijo. Todo esto, en última instancia, se transforma en una espina irritativa para la madre, que no solamente puede provocar un estado depresivo en su vida, sino que, como instancia final, y de mantenerse esa situación, también puede generar sentimientos de hostilidad que no podrá indefinidamente dejar de expresar. El niño, a su vez, percibirá ese sentimiento y el resultado final será la depresión.

A modo de digresión momentánea, y respecto al tratamiento para este problema tan común, sugerimos comparar el desarrollo emocional y mental con el acto físico de aprender a caminar. Siendo, como es, algo tan tangible, nos resultará más fácil habérnoslas con los aspectos físicos de la vida que con los aspectos mentales o emocionales, razón por la cual el aprender a caminar nos proporciona tan excelente ilustración. Cuando la criatura comienza a caminar, indefectiblemente cae repetidas veces. No importa cuántas veces cae y, dentro de ciertos límites, no importa cuánto se golpea. Pero lo que sí es importante para él es que se le demuestre aprobación y se lo estimule para empezar de nuevo. Finalmente todos los niños normales aprenden a caminar. De manera similar, los niños normales aprenden a separarse de sus padres. Admitimos que puede ser un proceso doloroso, pero es una parte necesaria de la vida. Por lo tanto, los padres inteligentes, con todo amor y ternura comienzan a enseñarle al niño, desde su más tierna infancia, y por cortos períodos de tiempo a caminar solo, por así decirlo, respecto de sus emociones, haciéndole dar cortos pasos sicológicos que lo preparen para los largos trancos de separación que eventualmente tendrá que dar.

Las manifestaciones infantiles de la lucha contra la depresión se exteriorizan en formas de comportamiento que, si bien se las asocia con los niños, no son ni universales ni necesarias.

Naturalmente, a medida que la persona madura físicamente, su madurez mental y emocional no mantiene un crecimiento consecuente. En realidad, su comportamiento puede descender hasta un límite inferior a lo que generalmente aceptamos como normal.

EXHIBICIONISMO

En la infancia este problema se manifiesta en forma de berrinches y pataletas, luciendo sus habilidades y llamando la atención de cualquier manera, incluso recluyéndose. No es raro que se exteriorice como una obsesión por el juego, jugando no sólo por dinero, sino también jugándose la vida. En el caso de un adolescente varón puede ser conduciendo temerariamente un automóvil o una motocicleta; y para una adolescente, viajar en el automóvil de un desconocido a quien le hizo señas en el camino, o por medio de la promiscuidad sexual; para los padres puede abarcar una costosa parranda o una despilfarradora visita a las mesas de juego de un casino. Es posible que esta compulsiva obsesión de jugarse la vida, la reputación o los bienes materiales, sea un subconsciente deseo de tentar al destino, originado por el sentimiento de culpabilidad que nace de formas de pensamiento que le son propias, inducidas por la separación o la pérdida del objeto amado.

El exhibicionismo es, casi universalmente, una expresión de la lucha contra la depresión. El niño que siente que está perdiendo el amor o la buena voluntad de sus padres, se desquita a menudo lanzando improperios o palabrotas. Si los padres, con sabiduría y amor, disciplinan al niño, no solamente le ayudan a cimentar las bases de su autodisciplina y control de sí mismo, sino que lo ayudan a mitigar su complejo de culpabilidad, que sin duda siente por haber injuriado mental o verbalmente a sus padres. (Nunca hay que subestimar el sentido intuitivo que tienen los niños sobre el mal y el bien.) Si no se le pone coto, su espíritu de rebelión se volverá contra la sociedad, manifestándose en palabras obscenas escritas sobre las paredes en lugares públicos y en palabrotas dichas a viva voz, consideradas socialmente inaceptables. Cuando crezca, puede expresarse en tortuosas maquinaciones contra la sociedad, reclusión voluntaria y eventualmente el suicidio.

También la promiscuidad sexual puede ser un reflejo de la batalla contra la depresión. La mujer, segura, amada y aceptada no viste de una manera provocativa, sino que subconscientemente prefiere un atuendo recatado. Como consejero he podido observar, durante el largo período de la minifalda y la microminifalda, que la seguridad que de sí misma tiene una mujer podía medirse, muchas veces, por el largo de su falda. Lo mismo reza para la mujer que insiste en usar exclusivamente ropa masculina. Por alguna razón le disgusta ser mujer (probablemente porque en su infancia la separación de un objeto amado, posiblemente su padre, lo interpretó que era debido a su condición de niña); de ahí que haga todo lo posible para disimular su femineidad. No solamente viste como un hombre sino que camina como un hombre, insulta como un hombre, e incurre en otras prácticas impropias de una dama. Si se acepta a sí misma como una mujer, pero no como una persona, exteriorizará su lucha contra la depresión en forma de flirteo, sugerencias y, en algunos casos, promiscuidad. Las investigaciones indican que las ninfomaníacas no son en realidad mujeres hipersexuales, sino excesivamente inseguras. El impulso sexual de una mujer no es tan fuerte que sirva a modo de explicación para semejante comportamiento. Aun las mujeres más sexuales, al grado de ser indiscriminativas en la elección de los hombres con quienes se relacionan, me han asegurado, en mi función de consejero, que no era el impulso sexual lo que las motivaba, sino su desesperada necesidad de amor. El sexo era el precio que pagaban por obtener el amor que anhelaban.

El exhibicionismo sexual en los hombres no se manifiesta tan frecuentemente como en las mujeres, por una indecente exhibición, en parte porque la industria de la moda masculina, no coopera en este sentido y en parte por la mayor agresividad e impulso sexual del hombre. El ego del hombre generalmente lo lleva al placer sexual por medio de la conquista. El varón emocionalmente inmaduro tiende a poner en un pie de igualdad su masculinidad con las palabrotas obscenas y la cantidad de mujeres que ha llevado a la cama. El varón emocionalmente maduro traduce la ausencia de su lucha contra la depresión tratando a las mujeres con dignidad y respeto, y confinando sus impulsos sexuales al especial objeto de su amor, es decir su esposa.

AFERRAMIENTO

Otra de las más comunes manifestaciones de la lucha contra la depresión lleva el nombre de "aferramiento". La mayoría de los padres han tenido alguna

vez la traumatizante experiencia de deshacerse por la
fuerza de los bracitos de sus hijos que se aferraban a
sus cuellos. Nunca olvidaré el primer día de clase de
mi hijito de cinco años de edad en el Jardín de Infantes de San Diego. Había pasado tres semanas acos-
tumbrándose al ambiente del Jardín de Infantes en
Minnesota antes de mudarnos a California, y se mostraba renuente a enfrentar una nueva situación escolar. Fue terrible tener que desprender por la fuerza sus bracitos prendidos a mi cuello, pero mucho peor
fue retirarme y dejarlo solo mientras escucha su pla-
ñidero pedido de "¡Papito, no me dejes!"

El proceso de "aferramiento" que en algunos hogares ocurre todas las noches en el momento de apagar
las luces, se proyecta hacia la edad adulta. Naturalmente que supone un comportamiento más sofisticado.
En algunos casos adopta la forma de una excesiva ge-
nerosidad muy por encima de las posibilidades de la
persona. No es otra cosa que el intento subconsciente de comprar el amor del objeto amado. También puede tomar la forma de hacerse indispensable. El rechazo por parte del jefe, o de su figura de padre, es
tan aborrecible a ciertos hombres inseguros, que trabajan largas horas y descuidan a su familia. Ocasionalmente nos encontramos con una anfitriona tan insistente en sus invitaciones, que a primera vista se
nos ocurre que es la más compulsiva de las anfitrio-
nas, cuando en realidad trata de aferrarse ávidamen-
te a sus amigos. Ganándolos para ella al invitarlos a
cenar, trata de ponerlos en deuda en la esperanza de
ser invitada a su vez y no perderlos.

Este mecanismo de aferramiento es a veces el motivo
por el cual algunas mujeres instalan un hospedaje
para niños. Su instinto maternal se ve incrementado
por la inseguridad de los pequeños, y ellas se obsesionan por las ansias de que alguien las necesite. Es por
ello que no pueden tolerar la ausencia de criaturas o
niños que dependen de ellas. Probablemente sea ésta
un área en particular donde la lucha contra la depresión sea beneficiosa para el recipiente, pues a menos
que las demostraciones de afecto sean excesivas, la experiencia de ser criado en un hogar de esa naturaleza
es preferible a un orfanatorio.

Otra estratagema del aferramiento incluye hablar sin cesar, sea en forma personal o telefónicamente. Como me decía un médico amigo: "Algunas personas padecen de telefonitis." Una última forma de aferramiento adulto es causar el efecto anhelado fingiéndose desamparados o enfermos. Se trata naturalmente, de silenciosos llamados de auxilio.

ATAQUE

Un símbolo intimidante de la lucha contra la depresión entraña el ataque, que se manifiesta agresivamente hacia la persona que lo ha rechazado o, más frecuentemente, contra él mismo. El deprimido discurre, generalmente, de la siguiente manera: "Desde el momento en que mía es la culpa por ser rechazado, no hay duda de que no sirvo para nada; en consecuencia merezco ser castigado." Y ya que ningún otro lo hace, la persona se castiga a sí misma, lo cual constituye una práctica patética, por decir lo menos. Aunque esas maniobras defensivas resulten momentáneamente beneficiosas para el talante del individuo, a la larga afectarán su comportamiento en relación directa con la gravedad de su disposición de ánimo. Por lo tanto, la mejor manera de remediar la situación no es cambiar la expresión sino descubrir qué es lo que produce la disposición, como veremos más adelante. Los pensamientos provocan sentimientos, y los sentimientos se traducen en acción. Por lo tanto, toda reducción permanente de la depresión debe necesariamente lidiar con el problema de la estructura del pensamiento. A menos que cambien las pautas que rigen el pensamiento, esta lucha contra la depresión aumentará la excentricidad del comportamiento.

CAPITULO TRES

Síntomas de la depresión

El tremendo aumento que se observa hoy en día en el número de deprimidos, justifica un breve estudio sobre la sintomatología del problema. Casi todos los que lean este libro tienen amigos o seres queridos que manifiestan estos síntomas. Si no necesitan reconocerlos para sí mismos, entonces por amor a ellos deberían aprender a discernir rápidamente estos signos críticos y ofrecerles su amor y apoyo en sus momentos de necesidad.

Los consejeros, casi universalmente, reconocen tres estados o fases de depresión. La mayoría los designa como moderado, serio y grave. Nosotros los llamaremos desaliento, abatimiento y desesperanza. En otro capítulo más adelante diremos cómo nos afectan mental, emocional y físicamente, pero aquí es suficiente con decir que la mayoría de las depresiones comienzan con el desaliento, aumentan hasta llegar al abatimiento y, a menos que se logre un cambio en la estructura pensante, llegan hasta la desesperanza. Si pasa la línea de la desesperanza, es posible que la depresión se torne tan aguda que la persona pierda contacto con la realidad y debe prestársele atención médica aun para conservar su vida.

Los efectos de la depresión se experimentan en lo

físico, en lo emocional y en lo mental. El lego reconoce fácilmente los síntomas físicos, pero el especialista con frecuencia logra detectar los síntomas mentales aun antes de que se manifiesten físicamente. Desgraciadamente los deprimidos no lo consultan antes de que se manifiesten dichos síntomas físicos. Son demasiados los síntomas físicos de la depresión para que podamos considerarlos a todos en este breve libro, de modo que pasaremos revista solamente a los más comunes y frecuentes.

1. *Comportamiento irregular del sueño*. El más común de todos los síntomas físicos de la depresión es un marcado cambio en los hábitos de dormir. Si bien algunos deprimidos duermen demasiado y se despiertan cansados, lo más común es que no duermen casi nada. Si consiguen conciliar el sueño, se despiertan en las primeras horas de la madrugada y no pueden volver a dormirse. En un panel dedicado a la depresión, varios médicos aseguraron que el insomnio es la primera señal roja que nos advierte la proximidad de un proceso depresivo.

2. *Apatía, letargo, el "no me importa"*. Otro síntoma muy frecuente de la depresión lo observamos en los pacientes que dicen "estoy cansado todo el tiempo", o "no tengo ganas ni siquiera de dedicarme a mi pasatiempo favorito". Los deprimidos se despiertan cansados y permanecen inmóviles todo el día. Si bien son capaces de cumplir con sus responsabilidades, su tarea deja mucho que desear. A ello hay que añadir que se cansan fácilmente. Un hombre me decía "mis pies me pesan como si estuviera hundido en hormigón".

3. *Pérdida del apetito*. La comida pierde su encanto para los deprimidos. Juguetea con su comida que para él no tiene sabor. Mientras más grave sea la depresión menos apetito tiene. En consecuencia, de no poner coto a esta situación, puede llegar a un grave adelgazamiento que complica aún más su dificultad. A veces, en las primeras fases de la depresión, se pasa el día comiendo bocadillos, pero habitualmente los que han llegado a esta etapa de la desesperanza, pueden pasar muchos días sin comer.

4. *Pérdida del impulso sexual*. En el deprimido cesan, prácticamente, todas las funciones impulsivas o

actividades básicas. Esto incluye el impulso sexual, particularmente en las mujeres. Algunas mujeres llegan a un grado tal de depresión que hasta se interrumpe su menstruación. Excepción hecha de la depresión moderada, momentos en que el hombre se torna sexualmente agresivo por la amenaza que significa para su ego, la mayoría de los hombres pierden interés en el sexo cuando están deprimidos.

5. *Aspecto descuidado.* Cuando quiera que un amigo elegante pierde interés en su aspecto, hay que pensar en la depresión. La pérdida del impulso motor por la imagen negativa que de sí mismo adquiere el deprimido, hace que el hombre se preocupe menos en afeitarse y en detalles de prolijidad y la mujer no concurra a su peinadora. El descuido en su atuendo refleja la manera en que el individuo se ve a sí mismo. ¡Las ropas traducen la realidad! A menudo resultan un claro indicio del concepto que de sí mismo tiene la persona. Si su vestimenta es demasiado elaborada, puede ser que quiera tapar un complejo de inferioridad. Si está bien vestido, comunica una imagen de sí mismo que le satisface. Pero si viste con desaliño, en circunstancias en que debería hacerlo con pulcritud, es por lo general porque se ha dado al abandono.

6. *Varias dolencias físicas.* Es común que los deprimidos sufran de diversos males físicos, algunos reales, otros imaginarios. Entre los más comunes figuran el cansancio, la debilidad, los dolores, mareos, palpitaciones cardíacas, presión en el pecho, dificultades respiratorias, jaquecas, constipación, acidez estomacal y transpiración.

Síntomas emocionales de la depresión

Si bien la depresión comienza en la mente, afecta profundamente las emociones. Anotamos las más comunes:

1. *Pérdida del afecto.* La casi universal tendencia de los deprimidos a aislarse evitando la compañía de los demás, se debe a la pérdida de sus efectos. Comienza por una disminución en el amor que siente por su cónyuge y sus hijos, y este sentimiento crece

hasta el grado de no importarles nada de sí mismo, de los otros o de nada en general. Este es un lamentable estado emocional, provocado por una deficitaria elaboración mental de ensimismamiento. A menos que esta situación cambie, la depresión irá en aumento progresivo. Ya alguien lo advirtió: "Ama o muere". A menos que amemos a otros, nos destruiremos.

2. *Tristeza.* El abatimiento y la tristeza caracterizan a los deprimidos. Este sentimiento está tan profundamente enraizado en sus corazones, que finalmente se traduce en sus rostros. Es en vano que busquemos una sonrisa en la cara de los deprimidos. Cuando está desanimado ni el bullicio alegre ni las diversiones le dan ningún placer. A medida que se agrava la depresión, pierde totalmente su capacidad de responder al buen humor y se siente resentido por la alegría que lo rodea.

3. *Lloro.* Un síntoma frecuente de los deprimidos es su involuntaria tendencia a llorar. Aun aquellos que por años no han derramado una lágrima, rompen a llorar o quieren hacerlo y no pueden. Una mujer me dijo: "Siempre sé cuando se aproxima un período depresivo, porque me pongo a llorar."

4. *Hostilidad.* Como habremos de ver en un capítulo más adelante, todo caso de depresión se acompaña de ira, al menos en las primeras etapas. Al principio está dirigida contra la persona que lo rechazó o lo insultó. Más tarde tiene por destinatario a sí mismo, por ser el causante del rechazo. No es raro escuchar al deprimido murmurar entre dientes: "me odio" o "estoy disgustado conmigo mismo".

5. *Irritabilidad.* Las personas pasivas son fácilmente irritables y se irritan particularmente contra los que trasuntan energía y vitalidad. Se resienten contra los que gozan de buena salud, y se oponen a los que tratan de activarlos, y son capaces de arranques de furia por los ruidos que son rutina en un hogar. La música que normalmente los calma, ahora los incomoda. Hasta son capaces de encresparse por los requerimientos solícitos de sus amigos, pues no se creen merecedores ni del tiempo ni de la preocupación de los demás.

6. *Ansiedad, temor y preocupación.* El sentimiento

de soledad y desesperación que crece durante la depresión disminuye el umbral del temor. Todas las cosas que ocurren son una excelente excusa para la preocupación. El individuo siente temor de quedar solo, si bien lo disimula. Escapa del pasado y teme el porvenir. No es raro verificar una fuerte aprehensión por la muerte.

7. *Desesperanza*. A la mayoría de los deprimidos los acomete un sentimiento de desesperanza. Se sienten entrampados por las circunstancias que provocaron la depresión y no pueden vislumbrar una salida. Su pasado está colmado de rechazos y pesadumbres; y su presente es la angustia personificada y su tétrica visión del futuro no le permite atisbar solución alguna. A menos que alguien logre inyectarle una dosis de esperanza en su mecanismo pensante, la depresión se agudizará día a día. Es típico el lamento que escuchamos en nuestro papel de consejeros: "¡Estoy totalmente descorazonada y no veo ninguna esperanza a la vista!"

CAPITULO CUATRO

Ciclos de la depresión

El humor y los ciclos de la depresión

Antes de los días del lavarropas y del secador automático las mujeres solían referirse al día lunes como "el malhadado lunes". Ese epíteto no expresaba otra cosa que el resultado de una inadecuada elaboración mental. La mayoría de las personas hogareñas esperaban con ansias la llegada del fin de semana, cuando toda la familia estuviera reunida para poder disfrutar de grandes satisfacciones. Pero el lunes era diferente; se transformaba en un día tedioso al cual se le temía. No solamente era la reiniciación de la eterna rutina de la vida, sino también el día en que la mayoría de las amas de casa dedicaban al lavado de la ropa. La elaboración mental que originaba la pavura creaba "el desgraciado lunes". Pero las "desgracias" que hacían del lunes un desdichado día, nada tenían que ver con factores circunstanciales externos; lo que hacía del lunes el más tedioso día de la semana era la anticipación de un trabajo penoso.

Esta figura del "malhadado lunes" ilustra el hecho de que la mente del hombre es altamente sugestionable y puede elaborar una gran variedad de estados anímicos. Hay muchas cosas más que afectan nuestro talante: el estado atmosférico, la época del año, la política, los acontecimientos sociales e infinidad de otras cosas. El color y la música son factores muy importantes. Una señora que conozco eligió los colores para pintar su casa un día que estaba de mal humor. Poco después que los pintores pintaran el interior de la casa, vino a verme por "un creciente agravamiento de la depresión". Cuando descubrí que los colores elegidos, combinaban varios tonos de azul y gris, le sugerí que redecorara su casa usando colores vivos como amarillo, blanco o rosa, colores que comunican calidez, luz y vida.

Recientemente el artículo de la revista *Newsweek*, que comentamos anteriormente, se refirió a los problemas de la depresión en su relación con la época del año.

"Esta es la época del año en que las aflicciones se exacerban en los que de por sí están afligidos: han concluido las vacaciones, y las generosas promesas de la Navidad, a menudo penosamente incumplidas, dan lugar a la fría realidad del invierno que se aproxima. Los teléfonos de los siquiatras suenan sin cesar con llamados de auxilio. Un ejecutivo, agobiado por la algarabía de sus niños, bebe excesivamente. Una joven ama de casa, físicamente exhausta por semanas de tensión anticipada, que había estado comprando regalos y planeando comidas, de pronto se encuentra en las garras del insomnio. Una viuda, sola en su pequeño departamento, deja oír sus prolongados sollozos. Ahora los días son grises, las noches largas y la primavera está lejos.

"Los siquiatras están muy familiarizados con el fenómeno de la depresión postnavideña y por ello la denominan: la Paradoja Festiva. Hay varias razones obvias debido a las cuales se instala la depresión. La temporada festiva inexorablemente revuelve y despierta asociaciones y traumas familiares y de la infancia profundamente arraigadas. El darse regalos revive el agudo dolor del resentimiento entre hermanos sobre quién recibió más y mejores. Las fiestas entrañan ocasión para una reevaluación, cuando se comparan las esperanzas de la juventud pasada con las realidades de la adultez, comparación que a veces resulta penosa. El Dr. Arthur Prange (h), de la Universidad de Carolina del Norte, dice que 'las festividades se organizan para garantizar las desilusiones'.

"Aun las personas más equilibradas sufren en algún momento las consecuencias de la Paradoja Festiva y luego se recuperan sin más ni más. Pero para las personas predispuestas a la depresión, las fiestas pueden ser trágicas y, a veces, fatales. Diciembre y enero no son meses con una alta tasa de suicidios, pero sí lo son los días inmediatamente posteriores a Navidad y Año Nuevo. El Dr. Robert Litman, codirector del Centro de Prevención de Suicidios de Los Angeles, afirma lo siguiente: 'Los peores casos de depresión y de suicidios alcanzan su más alto pico los días dos, tres y cuatro de enero. Es la peor semana del año.' "[1]

El factor estacional no sólo afecta la disposición de ánimo de los depresivos, sino que puede influir en toda una población como resultado de acontecimientos de orden mundial. Esto que decimos tuvo su confirmación durante la guerra de Vietnam cuando el país entero estaba agobiado por la pesada carga de la desilusión y la desesperanza ante las atrocidades que se cometían, el sufrimiento aparentemente inútil y los soldados caídos prisioneros del enemigo. El bienhadado contraste no se hizo esperar y lo sintió toda la nación a poco de firmarse el tratado de paz y de recibirse el anuncio de que los soldados serían liberados. En todos los habitantes del país se hizo carne un sentimiento de optimismo y bienestar, cuando esos valientes se reunían, llorando de alegría, con sus familiares. El contraste en el talante de una nación se percibe en cosa de pocas semanas.

Las fluctuaciones en las disposiciones de ánimo varían en intensidad y tiempo según sean las condiciones en juego. La mayoría tiende al desánimo luego de sufrir las alternativas de una tensión emocional o física, particularmente cuando están cansados. Cuando la gente no come lo adecuado (ya sea demasiado por la noche o comidas no aptas), trabajan demasiado o se acuestan muy tarde, son más vulnerables al desaliento. Al aconsejar a matrimonios siempre les advierto que no deben discutir nada que sea negativo, particularmente de problemas financieros de la familia, después de las nueve y media de la noche. Es increíble cómo los problemas se agigantan cuando estamos cansados.

Pareciera que el desánimo no conoce excepciones. Aun el más sanguíneo de los sanguíneos, conocido por su buen humor y jacarandoso espíritu, ocasionalmente se viene abajo. En la mujeres suele relacionárselo con su ciclo menstrual, que les cobra un alto precio físico y a veces les quita vitalidad. Sin embargo, justo es reconocer que también los hombres pasan por este ciclo de desaliento en forma regular. En las mujeres ocurre cada 26 a 29 días, y algunos piensan que en los hombres se suceden cada 34 a 38 días. Debido a que el ciclo masculino no incluye las causas físicas de pérdida de vitalidad como en las mujeres, no es generalmente tan pronunciado, pero no por ello menos molesto.

Las personas agudamente analíticas han informado sobre un ciclo anual de ánimo disminuido. Un joven que trabaja con la juventud a nivel nacional ha tabulado sus propios ciclos, de modo que todos los años los puede anticipar y se prepara mentalmente, emocionalmente, físicamente y espiritualmente, ya sea para neutralizarlo o acortarlo.

"El columnista Sydney J. Harris, asegura que aparentemente no hay nada que dé razón por sus disposiciones de ánimo; simplemente se instalan. Desde que reconoció este hecho, los anticipa y no permite que lo perturben. Las aguanta silenciosamente y de esa manera "contrarresta el mal que puedan hacerle". Confiesa que a veces, cuando su ánimo está a su más bajo nivel, piensa que su escritos son de una pobreza tal que el editor las arrojará al cesto de desechos. 'En realidad', añade, 'las columnas que escribo cuando me siento mal, a menudo son mejores que las que escribo cuando estoy de buen humor.' Concluye que las personas deprimidas no son buenos jueces de sus propias obras." [2]

Este libro se preocupa, más que nada, del arte de aprender a vivir con nuestras vacilantes disposiciones de ánimo y períodos de depresión y lograr la victoria sobre ellas. Estamos convencidos de que si entendemos el problema, podemos tomar deliberados pasos para evitar ser su permanente víctima. Si bien es cierto que el desánimo no siempre lleva a la depresión, también es cierto que somos más vulnerables a la depresión durante esos períodos.

Cuando estamos con una pobre disposición de ánimo, las cosas que ordinariamente podemos absorber y no nos causan perturbación alguna, de pronto se transforman en fuente de irritación que trae a cuestas la depresión. Mientras más conozcamos sobre la manera en que funciona la naturaleza humana, mejor podremos encarar sus tendencias positivas y negativas. Esto es particularmente cierto cuando nos aplicamos a nosotros mismos sus principios generales, para que en lugar de recurrir a alguno de los mecanismos reactivos de defensa que provocan un comportamiento anormal, según vimos en el capítulo anterior, podemos tomar positivas medidas preventivas a medida que detectamos los síntomas. Por ejemplo, cuando estamos en baja, acentuamos la disposición si "aflojamos" y nos dejamos dominar por ese mal momento. Ya lo dijo el sicólogo William James: "La expresión física de una emoción ahonda la emoción; el no expresarla la disminuye." [3]

Según eso, el silbar o cantar cuando nos percatamos de la proximidad del desánimo, concebiblemente lo ahuyentaría, en tanto que una actitud mustia y pesimista lo perpetuaría. El salmista debe haber tenido esto presente cuando experimentó la exaltación, que también nosotros podríamos tener, y dijo: "Alzaré mis ojos a los montes" (Salmo 121:1), aunque no me sienta con deseos de hacerlo. Mirar hacia abajo no es otra cosa que derrotismo.

CICLOS

No solamente todo el mundo está sujeto a los vaivenes de la disposición de ánimo dentro del marco de su temperamento, personalidad, circunstancias de la vida y actitudes mentales, sino también a ciclos de depresión. Es decir, durante ciertos ciclos de la vida la gente es más susceptible a la depresión que en otros. La individualidad que le es propia a cada individuo, hará que algunos pasen por alto tal período, mientras que otros se dejen engolfar por él. Teniendo en cuenta estas características individuales, podemos separar los ciclos según las décadas de la vida. Por supuesto que no todos experimentan la totalidad de los ciclos, pero debido a los cambios en los estilos de vida y en las tensiones que estas décadas producen, afirmamos que *pueden* ocurrir todos ellos.

La primera década de la vida

En casi todos los casos la primera década de la vida de un niño es feliz a menos que, por supuesto, provenga de un hogar destruido donde, en lugar de disfrutar de la seguridad que le brinda la presencia de sus padres, está sujeto a la separación y a la inseguridad. Estos son, sin duda alguna, los más importantes años en la formación del carácter del niño y en el afianzamiento de todos los elementos que llevan a su madurez emocional. Un educador expuso su opinión de que el cincuenta por ciento del carácter y del desarrollo de la personalidad se completa al alcanzar los tres años de edad y el setenta y cinco por ciento a los cinco años. El niño a quienes sus padres tratan con amor, disciplina, integridad, responsabilidad y buenos ejemplos durante esa década, ¡es verdaderamente rico!

La segunda década de la vida

Los dos o tres primeros años de la segunda década son placenteros para la mayoría de los niños, si bien pronto entran en lo que para muchos es el período más traumático de toda su vida: la adolescencia. Se caracteriza por la inestabilidad emocional, porque el adolescente siente y actúa como un niño en un instante y en otro como un adulto. Su comportamiento toma una cierta espontaneidad y en algunos casos fuera de control. No solamente se siente desconcertado y se rechaza a sí mismo, sino que también tiende a separarse de los demás. Un famoso especialista que trabaja con la juventud, decía de los adolescentes: "Llega un momento en que se comportan de tal manera que solamente la madre y el padre pueden amarlos, y a veces el padre se pregunta cómo la madre lo puede aguantar." Su comportamiento inmoderado, inducido por su volatilidad emocional, no sólo les provoca inseguridad en sí mismos, sino que los hace reaccionar seriamente ante el rechazo de los que ama. Su reacción ante este rechazo es generalmente de hostilidad que se traduce por un espíritu discutidor, una actitud rebelde que le hace andar cabizbajo o un comportamiento detestable que lo hace menos agradable aún y aumenta el rechazo, lo cual, a su vez, produce un comportamiento más hostil aún, que puede, en última instancia, llevarlo a su primer enfrentamiento con la depresión.

Además los adolescentes experimentan problemas y dificultades en la floración de su desarrollo sexual, que les crea nuevos impulsos difíciles de controlar. Y ya que la sociedad y los principios morales exigen que deben regular esos impulsos en un adecuado comportamiento, se les plantea a menudo un problema de culpabilidad, que lleva a la depresión. Ese sentimiento de culpabilidad se produce porque pierden todo control y violan los principios morales o dan rienda suelta a la imaginación sexual que los lleva a la masturbación, de lo cual luego se sienten avergonzados.

Otra de las causas generadoras de la depresión en los adolescentes es el tomar cabal conocimiento de que finalmente tendrá que separarse de los que ama. Como ya hemos visto, pareciera que esta es la primera prueba de fuego emocional en la vida de un niño, prueba que toda persona madura debe aprender a encarar. Algunos, en la última etapa de la adolescencia, logran zafarse de esta dramática situación uniéndose a otro objeto de su amor del sexo opuesto (generalmente de su misma edad), que resulta en un deseo más fuerte que el de quedarse con sus padres. "Amor" es el nombre que suele adoptar este compromiso emocional, que se lo interpreta, con frecuencia, como que la pareja está lista para el casamiento. Pero las más de las veces la experiencia no es otra cosa que la expresión de una necesidad emocional, avivada por la asociación y la pasión.

El haber actuado en el campo de la educación por varias décadas, me ha brindado el privilegio de observar a los jovencitos del secundario que año tras año experimentan un corto período depresivo, que es casi predecible. La noche de la graduación se los ve en un éxtasis de euforia y de dicha, reacción emocional que a veces llega al linde de la histeria al despedirse de maestros y amigos. Con harta frecuencia tal experiencia es seguida por un estado depresivo que va de uno a diez días. Este, al igual que otros síndromes depresivos, puede atribuirse a la desaparición de una meta, en este caso la graduación. A menos que el jovencito cuente con suficientes metas que van más allá de la simple graduación, tiende a un aflojamiento que puede desembocar en la apatía. El joven que comienza un trabajo que le gusta el día siguiente a la graduación, procura escapar del problema, como lo hace la jovencita que de inmediato se lanza a elaborar planes para su inminente casamiento.

La tercera década de la vida

La depresión en la tercera década de la vida está asociada, por lo general, con el matrimonio, particularmente en las mujeres casadas, que reducen toda su atención mental al hogar durante este período. Los hombres casados en la década de los veinte a los treinta años, se inclinan más a su educación o logro vocacional, que los estimula mentalmente. Además sus energías juveniles los mantienen atléticamente activos. De ahí que normalmente no sufran tanto de la depresión como las mujeres, en esta tercera década de su vida.

Las recién casadas son víctimas de la depresión al poco tiempo de su casamiento o al volver de la luna de miel. Muchas razones explican este hecho. Una de ellas es la relajación sicológica que produce la vida rutinaria cuando se la compara con los excitantes preparativos previos al casamiento. Otra de las causas que explican esta depresión es que sus sueños y expectativas fueron tan idealizados que la realidad se torna decepcionante. Y esto es particularmente cierto si el acto matrimonial le ha producido un gran malestar. Algunas muchachas comprueban que la consumación del acto del matrimonio es algo doloroso e insatisfactorio. En lugar de reconocer que ésta es una experiencia común que pronto será superada por la repetición, se dan a la tarea de fabricar en su imaginación un fantasma de temor o soñar con la experiencia que terminará destruyendo la relación de la pareja. Esto a menudo lleva a la depresión. Algunas parejas me han consultado a los cuatro días de haberse casado, pero habitualmente sus problemas hallan solución en muy poco tiempo si ambos se aman y son considerados el uno para con el otro.

Si la joven esposa se salva de esta depresión post-enlace, puede experimentarla luego del nacimiento de su primer hijo. Los sicólogos la denominan "depresión postparto". La mayoría de las mujeres se viene un poco abajo después del parto, pero no necesariamente en todos los partos ulteriores. Si bien las mujeres con tendencia a la depresión son más proclives a esta experiencia, no es inusual que una madre sanguínea llore con facilidad durante varios días después del parto. Puede explicarse por la separación del recién nacido de su madre, o por el grave esfuerzo emocional que debe soportar la madre al dar a luz. En algunos casos la depresión se instala por un largo período y toma dimensiones de gravedad si la madre mira al hijo como a un instruso. Más de una joven madre que luego reacciona y termina siendo madre cariñosa, ha comentado que su estado depresivo fue tan grave que temía atentar contra el hijo. Por lo general es un estado pasajero.

Ocasionalmente los padres experimentan una moderada depresión por tener que compartir el amor y la atención de la esposa con "el pequeño intruso" y por tomar conciencia de las nuevas e incrementadas responsabilidades financieras. ¡La depresión será más intensa los días primero y quince de cada mes, fechas en que se plantean los problemas financieros!

Si la pareja tiene dos o tres bebés en rápida sucesión, no es inusual que la madre experimente un estado de depresión y frigidez en la última parte de la tercera década. Esto se debe simplemente a su reacción contra el confinamiento y a su aversión a sentirse como una prisionera. Su frigidez no es provocada por una disminución de su deseo sexual o de amor a su esposo, sino porque la vence el temor subconsciente de verse nuevamente embarazada. Además, está sometida a fuertes demandas emocionales, y puede sentirse físicamente exhausta por el nacimiento de tres niños y el tremendo trabajo que supone el cuidado de las criaturas. Si en tales circunstancias comienza a sentir lástima de sí misma, no tardarán en planteársele serios problemas de depresión, la que puede llevarla a perder interés en su aspecto exterior, con pérdida de su propia imagen y, por ende, agravamiento de la depresión. También corre el riesgo de que su esposo se interese menos en ella por su mal aspecto. Digamos de paso que, ya que los hombres son estimulados por la vista, las jóvenes madres deberían asegurarse que la mujer más elegante que pueda ver su esposo todos los días, es su mujer cuando le abre de noche la puerta de calle. Este vestirse con esmero al finalizar el día, antes que él llegue a la casa, no solamente le hace bien a él, sino que también es beneficioso para el concepto que ella tiene de su propia valía.

Otra circunstancia desencadenante de la depresión ocurre durante esta tercera década de la vida, cuando el último niño inicia su ciclo escolar. La madre, que sentía profundamente que era necesitada por su niño preescolar, ya no puede alimentar ese sentimiento desde la mañana a la tarde. Por consiguiente es vulnerable a la depresión, a menos que utilice sus energías en alguna actividad creadora.

La cuarta década de la vida

En la cuarta década de su vida la mayoría de las personas actúan en el papel de padres de adolescentes. Actualmente el 50 por ciento de las mujeres, en los Estados Unidos al menos, son amas de casa; el restante 50 por ciento trabaja fuera del hogar. Por consiguiente, casi la mitad de las madres son mujeres sumamente ocupadas. Durante este período, el padre trabaja en el comercio, tal vez como empleado, progresando en su carrera. Es una etapa de tremenda actividad para la familia, en momentos que el máximo de atención gira alrededor del comportamiento emocionalmente volátil de los adolescentes. Puede ser un período de gran felicidad si los padres han anticipado esta etapa brindándole al niño suficiente amor y disciplina, junto con principios morales. Pero si han accedido a la voluntad o a los caprichos del niño y lo han mimado en demasía, pueden verse luego enfrentados a jóvenes rebeldes, ansiosos de hacer lo que quieren con su vida e impacientes por las restricciones paternales. Si así fuere, aun la activa década de los treinta puede producir períodos depresivos. A pesar del ritmo agitado que imprime la familia durante este período de la vida, es sorprendentemente baja la incidencia de depresiones.

La quinta década de la vida

La mayoría de los siquiatras concuerdan en que durante la quinta década de la vida hay un aumento en el número de personas afectadas por la depresión. El Dr. Mortimer Ostow, neurólogo y siquiatra del Mt. Sinaí Hospital de Nueva York, sostiene lo siguiente: "En la quinta y sexta décadas de la vida aumenta la tasa de deprimidos y de suicidas. Durante ese período puede presentarse por primera vez una situación depresiva, o sufrir la recidiva de una depresión anterior, o simplemente un aumento de la frecuencia o gravedad de una serie de depresiones recidivantes.

"Creo que podemos atribuir la depresión, en este período de la vida, a una gradual disminución de las energías vitales, que si bien comienza relativamente temprano en la vida del adulto, se hace más abrupta en las décadas quinta y sexta. Esta declinación de las energías es la responsable de los cambios temperamentales que son dables esperar en la quinta y sexta décadas, tales como logro de la madurez, disminución de las ambiciones, merma en su agresividad, y una pérdida paulatina de interés en todo lo nuevo, acompañada por un mayor apego a lo viejo y al pasado.

"Creo que este cambio es parte de la función biológica normal del ser humano. Puede ser consecuencia de la disminución de las hormonas gonádicas, o de las hormonas pituitarias, o de la secreción de la glándula pineal, o simplemente un envejecimiento cerebral, particularmente de las secciones centrales y basales del cerebro, que llevan el nombre de núcleos basales".[4]

En los hombres la quinta década es la de mayor incidencia depresiva. No es raro que los hombres que nunca hayan conocido lo que es la depresión la experimenten por primera vez durante este período, ya sea vocacionalmente, sexualmente, o en ambas formas a la vez. Si la depresión es provocada por causas vocacionales, la mayoría de los hombres se sienten como uno que me confió su problema de la siguiente manera: "Siempre dije que si un hombre no se realiza vocacionalmente a los cuarenta, nunca lo hará. Yo tengo cuarenta y cinco, todavía no me he realizado, y por lo visto nunca lo haré". Si bien este caso es más grave que la mayoría de los casos, el hombre para quien su actividad ha perdido el encanto del desafío, o cuyos primeros sueños no habrán de realizarse nunca, puede caer en la depresión. La periodicidad depresiva aumentará en frecuencia en tanto no logre reestructurar su elaboración mental y encuentre otros desafíos y metas dentro del marco de su educación, de sus talentos y de sus oportunidades.

La gradual disminución de sus energías vitales durante este período puede provocar una disminución de sus impulsos y de su actividad sexual. No es raro que compruebe los primeros indicios de impotencia o dificultad para ejecutar el acto. Como eso, para el hombre, es la mayor amenaza que puede haber contra su masculinidad, le asusta la posibilidad de la impotencia total, lo que puede llevarlo a la depresión. Algunos hombres comienzan, a esa edad, a ir en pos de las mujeres, en su afán de reivindicar su perdido impulso sexual. Tal vez sea esa la razón por la cual este período ha merecido adecuadamente el título de "la década tonta". El hombre con madurez mental sabe que ya no tiene veinte años y debe contentarse con relaciones más espaciadas con su esposa. También descubre que el sexo tiene una mayor significación y lo disfruta como una expresión de amor y no para satisfacer su masculinidad.

Las mujeres, en la década de los cuarenta, también tienen sus particulares problemas, no siendo el menor de ellos el período de graduación de los hijos. Las madres se sienten más deprimidas por este problema, que las novias después de la ceremonia nupcial que también, como ya lo dijimos, puede llevar a la depresión. A menudo quedan exhaustas por el esfuerzo que les demanda adaptarse a perder una hija, unido al agotamiento de su sistema nervioso causado por los frenéticos preparativos de una boda. La gravedad y el tiempo que dura la depresión estará determinada por sus planes futuros desde ese momento en adelante.

Cuado el último joven de la casa parte para la Universidad, se incorpora a las fuerzas armadas o se casa, a la madre le espera un dramático período de adaptación. A menos que se interese en ayudar a los demás y reconozca que todavía es un ser humano productivo a quien necesitan sus congéneres, caerá en frecuentes períodos de depresión. Su inseguridad puede llevarla a una mayor agresividad sexual que lo habitual, y si no cuenta con el amor y la comprensión de su marido, que lo necesita en grado sumo en estos momentos, hasta puede ceder a la tentación de la infidelidad a menos que, por supuesto, cuente con fuertes principios morales en contrario. Si llega hasta la infidelidad, sufre las consecuencias de una neurosis de culpabilidad que provoca depresión.

La sexta década de la vida

Hemos observado que hay dos clases de personas bien diferenciadas en las décadas sexta y séptima de la vida. A la primera corresponden los que aceptan el hecho de que ya han pasado la mitad de la vida y han aprendido a lidiar con la gradual disminución de sus energías vitales. Estos individuos disfrutan de su trabajo —que a veces ejecutan a marcha redoblada— porque saben que para alcanzar las metas que aún le faltan no les queda mucho tiempo. Por lo general se entregan a su pasatiempo favorito, a jugar al golf, al bowling, y a ciertas actividades que no les exige demasiado esfuerzo físico y que les dan un genuino placer. Traban amistad con otros de su misma edad y con quienes tienen mucho en común; todo esto enriquece su vida. A esta edad ya tienen nietos, y si han logrado mantener un estado excelente de armonía con sus hijos, puede esperarse una fascinante relación que inyecta nuevas dimensiones a su vida. Por consiguiente, aun cuando hayan experimentado períodos de depresión en la quinta década de su existencia, pueden superarla totalmente en la sexta y séptima.

El otro grupo de individuos de esta sexta década

tratan de rechazar lo inevitable. Negándose a mirar de frente el hecho de que han alcanzado los cincuenta, se deprimen. Un hombre que no aprendió a reconocer la belleza de su madurez se lamentaba: "Ya no soy el hombre que fui." Esta forma de autorrechazo lleva rápidamente a la depresión. A consecuencia de ello, la depresión lo tornará en un ser indeseable, y se ensimismará adoptando una actitud quejumbrosa que puede llevarlo a la neurosis. No es raro que parejas que han estado casadas más de treinta años atraviesen un período de turbulencia, provocado ya sea por la narcisista esposa que teme perder su belleza o por su anteriormente vigoroso esposo que rechaza el proceso de natural maduración de la vida. Afortunadamente para la mayoría de las personas no pasa de ser un período depresivo temporario; una vez que logran aceptar la situación tal cual es y proyectan al futuro nuevas metas más realistas, tienden a estabilizarse las fluctuantes disposiciones de ánimo que los afectaban.

Esta es la década en que la mayoría de las mujeres comienzan el cambio de su vida, si es que no lo han comenzado al finalizar la década de los 40. Muchos expertos, incluso autoridades femeninas en la materia, sostienen que los problemas de esta edad han sido notoriamente exagerados. Si una mujer supone de antemano que en este período se producirá en su vida un tremendo desbarajuste, es seguro que así ocurrirá. Por otro lado, si anticipadamente resuelve tomarlo con calma, como parte de las cosas que son dables esperar en la vida, con un mínimo de incomodidad y de quejas, descubrirá que es menos grave de lo que se dice. No hay duda de que se alteran las funciones hormonales, y notará algunos cambios en sus respuestas emocionales, que varían según el individuo. Pero mientras más rápidamente aprenda a lidiar con ellos, mejor será. Por cierto, debe consultar con su médico y leer el material didáctico que le recomiende. Muchos de los problemas pueden ser resueltos no solamente con una correcta medicación, sino cambiando sus conceptos erróneos y "cuentos de vieja" por información científica.

Además, las mujeres deben aprender una cosa básica y esencial: el cambio de vida no las inhibe sexualmente ni las hace indeseables. Más bien ocurre lo contrario, según todas las evidencias, pues son muchas las mujeres que justamente entonces logran el mayor placer sexual de su vida matrimonial. Por otra parte, más importante que la biología es la actitud mental del individuo.

La séptima década de la vida

El agravamiento del problema depresivo durante la séptima década se plantea principalmente por la incapacidad que demuestran las personas para lidiar con el retiro o con la pérdida de su cónyuge. Debido a la mayor opulencia de nuestra sociedad en numerosos países occidentales, mucha gente se jubila al cumplir los 60 a 62 años de edad. Si se han fijado como meta tomarlo tranquilamente sentados en una mecedora y no hacer absolutamente nada al llegar a esta etapa, hay buenas probabilidades que pasen a engrosar la lista de deprimidos y la estadística de mortalidad. A todos nos resulta archiconocido el caso de los industriales y ejecutivos que vivieron una vida productiva y murieron 18 meses después de jubilarse, sin mediar causas físicas aparentes. En la mayoría de los casos el problema se planteó por una falta de metas y de intereses que debieron proyectar para cuando se retiraran. Las grandes empresas comerciales sostienen que los hombres de 65 años de edad no deben necesariamente retirarse, porque son capaces de ofrecer a la compañía muchos años más de rendimiento eficiente y productivo. Recientemente conversé con un hombre que vendió una compañía multimillonaria que había levantado durante un período de más de 50 años. A las cinco de la tarde lo encontré todavía en la oficina, activo en el manejo de los asuntos de su vida, a la edad de 75 años. Los nuevos directivos de la firma lo tienen a su lado como consultor, a pesar de las computadoras y de la tecnología moderna.

A la edad de 75 años, mi tío se niega a retirarse como pastor de la Iglesia Bautista después de 53 años de servicio. Lo notable del caso es que la iglesia está alcanzando el mayor nivel de crecimiento en su historia centenaria. Ese hombre ha aprendido a lidiar con su madurez y continúa prestando una muy necesaria contribución a la vida. En consecuencia, no le afecta la plaga de la depresión. Pareciera que el verse libre de la depresión en la octava década de la vida es el resultado de preocuparse por el bienestar de otra gente y de la sociedad en general. Nadie debería jubilarse sin incluir esa dimensión en sus planes. Todo el mundo necesita ser necesario. Conozco un feliz y bien adaptado capitán de la marina, de 75 años de edad, que enseña en la Escuela Dominical y es un activo líder de un grupo de adultos.

¡Cuidado con la obsesión jubilatoria! La mente humana puede adaptarse prácticamente a todo, pero no a la ociosidad. No hay duda de que esto inspiró a la antigua maldición china: "¡Espero que seas condenado a eterna ociosidad!"

Debemos planificar nuestro retiro para que sea una etapa activa y productiva en nuestra vida; y la gozaremos por más tiempo. Son pocos los que se "gastan"; la mayoría se "oxida".

Separación por la muerte

El segundo problema de la máxima importancia en esta séptima década de la vida se plantea ante la dificultad de adaptarse a la pérdida del compañero de toda su vida. Según lo dicen las estadísticas, el 50 por ciento de los que han superado los 65 años de edad son solteros, o divorciados o viudos. De todas las experiencias traumáticas que las personas enfrentan en la vida, pareciera que la peor es la pérdida, por muerte, del compañero de la vida.

Hay muchos que son incapaces de adaptarse a esta tragedia. Se observa particularmente entre los que carecen de reservas espirituales. Si rehúsan aceptar el hecho y entran por la variante de la autoconmiseración por haber sido abandonados por el cónyuge, serán afectados por la depresión en forma progresiva, la que les acortará la vida. Un matrimonio amigo mío, de alrededor de 75 años de edad, festejaron sus 56 años de casados. El esposo, enfermo desde meses atrás, murió a las pocas semanas. Su esposa que atendió fielmente a su esposo durante su enfermedad, murió dos días después sin causa aparente. ¡Pero había una causa! Cuando perdió a su esposo, perdió su deseo de vivir. La natural pesadumbre y depresión fueron superiores a lo que podía soportar su viejo y cansado cuerpo. Los dos servicios fúnebres se celebraron simultáneamente.

La octava década de la vida

La octava década no difiere significativamente de ninguna de las otras, excepto la posibilidad de instalarse un estado de senilidad que a su vez desencadene un proceso depresivo en la vida de uno de los cónyuges. Una mengua en su salud y un aumento en las dolencias físicas, les hace tomar, más que ninguna otra cosa, conciencia de sí mismos y de sus sentimientos. Si tienen una tendencia a la depresión, se intensificará su sensación de hipocondría, lo cual empeorará sus males. Para colmo, el círculo de sus amigos ha disminuido al haber muerto algunos, y no pueden marcar el paso con la activa sociedad que los rodea.

En este período el preocuparse por uno mismo es una natural y peligrosa amenaza contra el bienestar. No es raro que tales personas queden a merced de sus propios medios. En momentos en que declinan física y financieramente, es como si fuera un traje a medida para provocar autoconmiseración. Sus hijos tienen que atender a sus propias familias y el anciano tiende a meterse en la caparazón de su departamento a vivir en el pasado.

La novena década de la vida

Por sorprendente que parezca, la novena década de la vida no se acompaña, por lo general, con las depresiones que caracterizan a las demás décadas. Algunos sugieren que ello es debido a que la gente, a esa edad, pasa por lo que se ha dado en llamar "la segunda infancia". Personalmente me inclino a pensar que se debe, más bien, a que los introspectivos con inclinaciones depresivas han muerto prematuramente y que la mayoría de los que han alcanzado esta edad mantienen una actitud optimista de la vida.

Años atrás se realizó un estudio, al efecto, entre octogenarios. En respuesta a más de 300 preguntas para averiguar qué es lo que tenían en común, en un solo punto hubo acuerdo casi unánime: una anticipación del futuro con signo positivo. De alguna manera aprendieron el secreto de disfrutar de hoy con la vista puesta en un interesante mañana. Pareciera que es este el secreto de la longevidad.

Conclusión

Mirando retrospectivamente descubrimos que cada etapa de la vida cuenta con sus propias causas, en potencia, desencadenantes de la depresión. La ausencia de la depresión no debe buscársela en la falta de problemas, sino en una saludable actitud mental, sea cual fuere la etapa de su vida.

---

[1] "Coping With Depression", p. 51
[2] Kenneth Hildebrand, *Achieving Real Happiness* (Nueva York: Harper and Brothers, 1955), p. 139
[3] *Ibid.*, p. 141
[4] Mortimer Ostow, *The Psychology of Melancholy*, pp. 87, 88. Por permiso de Harper and Row, Publishers, Inc.

CAPITULO CINCO

Causas de la depresión

En el capítulo cuatro pasamos revista a las causas generales, responsables de la depresión, en las distintas décadas de la vida. Por cierto que no se incluyen todas las causas depresivoprovocadoras, que hasta las personas no especializadas podrían detectar. En cada década surge un número específico de causas. Además, no todos maduran al mismo ritmo; por consiguiente, el modelo general propuesto en ese capítulo puede ocurrir antes o después de la década mencionada, o para felicidad del individuo, puede no ocurrir.

La depresión reconoce casi siempre como causa una experiencia externa. Por ello es muy beneficioso conocer las causas más comunes del problema, en la eventualidad de plantearse en la vida, y no dejarse envolver por esa depresión en potencia. Las analizaremos con la máxima prolijidad en orden de importancia y frecuencia.

1. *Desilusión.* De los centenares de casos depresivos que hemos examinado, no hubo uno que no comenzara con una desilusión o una experiencia de disgusto. Nadie se deprime cuando todo sale bien. Pero vivir es experimentar la desilusión de que algo o alguien no ha estado a la altura de nuestras esperanzas. La causa de la desilusión puede ser prácticamente

cualquier cosa. El proceso depresivo de una mujer comenzó cuando murió su rosal. En otra mujer se desencadenó porque su marido se irritó con ella mientras efectuaban las compras de Navidad. Más de un padre ha sido víctima de la depresión por las malas notas de su hijo en la escuela, y algunos niños se han deprimido ante la reacción negativa de sus padres debida, justamente, a esas malas notas.

Y es la misma gente una de las fuentes más comunes de desilusión en la vida. Debido a la presión a que están sometidos, al agotamiento físico o a una docena de otras razones, pueden en una ocasión en particular, tornarse irritables, desconsiderados u ofensivos. Si el amor por nosotros mismos es mayor que el amor que sentimos por quienes nos insultan, nos ofenderemos, nos disgustaremos e iremos rápidamente en línea recta al desaliento, primera fase de la depresión. Si a esa injuria o insulto le damos alas y lo abrigamos por largo tiempo en nuestro corazón, engendrará un profundo disgusto que nos llevará a la desesperación.

Mientras más importante para nosotros sea la persona que nos insultó, mayor será la desilusión. Teniendo en cuenta que la necesidad de amor es tan grande en todos nosotros, fácil es comprender que el rechazo de alguien a quien amamos sea la mayor fuente productora del desaliento. La raíz del problema de los que caen en la desesperación debe buscársela en el rechazo de la persona que más aman.

Recientemente un artículo de un diario comentó la experiencia del padre de una maestra, cuya esposa súbitamente pidió el divorcio y volvió a casarse. El hombre estuvo toda su vida tan ocupado con su trabajo que no tomó en cuenta el descontento de su esposa en cuanto a sus relaciones. Dijo lo siguiente: "¡Me tomó más de un año sobreponerme! Nunca en mi vida sufrí de depresión hasta que mi esposa me abandonó. Fue como si de pronto y de golpe me sacaran la alfombra sobre la cual estuve parado toda mi vida. Durante semanas lo único que quería era morirme." En nuestra experiencia hemos visto a los hombres más autosuficientes caer en la depresión por casos similares.

A veces el objeto único de su amor, a saber: el padre, suele desencadenar un proceso depresivo en los niños. Sea que la perspectiva del niño sea real o imaginaria, una vez que sospecha que sus padres no aprueban de él o, peor todavía, que quisieran que nunca hubiera nacido, ese niño se transforma en un posible candidato a la depresión. La mejor inversión que pueden hacer los padres en la vida de su hijo es estimularlo cariñosamente y aplicar una sabia disciplina.

La soledad no es una causa de depresión, pero sí su consecuencia. El individuo a quien el objeto de su amor lo ha rechazado, o le ha sido arrebatado por la muerte, se hunde en una depresión generadora de soledad. Este dolor síquico, ocasionado por el vacío de la soledad, sólo puede curarlo el amor de otra persona. Desgraciadamente el deprimido tiende a apartarse de los demás que, demasiado interesados en sí mismos, se insensibilizan frente a la necesidad de amor que sienten los otros.

2. *Falta de autoestimación.* Otra de las características casi universales de los deprimidos es su falta de estimación. Desgraciadamente existe la tendencia a exagerar en demasía esta deficiencia, y ello ocurre a menudo porque apuntan tan alto que les resulta imposible autoaprobarse. Esto es particularmente cierto en el individuo perfeccionista, que nunca está plenamente conforme con sus realizaciones.

Uno de mis hijos es un excelente pianista. Siendo niño aún ejecutó su primer solo al piano en el servicio nocturno de la iglesia; me sentí alborozado por la ejecución y, demás está decirlo, orgulloso de él. Después del servicio le di una fuerte abrazo al par que le decía: —Lee, ¡tocaste soberbiamente esta noche! Ni siquiera esbozó una sonrisa. —No, no fue así—, me contestó. —¡Erré en una nota! Fracaso, para él, era una nota mal tocada en 500. Todo depende del nivel que cada uno se asigne.

"Estoy disgustado conmigo mismo" o "Nunca llegaré a ser nada" son las exclamaciones típicas de los deprimidos. Esta tendencia, inducida temperamentalmente es tan importante que le dedicaremos todo un capítulo más adelante.

3. *Comparaciones injustas.* Cada vez que nos comparamos con alguien que nos aventaja, invitamos a la

depresión. El descontento con lo que tenemos y con lo que somos hace que nuestros pensamientos se introviertan y ello genera la depresión. Lo que ocurre es que la mayor parte de las veces somos injustos al hacer una comparación, pues comparamos un área débil de nuestra personalidad con el área fuerte del otro. El establecer comparaciones es una práctica aviesa que debe ser desechada, puesto que no conocemos las debilidades de los demás, y por ello nuestra envidia enfoca el interés casi exclusivamente en el descontento.

Particularmente peligrosas son las comparaciones en el ámbito de las posesiones materiales. El rey David, de Israel, sabiamente admitió que: "Tuve envidia... viendo la prosperidad de los impíos" (Salmos 73:3). Es comprensible que suspiremos frente al calor personal que inspira un amigo y frente a su sentido de humor, pero no debemos envidiar sus posesiones, su popularidad, sus talentos o su prestancia. El hombre inteligente toma en cuenta la exhortación de "Sean... contentos con lo que tenéis" (Hebreos 13:5).

4. *Ambivalencia.* Algunos siquiatras, como el Dr. Ostow, por ejemplo, consideran a la ambivalencia como "la causa desencadenante más común de la depresión". Define a la ambivalencia como "...la sensación de estar entrampado, es decir, incapaz de remediar una situación intolerable".[1] La persona afectada puede caer en la ambivalencia en un esfuerzo mental de escapar de su actual situación, adoptando una posición intermedia entre el amor y el odio, una actitud de indiferencia.

El sentirse atrapado no sólo es una de las causas determinantes de la depresión, sino uno de los principales motivos de divorcio. Si una pareja, por ejemplo, se ve obligada a casarse por una preñez no deseada, el joven esposo o la madre pueden sentirse entrampados, y un período de ambivalencia puede desencadenar un estado de ira. A pesar de que muchas parejas no experimentan semejante trauma en su matrimonio, sin embargo se sienten "atrapados". El tener muchos hijos al comienzo de la vida matrimonial, el carecer de adecuadas habilidades vocacionales, o el tener que soportar pesadas cargas de responsabilidad, pueden originar una depresión ambivalente que luego se transforma en una creciente animosidad contra todo aquel que, según su perspectiva, urdió la trampa. En el matrimonio, por supuesto, esa persona es el cónyuge. En la adolescencia los padres son el blanco de la ira del jovencito cuando se siente "atrapado" por la escuela, la autoridad o la responsabilidad.

La mujer de relevantes dotes ahora confinada a su hogar cuidando de sus hijos en edad preescolar, se ve atrapada. Su situación se le hace particularmente difícil si actuaba en el mundo comercial y disfrutaba plenamente de esa actividad. Como no la entusiasman de ninguna manera los quehaceres domésticos, los pañales y el tema de los bebés, se siente atrapada justamente por la gente que más quiere.

El énfasis que se pone actualmente en la líbido y en el vocacionalismo femenino complica seriamente este problema. En cierta ocasión le pregunté a una mujer: —¿Qué hace usted?— Me respondió con un dejo de tristeza: —Oh, ¡no soy más que una madre y ama de casa!— Tal actitud, cada vez más difundida en el día de hoy, nos permite vaticinar un acrecentamiento de la depresión. En realidad, cuando consideramos esto a la luz de toda una vida, ¿qué podría ser mejor que ser "madre y ama de casa" o esposo y padre? Una deficiente evaluación mental lleva inexorablemente a la depresión.

5. *Enfermedad.* Todos tenemos un punto crítico. Algunas personas pueden soportar más que otras las presiones o las circunstancias depresivogeneradoras. Pero el nivel de tolerancia a la depresión, cualquiera que sea, disminuye con las enfermedades. Un período prolongado de enfermedad aumenta nuestra vulnerabilidad, y los efectos secundarios de algunos medicamentos complican más aún el cuadro. El Dr. Ostow explica este dilema en detalle:

"Algunos de los factores desencadenantes de la depresión son exclusivamente orgánicos. Por ejemplo, los que han padecido las alternativas de una hepatitis infecciosa, descubren de pronto que a pesar de una excelente recuperación física, les queda como secuela una profunda enervación, es decir, agotamiento del sistema nervioso, que no sólo les disminuye sus fuerzas sino que los deja, a menudo, deprimidos. La mononucleosis infecciosa se acompaña también de una tendencia a la depresión, si bien no tan pronunciada.

Ya anotamos, en el capítulo anterior, que el trastorno cerebral denominado *parkinsonismo* incluye habitualmente a la depresión entre sus síntomas. También algunos medicamentos tienen acción depresiva. Así, por ejemplo, en el tratamiento de la hipertensión sanguínea suele recetarse la reserpina. Es efectiva en cuanto a disminuir la hipertensión sanguínea, pero en algunos pacientes muy susceptibles, puede precipitar una depresión clínica. Debido a su acción depresiva, se comporta como un auténtico tranquilizante y se le puede utilizar en el tratamiento de la esquizofrenia. Hay otros tranquilizantes que también pueden precipitar un cuadro depresivo cuando se los administra por cualquier otra causa. La cortisona y otros medicamentos esteroides similares suelen vigorizar a los pacientes, que se muestran más enérgicos y vivaces. Sin embargo, aplicada en dosis masivas y por un tiempo prolongado, pueden desencadenar un proceso depresivo. Según el informe de algunos médicos, la ingestión regular de medicamentos anticonceptivos por vía oral, tiende a facilitar la instalación de un cuadro depresivo. La opinión de esos profesionales no ha podido ser verificada a entera satisfacción todavía, pero por otro lado, no puede ser desechada." [2]

Además, cuando la persona está debilitada por la enfermedad, las cosas que naturalmente no le molestan adquieren magnitudes desproporcionadas. Es más fácil caer en la autoconmiseración durante una enfermedad que en ningún otro momento.

6. *Funcionamiento biológico anormal*. Numerosas autoridades en la materia atribuyen un ponderable porcentaje de depresiones a un anormal funcionalismo biológico o glandular. Una tiroides anormal es un toque de atención. Otros especialistas rechazan esa posición y afirman que la depresión se instala a consecuencia de una inadecuada reacción frente a una experiencia traumática. Los que sostienen este punto de vista insisten en que solamente en raras ocasiones la depresión obedece a causas biológicas.

En razón de que algunas personas responden positivamente a una medicación, hace pensar que su problema se ha planteado por un anormal funcionalismo orgánico. Algunos hasta han sugerido un trastorno de los procesos fisiológicos de orden químico del cerebro, es decir una alteración del quimismo. Un médico amigo me decía que se está investigando a fondo en esta área y por consiguiente no se puede ser dogmático al respecto. Pero aun en el caso de poder probar la relación entre el deficiente funcionalismo biológico y la depresión, estos hallazgos no serán suficientes para probar si esa función deficitaria es o no espontánea o provocada por una defectuosa elaboración mental. Y debido, justamente, a que una elaboración mental negativa o autodestructora puede provocar cambios perjudiciales en las funciones orgánicas y afectar adversamente el delicado quimismo de los tejidos y el equilibrio hormonal, los pacientes afectados de una grave depresión, deben consultar al médico. Siguiendo sus instrucciones y utilizando los esquemas propuestos en este libro, es posible ayudar aun a los enfermos cuyas depresiones puedan ser atribuidas a problemas físicos.

7. *Depresión postparto*. Casi no hay libro que trate de la depresión que no incluya el problema de la depresión postparto. A veces hasta las jóvenes madres sanguíneas sufren una crisis depresiva a poco de nacer su hijo, debido al agotamiento emocional que sigue al parto. Con diversos grados la madre está consciente, durante nueve meses, de que una nueva vida crece en su interior. De pronto está vacía y encima de eso le imponen rápidamente un nuevo estilo de vida. Para consuelo de tales víctimas digamos que el agotamiento y esa sensación de flojedad son absolutamente normales y pasan en poco tiempo. Una palabra de advertencia al respecto: una madre puede no tener esta experiencia con su primer hijo y sí con el segundo o el tercero.

Nunca las fantasías y las ilusiones son comparables a la realidad. A los dos o tres días la nueva madre descubre que los bebés no son "cositas encantadoras" o "blandos bultitos de amor", sino criaturas ruidosas, fastidiosas, exigentes y que despiden mal olor. Hasta le disgusta amamantarlo si le produce dolor. A causa de su depresión se siente culpable e inadecuada, lo cual, por supuesto, prolonga el cuadro.

El mejor remedio que conozco para el tratamiento de la depresión postparto es el tierno y amante cuidado del padre del bebé. Si es un joven maduro y ama a su esposa más que a sí mismo, tratará con paciencia, amabilidad y afecto a su emocionalmente agotada esposa. Puede ser que se muestre irritable, irracional y se le haga difícil al esposo vivir con ella durante este período, y hasta difícil de amarla, pero el marido debe recordar que él contribuyó a su estado y debe hacer todo lo posible para levantarle la moral y la confianza en sí misma. Es por ello que habitualmente les aconsejo a los jóvenes padres que se tomen una semana de vacaciones después del nacimiento del bebé y se dediquen al cuidado de su esposa. Esa inversión de amor reditúa pingües dividendos en el futuro. A muchas mujeres les molestan los solícitos cuidados del esposo durante la primera o segunda semanas, pero luego, pasada la depresión, lo aprecian en toda su magnitud. Así ocurrió con una mujer que me dijo: "Lo traté como a un perro no bien nació el bebé, pero después me di cuenta de que es un hombre maravilloso".

Ocasionalmente este período de depresión se prolonga más de la cuenta. A menos de contar con una opinión médica en contrario, personalmente sospecho que el problema radica en el esquema mental de la madre. Si, por ejemplo, ha pasado más que un tiempo suficiente para recuperar su vitalidad y su energía y la depresión no cede, es probable que se haya entregado a la autoconmiseración. Muchas mujeres que a la postre resultaron excelentes madres, me han confesado que por un largo período después del nacimiento de su criatura estuvieron resentidas contra el niño. Las irritaba el constante drenaje de sus energías, nervios y tiempo. Hasta les molestaba tener que compartir el afecto de sus maridos o la compañía de sus amigos.

¡Créanlo o no, algunas mujeres disfrutan con el embarazo! Esto mismo se lo dije a una señora, madre de seis hijos, que me respondió: "¡Usted está bromeando!" Sin embargo no es una broma, porque a ciertas mujeres les encanta el cúmulo de atenciones que recibe mientras "está de encargo". No obstante, después del nacimiento el bebé recibe toda su atención. Algunas mujeres con tendencia depresiva y que sufren por una sensación de vacuidad, disfrutan de la sensación de sentirse "llenas" durante el embarazo, pero luego del parto las acongoja la sensación de vacío. Tales mujeres elaboran ellas mismas sus dificultades, debido a un defectuoso esquema mental.

8. *Hiperactividad mental.* Las personas de gran actividad y productividad padecen, ocasionalmente, de una rara forma de depresión, durante las décadas quinta o sexta de su vida. Carentes de una tendencia natural hacia la depresión, les resulta dificilísimo lidiar con ella. No hay mucha bibliografía sobre ese tema, pero en estos últimos años se le ha dedicado mayor atención. Cuando el activo colérico alcanza la quinta o sexta década de su existencia, el estilo de vida que le impuso su propio temperamento le hizo acumular tantos detalles, planes y energías, que le resulta difícil lograr un descanso mental. Sus pensamientos parecieran entrar en corto circuito unos con otros, y por primera vez comienzan a fallar sus poderes de concentración. Es una experiencia enervante y desalentadora para una persona habitualmente segura de sí misma. Al reaccionar disgustado y frustrado porque no puede concentrarse en un asunto importante, no se da cuenta de que mientras más aspavientos haga y más anticipe el problema, peor será. Si no aprende y aplica algún método eficiente de administrar su tiempo y sus asuntos personales, los cortocircuitos se agravarán progresivamente.

Uno de los síntomas de esta forma depresiva es la súbita irritabilidad sin causa aparente. Cierto padre, al llegar de su trabajo al hogar donde era feliz con los niños que amaba, se dio cuenta del bullicio y algarabía de los adolescentes. Reaccionó con hostilidad y rabia, les habló a los chicos con duras palabras, y se dirigió rápidamente a su dormitorio para reflexionar sobre su insólito comportamiento. —¿Qué es lo que me pasa?— se preguntó. —Los chicos han actuado de esta manera durante años. ¿Por qué habré reaccionado tan duramente hoy?

Algunos médicos opinan que la causa del problema se debe a cambios químicos u hormonales en el orga-

nismo. Es muy probable que así sea. Pero queda sin
resolver el interrogante de que la intensa actividad
mental no le permite al cerebro un adecuado descanso,
lo cual le lleva a reaccionar de esa manera, instalán-
dose una reacción en cadena en las glándulas, cualquiera de las cuales o todas, podrían originar el desequilibrio químico u hormonal. De todas maneras estas
depresiones responden bien a la medicación. Uno de
los médicos aplicó pequeñas dosis de Dilanten a 500
pacientes, convencido como está de que es el mejor tratamiento. Además reconoció el hecho de que él mismo
tomaba ese remedio con buenos resultados.

Algunos médicos recetan algún tipo de tranquilizante para contrarrestar de inmediato el síndrome de
actividad, y luego sugieren una reducción en la intensidad del trabajo, aconsejando enfáticamente una actividad menos febril como medio de coadyuvar en el
tratamiento. Pero la mayoría de la gente muy activa
prefiere, sin embargo, la medicación, para poder mantener su hiperactividad.

9. *Rechazo.* A riesgo de caer en excesivas repeticio-
nes, quisiera insistir en la tremenda necesidad de
amor que tienen todos los seres humanos. Cuando esa
necesidad no se satisface, la depresión es la escotilla
de escape que utiliza la gente para habérselas con ella.
Ese tipo de depresión comienza temprano en la vida
del niño que teme el rechazo de sus padres. Ocurre entre los adolescentes cuando se sienten rechazados por
sus compañeros de grupo; en la esposa que intuye el
rechazo de su esposo o de la mujer que admira. Los
hombres lo experimentan cuando pierden el afecto de
sus esposas, pierden su puesto, o sufren la traición de
un amigo en quien confiaban. Muchas veces la depresión no guarda relación con el rechazo y adquiere una
magnitud desproporcionada, especialmente cuando la
persona especula sobre la injusticia del rechazo y la
subsiguiente soledad.

10. *Metas inadecuadas.* En el capítulo dedicado a la
depresión en mi libro *Spirit-Controlled Temperament*
(Temperamento controlado por el Espíritu), decía:
"Hay un natural aflojamiento sicológico cada vez que
termina un gran proyecto". Desde que escribí aquello
han pasado ocho años, y ahora me inclino a pensar que

el problema realmente es un problema de metas inadecuadas.

El hombre es, indudablemente, un ser en busca de metas. Sin metas deja de luchar, pero cuando permitimos que un proyecto determinado se constituya en nuestra única meta, inevitablemente experimentamos un aflojamiento una vez realizado el mismo. Por ello es aconsejable tener metas tanto de largo como de corto alcance, y siempre en grado ascendente. Las personas claramente conscientes de sus metas, rara vez se deprimen. A punto de terminar un proyecto, ¡ya tienen tres en marcha! Podríamos aprender de ellos una lección: nunca permitamos un vacío mental. Más bien cultivemos el arte de fijarnos metas.

Una mujer dada a la autoconmiseración solía decir quejumbrosamente: "No tengo ninguna meta por delante." Era obvio que perdía demasiado tiempo pensando en sí misma. Un mundo tan lleno de gente taciturna y cargada de problemas certifica el hecho de que hay demasiados individuos sin metas que valvan la pena.

Metas que valen la pena

Jamás debemos conformarnos con metas egoístas o de segundo grado. Earl Nightingale, probablemente el más grande motivador de la gente, solía decir que las personas que buscan el éxito no deberían enriquecerse. Sobre todas las cosas debemos fijarnos metas que signifiquen ayudar a otros; las riquezas seguirán. Por cierto él entendió a la perfección el principio bíblico de "Dad y se os dará". La gente más rica que conozco son los que se han dado a sí mismos, generosamente, en beneficio de los demás. Semejante motivación afectará la manera en que vendemos, cocinamos, enseñamos, o actuamos en nuestra especialidad. Tales riquezas, demás está decirlo, nada tienen que ver con dinero o recompensas materiales. En realidad de verdad, la persona que ha ganado dinero sin ayudar a los demás, no podrá comprar con dinero su felicidad.

Un hábil y observador amigo, dedicado al negcio inmobiliario y especializado en la venta y compra de propiedades costosas, me dijo que las casas grandes nunca traían felicidad. Pero si la gente compraba esa casa con dinero adquirido ayudando a los demás, siempre disfrutaban de esa mansión. Expresó su filosofía con las siguientes palabras: "En lugar de ser un símbolo de estado, el hogar debe ser expresión de cuánta ayuda ha prestado el dueño a sus congéneres". De una cosa estoy seguro: la gente feliz tiene recias metas, entre las que se cuenta ayudar a los demás. Además tienen la seguridad de que nunca les faltará gente a quien ayudar.

Resumen

La depresión nunca se instala porque sí. Obedece siempre a una causa. Aun en el caso de la depresión postparto, cuando pareciera no haber ninguna razón determinada, el nacimiento del niño la desencadena. Por básicas y comunes que sean las diez causas anotadas, no explican a satisfacción la verdadera causa de la depresión, porque hay mucha gente que ha enfrentado todos los problemas allí señalados y no han sufrido depresión alguna. ¿Por qué algunas personas logran zafarse del problema y otros se hunden en él? En realidad, algunas de estas *causas* de la depresión no son en verdad causas, sino *excusas por* la depresión. Estas causas son a la depresión lo que el merengue es a la torta. Tiene un hermoso aspecto y gusta bien, pero el merengue no es un sustituto de la torta. Estas razones son, por lo tanto, la mera caparazón del verdadero problema, que será analizado en los próximos tres capítulos.

---

[1] Ostow, Mortimer, *The Psychology of Melancholy*. New York: Harper and Rowe (1970) p. 82.
[2] *Ibid*. pp. 72, 73

CAPITULO SEIS

¿Es curable la depresión?

A lo largo de los últimos 2500 años, por lo menos, el hombre se ha esforzado seriamente en buscar un método para curar la depresión. En estos últimos tiempos la ciencia médica y los estudios motivacionales del mecanismo de la mente humana han logrado significativos adelantos para remediar el problema, pero es motivo de controversia, entre expertos igualmente competentes, si las curaciones son realmente válidas.

Los tres métodos más popularizados hoy en día para curar la depresión son la terapia medicamentosa, la electroterapia y la sicoterapia. Cada uno de estos métodos tiene sus entusiastas defensores y algunos analistas utilizan una combinación de dos de ellos o de los tres. Analizaremos cada uno de ellos y, además, hemos de considerar la que yo creo es la más exitosa de todas, es decir, la terapia espiritual. No debemos olvidar que el tratamiento de la depresión estará condicionado a la causa de la depresión, los recursos con que cuenta la persona a quien recurre el deprimido en busca de ayuda, y la gravedad de la depresión.

Terapia medicamentosa

Sabemos que desde el comienzo mismo de la historia el hombre ha utilizado medicamentos en su intento de curar a los deprimidos. "Más de 2000 años atrás Hipócrates recetaba eléboro para los emocionalmente enfermos".[1] Antes de eso los chinos usaron la efedrina para los disturbios nerviosos. La literatura también nos informa que en muchas de las más antiguas civilizaciones se daban opiáceos, hierbas y otras plantas cuyos extractos eran seleccionados por su efecto sedante. Es interesante consignar que los médicos de las culturas primitivas utilizaron extractos de las hojas de cacao, raíz de peyote y semillas de amapola por sus efectos alucinógenos, para contrarrestar el dolor o el letargo de la ansiedad o de los estados depresivos. Hoy en día la industria farmacéutica produce medicamentos químicamente manufacturados, re-resultado de largas y agotadoras investigaciones y experimentaciones. La mayoría de estos medicamentos que los médicos recetan actualmente, aparecieron en el mercado después del año 1955. El Dr. Mortimer Ostow, neurólogo y siquiatra neoyorkino, dice lo siguiente sobre la terapia medicamentosa: "En la última década hemos perfeccionado una nueva arma en la lucha contra las enfermedades depresivas, arma que lleva el nombre genérico de medicamentos antidepresivos. Estos medicamentos no son antagónicos a los procesos sicológicos asociados con la depresión, sino que actúan contra el agotamiento de las energías síquicas. Podemos considerar que los medicamentos antidepresivos son energizantes síquicos. Luego que la depresión ha cedido, por efectos del medicamento, persiste la ambivalencia en la relación analítica del objeto, pero no al grado de disminuir la energía o provocar una deficiencia.

"Entre las ventajas del tratamiento medicamentoso podemos anotar las siguientes: . . . puede ser aplicada en enfermos que se sienten demasiado mal para cooperar con la sicoterapia . . . el paciente logra un alivio luego de cuatro a seis semanas de medicación diaria. (Ultimamente se ha observado que si se administra el medicamento por vía inyectable durante los primeros días, el resultado terapéutico se obtiene en días y no en semanas). El tratamiento medicamentoso puede prolongarse, al menos por lo que actualmente sabemos, indefinidamente. Comparado con la sicoterapia es mucho menos costoso. Puede aplicarse a un gran número de pacientes a quienes les resulta imposible la sicoterapia. Al adquirir cierta práctica y experiencia, los médicos no especialistas y aun los internos, aprenden a aplicar el medicamento y pueden tratar a sus enfermos sin verse obligados a derivarlos al siquiatra.

"Veamos ahora cuáles son las desventajas de la terapia medicamentosa. No remedia el problema del paciente en sus percepciones inteligibles. No logra reconstituir las relaciones familiares. Le da al paciente la falsa sensación de que sus problemas han sido solucionados, y a veces, que ha alcanzado un nivel "supernomal". De ahí que los pacientes no crean necesario someterse al tratamiento sicoterapéutico en circunstancias en que eso es lo aconsejable. Además los medicamentos tienen efectos secundarios que suelen ser sumamente penosos por lo que imposibilitan el tratamiento, y algunos de los medicamentos poseen un alto grado de toxicidad. Alrededor de un 15 a 20 por ciento de los pacientes no responden satisfactoriamente al tratamiento medicamentoso. Si las percepciones inteligibles continúan deteriorándose y generando un cada vez más alto grado de ambivalencia, esa ambivalencia puede anular el efecto del medicamento, lo cual provoca una recidiva. Desde el momento que la extenuación de la energía síquica protege contra el aislamiento sicótico, la administración de medicamentos energizantes puede precipitar una sicosis esquizofrénica.

"Es evidente que la medicación antidepresiva no ofrece la solución ideal para el tratamiento de la depresión. Ya que requiere cuatro o más semanas antes de ser efectiva, se deja al paciente expuesto al riesgo del suicidio por lo menos durante ese lapso. Tampoco se puede saber de antemano le dosis óptima. De ahí que el médico deba optar entre aplicar pequeñas dosis y aumentarlas gradualmente para prevenir los efectos secundarios o comenzar con dosis mayores para lograr un rápido efecto, corriendo el riesgo de provocar penosos efectos secundarios. A veces esos efectos secundarios son tan angustiosos que el paciente se resiste al medicamento."[2]

No hace mucho me dijo una mujer que encontró la perfecta solución a su estado depresivo en las píldoras que le recetaron a su marido, sometido a una dieta. Lo que ocurre es que esta señora no se percató de que esas píldoras eran, probablemente, una de las formas de la anfetamina, que en ningún caso se suponía habrían de ser para uso permanente, sino para cortos períodos de tiempo a objeto de disminuir la ingestión de alimentos. Aparte de reducir el apetito, también estimulan el "centro del placer", localizado por encima del hipotálamo, que produce una sensación de euforia en relación directa con la cantidad de anfetamina ingerida y el nivel de inmunidad natural de quien la toma.

El problema con las anfetaminas es que crean hábito y los pacientes se tornan, a veces, peligrosamente adictos. Este medicamento es uno de los varios que se adquieren con facilidad y fueron en gran parte responsables por el aumento en la utilización abusiva de drogas durante la pasada década. El nivel natural de inmunidad del cuerpo responde al medicamento, originando la necesidad de aumentar la droga para obtener los mismos efectos. Aparte de todo esto, a la placentera euforia que produce la anfetamina le sigue una taciturna tristeza que, no es de sorprender, lleva al individuo a una depresión peor que la de antes de tomar el medicamento. La mujer que mencionamos antes, como veintenas de otras, resolvió su problema tomando las píldoras de su marido. No solamente se sintió peor después de tomar las "píldoras dietéticas" de su marido, sino que su marido se disgustó por la desaparición de sus píldoras. He observado repetidas veces que las personas que toman píldoras dietéticas se irritan fácilmente y tienden, como esta mujer, a agravar el cuadro. Su primera visita tuvo que ver con su problema emocional. Después de tomar la anfetamina se le agregó el problema marital.

El Dr. Leonard Cammer, otro siquiatra, se inclina por la electroterapia y en cierta medida critica la terapia medicamentosa. En su libro *Up from Depression* asegura lo siguiente: "Ningún medicamento hace exactamente, y solamente, lo que se espera que haga. La aspirina puede aliviar el dolor de cabeza en algunos casos. En otros casos irrita el estómago y produce acidez, o provoca zumbidos en el oído. Estos dos últimos síntomas son efectos secundarios.

"Los antidepresivos, los tranquilizantes y los medicamentos estimulantes, todos ellos potentes compuestos químicos, pueden desencadenar varios efectos secundarios en distintas personas o en la misma persona en diferentes momentos. La mayoría no son graves. Así, por ejemplo, un antidepresivo puede hacer que la persona traspire y se le seque la boca, unido a una leve constipación y algún grado de empañamiento de la visión. Si bien estos efectos secundarios suelen ser muy molestos, no son graves.

"¿Pero qué si la persona padece de una sensibilidad especial al medicamento y se producen efectos secundarios con síntomas más graves? ¿Podrá ser peligroso? Estos medicamentos pueden ofrecerse en tanto la incidencia de la sensibilidad permanezca baja. Por ejemplo, algunos medicamentos pueden aumentar o bajar la tensión arterial cuando se combinan con el alcohol, con ciertas comidas o con otros medicamentos. Aún más, otros pueden destruir los glóbulos blancos y favorecer de esa manera las infecciones, los trastornos hepáticos y otras complicaciones. Pero ninguna de estas posibilidades debe necesariamente adquirir proporciones alarmantes si la persona, sometida a un tratamiento medicamentoso contra la depresión permanece bajo observación y cuidado del médico." [3]

Según afirma el Dr. Cammer, tan sólo el 35 por ciento de las personas afectadas de una depresión aguda fueron curadas por la aplicación de medicamentos. [4] La mayoría de los informes que hemos leído indican que la terapia medicamentosa no es ni por lejos tan exitosa como se imagina el gran público.

Electroterapia

Durante las décadas del 1940 y 1950 el método más prominente para el tratamiento de la depresión era el electroshock. El Dr. Mortimer Ostow, que parece favorecer la terapia medicamentosa, anota lo siguiente: "Hasta el advenimiento de los medicamentos antidepresivos, el único tratamiento orgánico para la depresión melancólica era el procedimiento de la terapia por electroshock. Esta consiste en administrar un breve shock eléctrico al cerebro, que produce una convulsión instantánea y deja una amnesia temporaria. Según se lo administra de ordinario, se aplica alrededor de tres veces por semana, hasta totalizar cinco, diez o veinte sesiones. A medida que avanza el tratamiento, la amnesia se torna más y más intensa. Los medicamentos energizantes han reemplazado en gran medida al tratamiento por electroshock, si bien este reemplazo es más notable en algunas instituciones que en otras."[5]

Según la cita anterior es obvio que el Dr. Ostow no considera que el electroshock sea el mejor método para el tratamiento de la depresión. Otros, aparentemente con iguales títulos, se inclinan por ese método. Veamos la encomiástica opinión del Dr. Cammer:

"La abundancia de las evidencias registradas y lo valedero de las experiencias, han demostrado que el tratamiento por electroshock, en concordancia con normas médicas reconocidas, es un procedimiento seguro. Esta afirmación es especialmente válida cuando lo aplica un siquiatra experimentado y competente que puede evaluar las condiciones del paciente y está apercibido para habérselas con cualquier contingencia que pueda producirse durante el tratamiento. Al igual que muchos otros siquiatras, prefiero contar con la asistencia de un anestesista. En mi opinión, asegura más aún la normal recuperación del tratamiento."[6]

Para los legos en medicina el tratamiento por electroshock infunde miedo. Por ello, y a fuer de ser absolutamente justos, nos extenderemos sobre la opinión favorable del Dr. Cammer, para explicar de qué manera se procede en el tratamiento.

"Se puede aplicar el tratamiento a cualquier hora del día, siempre y cuando el paciente no haya ingerido ningún alimento por lo menos desde cuatro horas antes.

"El o la paciente se recuesta sobre una confortable cama en el consultorio del médico, generalmente con la ropa de calle no ajustada. Se le sacan los zapatos.

"A continuación se le inyecta por vía endovenosa un barbitúrico de acción rápida que duerme al enfermo en más o menos diez segundos. Desde este momento en adelante el paciente permanece dormido durante todo el tratamiento. (Si bien a la mayoría de los pacientes no les gusta perder totalmente la conciencia, muchos de ellos manifiestan luego que les encanta la placentera sensación de dormirse rápida y suavemente; esto se debe, tal vez, al hecho de experimentar un alivio inmediato a su angustia mental.)

"Luego de la inyección sueñoinductora se administra un segundo medicamento, la succinilcolina. Este medicamento produce un relajamiento muscular que, a los efectos del tratamiento, se produce a los 20 ó 30 segundos de aplicarse la inyección.

A continuación se le hace respirar al paciente oxígeno puro, aplicándole una máscara especial. Esto garantiza una oxigenación a pleno de todos los tejidos del organismo. Al mismo tiempo, por medio de electrodos colocados sobre las sienes, se le aplica una corriente eléctrica de bajísimo amperaje durante un segundo o menos, que estimula la descarga neural que pondrá en marcha el proceso curativo.

"Mientras todo esto ocurre el paciente duerme.

"El tratamiento es totalmente indoloro, aparte del pequeño pinchazo de la primera inyección. En total no dura más de dos minutos.

"Ahora digamos algo sobre la fase inicial de recuperación que se prolonga por más o menos 15 minutos: aproximadamente en el primer minuto pasa el efecto del anestésico y termina la relajación muscular. Luego (a los diez minutos) cede la postdescarga y el sueño profundo que indujo la descarga eléctrica y se instala un sueño ligero.

"A los diez o veinte minutos el enfermo despierta pero se siente como atontado. Momentos más tarde comienza a recordar dónde está y a reconocer a las personas que lo rodean. Se le permite sentarse. Gradualmente se aclara su confusión y recobra su sentido de la orientación. *En ningún momento recuerda lo ocurrido durante el tratamiento.*

"Todo el procedimiento, desde el comienzo hasta el

fin, dura alrededor de una hora. El paciente está listo para retirarse a su domicilio. Si es un enfermo internado en el hospital, retorna a su habitación." [7]

De dos cosas se quejan principalmente los pacientes tratados con electroshock. La primera es que experimentan una pérdida de la memoria y la segunda es que temen que el procedimiento les dañe el cerebro. El doctor Cammer procura descartar esos temores asegurándonos que: "No he hallado ninguna evidencia convincente, ni clínica ni de investigación, que me lleve a pensar que el electroshock daña al cerebro. Luego de ser aplicado en todo el mundo por más de 30 años, no hay duda de que en una abrumadora mayoría de casos el electroshock *beneficia* a las personas. Por medio de él los pacientes mejoran y vuelven a ser racionales. Pero si la pregunta la formulamos en términos de si el electroshock *altera* o no la función cerebral, la respuesta es afirmativa. Cuando se estimula al cerebro ya sea eléctricamente o por medio de sustancias químicas en las dosis y duración adecuadas, el tratamiento modifica notoriamente la actividad cerebral en el sentido de un mejoramiento. En efecto, se lo aplica *para crear respuestas que son parte de estas modificaciones.*

"De producirse efectos secundarios permanentes sobre el tejido cerebral, como resultado del electroshock, no hay forma de demostrar esos efectos por ninguna de las pruebas conocidas. Para mí no hay duda alguna que la aplicación eléctrica o de substancias químicas al cerebro, produce efectos estimulantes que ayudan a los deprimidos a reconquistar su normal funcionalismo." [8]

En la actualidad más y más médicos se desilusionan con el electroshock. El Dr. Cammer, sin embargo, afirma que todavía se lo utiliza "en gran medida, a pesar de la corriente en boga en favor del tratamiento medicamentoso y de los casos tratados por este último medio. En realidad, y debido a que el tratamiento medicamentoso ha producido serias complicaciones, presenciamos ahora un generalizado retorno al electroshock, como método más seguro, más confiable y más efectivo para el tratamiento de las depresiones que producen incapacitación. La evidencia clínica es concluyente: comparado con la estadística que atribuye un 35 por ciento de recuperación con el tratamiento medicamentoso, el electroshock da un porcentaje de 70 a 80 por ciento de pacientes afectados de una depresión endógena, que realizan sus tareas dos veces mejor que los tratados por medicamentos. En las depresiones reactivas y neuróticas, el mejoramiento en general con el electroshock es más o menos igual que en el tratamiento medicamentoso, excepto en las manifestaciones muy severas, en cuyos casos el electroshock logra una remisión más neta y en un período más corto."[9] No todos los médicos comparten su entusiasmo por el electroshock, pues a los que consulté me respondieron que recomiendan el electroshock como una última instancia y ninguno de ellos estaba convencido de que era realmente exitoso en el setenta u ochenta por ciento de los casos.

Desuso de la shockterapia

El Dr. Ronald Fieve, jefe del Departamento de Investigación Siquiátrica del Instituto Siquiátrico del Estado de Nueva York, considera que el nuevo medicamento Carbonato de Litio ha relegado al olvido la electroshockterapia y las terapias medicamentosas. En una comunicación a la centésima vigésima segunda Convención de la Asociación Americana de Medicina dijo así: "Ha dejado de ser necesaria la aplicación de la electroshockterapia, excepto en un reducido número de pacientes con tendencias maniaticoagresivas o suicidas, y son muchos los médicos que por no haber entrado por esta variante continúan aplicando inútilmente el electroshock o diversos tratamientos medicamentosos".[10] De ahí que la batalla continúa tenazmente en el mundo médico profesional en cuanto al método más aconsejable para tratar la depresión. Es obvio que profesionales igualmente competentes difieren notoriamente en sus opiniones.

Como consejero no médico he observado que la electroshockterapia, al igual que la terapia medicamentosa, no pasa de asegurar un éxito mínimo, a menos que se cumplan dos premisas. O se produce un cambio en las circunstancias que causaron la depresión, o el paciente experimenta un cambio en el esquema pensante inducido por el tratamiento; de lo contrario, y a pesar del tratamiento aplicado, con el tiempo se reinstalará el proceso depresivo.

A una mujer con quien hablé en mi carácter de consejero, le aplicaron shockterapia en dos ocasiones con intervalo de cinco años. Buscó mi ayuda al sentir síntomas de una probable regresión. Luego de analizar el problema descubrimos que el tratamiento por shock curó solamente los síntomas y no las causas productoras de la depresión. Por consiguiente se planteó la necesidad de un nuevo tratamiento. La aquejaba un intenso complejo de culpabilidad. Cuando pudo librarse de su conciencia de culpa, pudo vivir una vida normal y feliz. Y nunca se hizo necesario el tercer tratamiento.

Sicoterapia

Aún antes de los días de Sigmund Freud, la sicoterapia era el método más común para el tratamiento de la depresión. Fue utilizado casi con exclusividad a todo otro, hasta el advenimiento del electroshock durante la década 1930-1940. En su definición más simple la sicoterapia es el "tratamiento por medio de la conversación". El paciente deprimido habla libremente con su consejero. Pero como el paciente está deprimido por una falla en su esquema pensante, el consejero debe examinar los méritos del enfermo y cómo justiprecia a los demás. De esa manera le ayuda a entenderse y a mejorar su vida de relación.

Dado que la causa desencadenante del proceso depresivo es en gran parte el rechazo o la pérdida de un objeto amado, un consejero cálido y enfático logra frecuentemente proveerle de un substituto adecuado. Probablemente el aspecto más terapéutico de la sicoterapia es que el individuo desesperado que se siente rechazado, desesperanzado y solo, tiene acceso a la paciencia, a la comprensión y a la preocupación del consejero. Si el consejero logra suplir suficientemente las necesidades del paciente, el método puede hacer las veces de poderosa muleta en que se apoye el deprimido.

Algunas de las contraindicaciones de la sicoterapia es lo larga y costosa que resulta. La mayoría de las personas no pueden afrontar el gasto que significa una larga serie de sesiones a razón de 30 a 50 dólares la hora. Los consejeros que se abstienen de dar directivas piensan que no deben imponerle al paciente sus propios conceptos o puntos de vista, sino servirles solamente de caja de resonancia o de tornavoz, para que ellos, por sí solos, organicen los principios que han de regir sus vidas. A menudo la sicoterapia se transforma en el ejercicio a la futilidad porque presupone que la solución del problema del aconsejado yace profundamente en el paciente y la tarea del consejero se reduce a tratar de sacarla a la superficie. Pero lo habitual es que la persona *no* tenga la respuesta dentro de él. Ocurre con frecuencia que largas sesiones con el tipo de consejeros que hemos mencionado, terminen en una gran frustración tanto para el consejero como para el aconsejado.

La sicoterapia se torna peligrosa cuando el consejero trata de imponerle sus propios principios al aconsejado, que ansiosamente va en busca de ayuda a su desesperada condición. Si el consejero resulta ser un individuo amoral que descubre que la persona que le pide ayuda tiene un serio problema, que es causa de la depresión, tratará de restarle importancia al hecho que motiva el sentido de culpabilidad del paciente y negar así sus principios morales. Hemos observado el resultado de lo que ocurre cuando a una persona se le ha ridiculizado y atacado sus valores, instándolo a adoptar normas de vida disolutas y amorales. Tales consejos suelen ser muy convincentes en boca de un especialista en siquiatría. Desgraciadamente el nuevo estilo de comportamiento inmoral, tan en boga, conduce habitualmente a un corto período de euforia, pero en muchos casos es seguido por una aplastante conciencia de culpabilidad que excede por lejos el problema original.

Años atrás leímos un artículo escrito por un siquiatra que hacía una crítica a su propia profesión. Afirmó que según sus observaciones, un 50 a 75 por ciento de los deprimidos que consultaban a un siquiatra resultaban beneficiados durante un período de dos años. También observó que el 50 al 75 por ciento de los que consultaban al pastor, a un médico amigo, o simplemente a un buen amigo, resultaban aliviados. Pero lo que más particularmente le molestaba era que el 50 al 75 por ciento de los que no consultaban a nadie mejoraban en un período de dos años.

Con esto no queremos sugerir que los deprimidos no necesitan ayuda. Pero muchos de nosotros que hemos actuado como consejeros durante más de 25 años, no estamos convencidos de que la sicoterapia sea la respuesta. Más aún, los resultados de la terapia de grupo, terapia de sensibilidad y otras modas humanistas que se propagan tanto, pueden ser directamente peligrosas.

La depresión de una mujer soltera de 31 años de edad la hizo recurrir a la sicoterapia. Sus "ideas victorianas" fueron tan totalmente desmenuzadas durante la terapia de grupo, que luego mantuvo relaciones sexuales con cuatro hombres distintos en dos semanas. Cuando vino a verme estaba no solamente deprimida, sino tambaleando bajo el peso abrumador de su culpabilidad. Para colmo de males estaba embarazada. ¿Y para ese tratamiento pagó 75 dólares? ¡Tiene que haber un camino mejor!

El hombre tiene un aspecto espiritual en su naturaleza

La terapia que más descuidan hoy en día los médicos seculares, los siquiatras y los consejeros, es la terapia espiritual. Como nuestro sistema educacional está tremendamente secularizado y se basa en el humanismo ateo, se le da muy poca o ninguna importancia al alto significado espiritual de la naturaleza humana. El punto de vista secular sobre el hombre como cuerpo, mente y emociones es *absolutamente inadecuado,* y el hombre jamás podrá resolver los problemas del hombre sobre bases permanentes, mientras no reconozca ese vacío. El hombre es un ser intensamente espiritual, que lo distingue del reino animal. A menos que la terapia incluya un remedio para su naturaleza espiritual, solamente podrá ofrecer resultados mínimos o temporarios.

Todas las formas de terapia concuerdan en un principio: los deprimidos deben recibir ayuda externa. Ya sea el electroshock o un consejero, toda la terapia corriente involucra algo o alguien de fuera del individuo que lo apoye o sostenga. Los que aplicamos la técnica de la terapia espiritual en nuestra tarea de consejeros, también reconocemos la necesidad de este poder externo, pues hemos descubierto que es un arma poderosa para alcanzar a la persona en su totalidad.

El siguiente diagrama ilustra las cuatro distintas partes del total de una persona. Ningún hombre es completo si no cuenta con las cuatro. Todo el mundo es perfectamente consciente de lo mental, de lo emo-

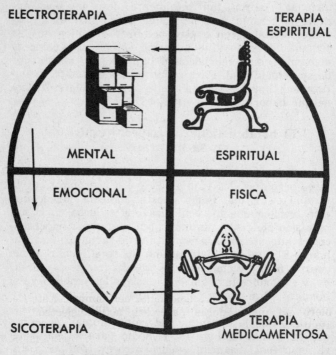

LAS CUATRO PARTES DEL HOMBRE

cional y de lo físico, pero pocos se dan cuenta de la tremenda importancia de la dimensión espiritual.

Una de las grandes tragedias de nuestro tiempo es que los humanistas ateos han hecho semejante lavado de cerebro a nuestra cultura, que le han hecho creer que el hombre es un animal sin dimensión espiritual de la vida. Por eso es que la mayoría de la gente cuenta con muy pocas reservas espirituales sobre las cuales contar en tiempo de congoja mental, emocional o física. Muy por el contrario, el gigantesco vacío de Dios que hay en ellos, complica seriamente sus problemas e impide su recuperación.

Para ilustrar el poder de la terapia espiritual como medio de lograr un cambio en la vida de las personas, hemos de considerar brevemente los otros tres aspectos de la naturaleza humana.

1. *Físico.* Todo el mundo es consciente del aspecto físico de la vida, la parte de nuestro ser sobre la que gastamos tanto dinero a lo largo de nuestra vida. A decir verdad, es la parte menos importante, porque a menos que las otras tres partes de nuestra naturaleza funcionen adecuadamente, nuestro cuerpo funcionará mal. Como hemos de ver, nuestro cuerpo físico está bajo el control de nuestras emociones.

2. *Emocional.* De las tres partes de la naturaleza humana universalmente aceptadas hoy en día, la menos entendida y conocida es la parte emocional. Todos somos sensibles al amor y al odio, y todos estamos familiarizados con "el corazón", particularmente en el Día de San Valentín. (14 de febrero, día en que suele enviarse una misiva o un regalo a la persona amada.) El corazón, o sea, el asiento de las emociones, no está localizado por supuesto en el corazón anatómico, sino en el espacio situado entre nuestras dos sienes, un poco detrás de la frente. A esta región los científicos la denominan el centro emocional del hombre. Este tablero de computadoras pareciera actuar electrónicamente en consonancia con todos y cada uno de los órganos del cuerpo. Antes de iniciar cualquier movimiento corporal, el centro emocional debe notificarlo electrónicamente. Por consiguiente, las condiciones en

que se encuentre este centro afectará las condiciones de todo el cuerpo. Si la persona está emocionalmente en paz, su cuerpo funcionará normalmente. Si su corazón o centro emocional está perturbado, todo su cuerpo acusará los efectos de esa perturbación.

Nos resulta familiar la expresión de "enfermedad inducida emocionalmente". Los médicos nos aseguran que el 85 por ciento de todas las dolencias físicas reconocen por causa las perturbaciones emocionales. Ciertas enfermedades extenuantes tales como las cardiopatías, la hipertensión, las úlceras, el asma y algunas formas de artritis, derivan de la tensión emocional. El Dr. S. I. McMillan en su excelente libro titulado *None of These Diseases* (Ninguna de estas enfermedades) afirma que existen 51 enfermedades emocionalmente inducidas. Eso explica la causa de que los deprimidos se sientan achacosos si su depresión se prolonga durante un largo período.

Las emociones no nacen por generación espontánea. Las emociones se originan en nuestra contextura mental. Supongamos, por un instante, que se nos pide de pronto que subamos a una plataforma y dirijamos la palabra a un gran auditorio. Si no estamos entrenados para este tipo de experiencia, de inmediato nuestra mente esbozará un esquema pensante de timidez que produce temor y, más aún, miedo, lo que a su vez, engendrará cambios fisiológicos corporales. La ansiedad nos hará sentir flojas las piernas y las glándulas salivales dejan de segregar saliva y se nos seca la boca. Se modifica el timbre de la voz que se torna chillona. De esta manera, la tensión emocional que produce una rápida reacción en cadena, afecta la totalidad del cuerpo.

Ocurre algo similar con la preocupación. Cuando nuestras mentes tienen que habérselas con problemas tales como cuentas que pagar u otras circunstancias indefinidas, comenzamos a preocuparnos. Las tensiones emocionales prolongadas por un largo período provocan trastornos físicos y enfermedades.

En vista de que las emociones del hombre controlan su cuerpo, y las emociones a su vez, son controladas por la mente, debemos analizar la mente.

3. *Mental.* La mente es un fabuloso mecanismo tabulador. Algunos la han designado como "la más complicada computadora de todo el mundo". La capacidad de memoria de la mente humana es de no creer. Hay serios indicios o evidencias en el sentido de que la mente subconsciente retiene todos los pensamientos que hayamos elaborado, todas las escenas que hayamos visto y todos los sonidos que hayamos escuchado. Cuando los hipnotizadores retrotraen a los sujetos a los primeros días de su infancia, es asombroso comprobar los ínfimos detalles que revelan de su vida. Las estimaciones más aproximadas sugieren que son pocas las personas que utilizan más de un diez por ciento de su potencial mental.

La mente está compuesta del consciente y subconsciente. Si bien la mente subsconsciente no cae bajo nuestro control, como lo hemos de ver en un capítulo más adelante, responde notoriamente a la sugestión mental. "Somos lo que pensamos" explica a la perfección lo que decimos, porque el pensar incita nuestros sentimientos. Todo lo que elaboramos con la mente provoca una respuesta en nuestro centro emocional que, a su vez, da lugar a una respuesta física. Observemos los símbolos en el cuadro siguiente. Siguiendo la dirección de las flechas vemos de qué poderosa manera la mente ejerce su influencia sobre las emociones y sobre el cuerpo. Los cinco sentidos son las ventanas a la mente, particularmente los ojos y los oídos. De una cosa estamos seguros: sea lo que fuere que llega a nuestra mente a través de los ojos y de los oídos, da lugar a una respuesta en el corazón que, a su vez, motiva al cuerpo.

Una excelente ilustración para abonar este principio nos la dan los efectos que produce la literatura pornográfica. La lectura de tal literatura enciende las pasiones que motivan y preparan al cuerpo para la acción sexual. Por contraste, si leemos literatura sana y limpia, enriquecemos nuestras emociones, despertando en nuestros cuerpos deseos y motivaciones sanos.

Todos los jóvenes con quienes he hablado respecto a problemas sexuales, han reconocido que fueron repetidamente estimulados por un inflamatorio material sexual o sugestivas películas pornográficas. Los impul-

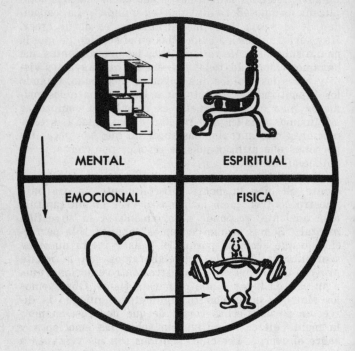

LAS CUATRO PARTES DEL HOMBRE

sos no eran espontáneos sino atribuibles a esa literatura o a ese mensaje visual.

Lo mismo cabe para los actos de violencia. Mucho antes de que una persona estalle en una respuesta iracunda, ha visto, oído o meditado sobre las cosas que provocan las emociones de odio que finalmente pone en acción. Por eso dice la palabra de Dios "Todo aquel que aborrece a su hermano es homicida" (1 Juan 3:15). No puede ocurrir un homicidio físico sin un previo homicidio emocional, y es la mente la responsable de toda la secuencia.

Como veremos, la depresión (que es una emoción) produce, físicamente, apatía. Desde el momento en que los sentimientos se elaboran en la mente, la depresión debe iniciarse, obligadamente, por un determinado esquema de elaboración mental. En lugar de tratar los resultados, es decir los síntomas (apatía, insomnio, *etc.*) con medicamentos o actuando sobre las emociones por medio de substitutos de los objetos de amor, de consejeros o de medicamentos, podremos lograr un alivio permanente únicamente cambiando la contextura de la trama donde se elabora el pensamiento.

¡El problema radica en la mente! ¿Pero cómo controlar esa mente incontrolable?

Terapia espiritual

Hay unas pocas personas que poseen el suficiente vigor mental para dominar el esquema pensante negativo o perjudicial y hacerlo rendir buenos sentimientos emocionales que, a su vez, dan lugar a un normal funcionamiento corporal. Pero el número de esas personas es mínimo. En esta área la mayoría de las personas requieren ayuda externa. Al invalidar su naturaleza espiritual, como tiende a hacerlo el hombre secular, se transforma en esclavo de su propia debilidad mental. La mayoría de las personas que me vienen a ver como consejero, han probado los medicamentos, la electroterapia, o la sicoterapia, con resultados negativos o mínimos. Es mi opinión que a esas personas se las puede ayudar únicamente con la terapia espiritual.

Un boxeador profesional jamás subiría a un ring con un parche negro cubriéndole un ojo y uno de sus brazos atados a la espalda. Ese espectáculo, sin embargo, ilustra gráficamente el dilema en que se halla el hombre de hoy en día. Al descuidar el lado espiritual de su naturaleza, ha cerrado los ojos al tremendo poder de que dispone para vencer la depresión, el temor, la ira y otras dolencias emocionales que van en detrimento de su persona.

Además, su problema se le complica por el vacío de Dios en su vida, originado por su descuido espiritual. Pascal, el gran filósofo francés, dijo en una ocasión:

"Hay un vacío en el corazón de los hombres que ha sido creado por Dios, y que puede ser llenado solamente por Dios." Ese vacío que ha sido creado por Dios lo mantiene al hombre en el tráfago de una incesante actividad y lo empuja a una constante búsqueda de su identidad y de paz. ¡Es imposible una felicidad sobre bases permanentes valiéndonos sólo de la mente, el corazón o el cuerpo!

El hecho de la naturaleza espiritual del hombre

No es difícil obtener evidencia de que el hombre es un ser intensamente espiritual. De todos los seres vivientes, el hombre es el único que va tras una búsqueda universal de Dios. Solamente el hombre posee un instinto natural religioso y una universal conciencia de pecado.

En mis viajes por muchas partes del mundo me hice el propósito de investigar las ruinas arqueológicas de remotas civilizaciones. A poco andar me di cuenta de que las construcciones más antiguas eran templos, santuarios o sitios de adoración religiosa, clara indicación de las ansias religiosas del hombre, en todos los tiempos. ¿Qué es lo que produce esa hambre? Es su natural instinto o naturaleza espiritual dada por Dios.

Aun los líderes comunistas, que le han dado a la religión el epíteto de "el opio de los pueblos", han debido aceptar el hecho de que el hombre es "incurablemente religioso". Y esta búsqueda religiosa universal del hombre debe necesariamente tener una causa perceptible. De la misma manera que el hombre experimenta las necesidades de hambre y sed, y las necesidades emocionales tales como el amor, y necesidades mentales evidenciadas por la curiosidad, así también tiene profundas necesidades espirituales, que se manifiestan por su incesante búsqueda de Dios.

Algunos de los más empedernidos ateos demostraron su instinto espiritual en momentos de su muerte. Todos hemos oído de individuos que jamás elevaron una oración, que vivieron con ausencia total de Dios durante toda su vida, y en algunos casos en franco antagonismo a Dios, pero cuando el espectro de la muerte los cubrió, clamaron a él. Cuando yo era muchacho, un famoso comunista ateo, albañil de profesión, cayó en el interior de una chimenea que estaba construyendo. Luego de varios intentos infructuosos de sacarlo, los otros albañiles se vieron obligados a deshacer la chimenea, ladrillo por ladrillo. Los diarios locales informaron al día siguiente que cuando llegaron a él lo hallaron orando para que lo salvaran. En lugar de atribuir este hecho a una personal debilidad, debemos aceptarlo como una verificación del instinto natural del hombre hacia lo espiritual.

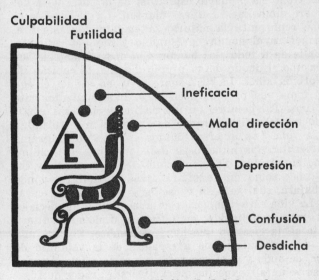

Naturaleza espiritual del hombre

El hombre que descuida su naturaleza espiritual lo hace a su propio riesgo. Dios le ha dado al hombre esta parte de su ser para estabilizar y motivar su mente, su corazón y su cuerpo. Los que prefieren ignorar este vigoroso poder que vive en su interior, son como un automóvil de cuatro cilindros de los cuales funcionan solamente tres. Lo que necesitan no son mejores bujías en los tres cilindros que funcionan, sino la total restauración de su inoperante naturaleza espiritual.

El lado espiritual de la naturaleza del hombre contiene su voluntad, característica única en su género, que lo distingue de los demás componentes del reino animal. Dios le ha dado a todos los hombres un libre albedrío. Con esa libertad puede ignorar o rechazar a Dios, o puede aceptarlo y cooperar con él. Solamente el hombre puede tomar esa decisión, pero hay una cosa de la cual podemos estar seguros: su eterna felicidad depende de su elección.

El trono en el cuarto espiritual de la naturaleza del hombre simboliza su libre voluntad. La "E" sobre el trono representa la naturaleza ególatra del hombre, que genera al hombre presumido y autodeterminado. Dios le da a todos los hombres la oportunidad de ser cada uno el dueño de su propio destino, el capitán de su propia alma. La "E" sobre el trono señala el ego que toma sus propias decisiones, independientemente de Dios. Tal hombre, en última instancia, está destinado a progresivos grados de frustración y futilidad en la vida. Los diversos puntos en nuestro diagrama representan las numerosas decisiones que el hombre toma en su vida. Todo individuo tiene que decidir cosas tales como dónde vivirá, dónde estudiará, dónde trabajará, cuál será su vocación y con quién se casará. La vida está compuesta de una miríada de decisiones, pero la felicidad, en última instancia, resultará de la sabia elección que haga el hombre. Si vive una vida de autosuficiencia a espaldas de la voluntad de Dios, dejando que el ego reine supremo sobre el trono de su voluntad, experimentará diversos grados de frustración, confusión, culpabilidad y temor.

A través de los años he mostrado este diagrama a centenares de personas y todavía no he hallado a nadie que tenga 40 o más años de edad, que lo haya impugnado. Recientemente se lo expliqué a una agente de viajes de una compañía aérea al volver de dos semanas de vacaciones en Hawaii. Me dijo que a los 22 años de edad se sentía más que realizada, pero cuando le pregunté si sentía esta frustración y futilidad en su vida, se llevó las manos al rostro y rompió a llorar desconsoladamente. Lloró tan profusamente que sus lágrimas brotaban de entre sus dedos. Si bien no siempre con características tan dramáticas, la experiencia de esa señorita no es inusual.

La mayoría de las personas que son desdichadas o se sienten deprimidas no están conscientes del hecho de que su desdicha emana del vacío de Dios que albergan en su interior. Esta deficiencia espiritual o ausencia de Dios, las hace vulnerables a una diversidad de dolencias y perturbaciones mentales, emocionales y físicas. Y no hace a la cuestión que haya adoptado una actitud de enfrentamiento y antagonismo contra Dios o que simplemente haya descuidado su presencia. Experimentan en su interior una sensación de vacío y de hambre que las hace buscar ansiosamente a Dios, pero carecen de los recursos espirituales que las ayuden a lidiar con los problemas creados por decisiones que son frutos de sus egos. Este estado sin Dios es universal y antiguo como el hombre. La Biblia lo llama "muerte". En el huerto del Edén, cuando Adán y Eva se rebelaron y desobedecieron a Dios, murieron espiritualmente. Y esta muerte espiritual ha sido transmitida de generación en generación, generando un grave vacío en el interior de todo ser humano. Si bien el hombre puede alcanzar una felicidad momentánea en los niveles mentales, emocionales o físicos de la vida, jamás obtendrá una felicidad duradera hasta tanto no logre llenar el vacío de Dios en su naturaleza espiritual. Y jamás conocerá un gozo perdurable ni contará con el poder para controlar los aspectos más débiles de su naturaleza.

Jesucristo llena el vacío de Dios

Jesucristo es el extraordinario remedio para llenar el vacío de Dios en todo ser humano. Que vivió hace más de 1900 años, es un hecho de profunda importancia histórica. Pero por qué vivió, es un interrogante que suele ser fuente de confusión, si bien el único registro auténtico de su vida nos da la respuesta. Fue Cristo mismo quien dijo: "Yo he venido para que tengan vida, y para que la tengan en abundancia" (Juan 10:10). La vida abundante que él ofrece no sólo llena el vacío de Dios que hay en el espíritu de una persona, sino que le da el poder para eliminar la depresión y otros problemas emocionales.

Un hombre que portaba una gran carga emocional se acercó a Jesús cierta noche (Juan 3:1-13) preguntándole qué tenía que hacer para lograr una relación personal con Dios. Jesús le respondió: "De cierto, de cierto te digo, que el que no naciere de nuevo, no puede ver el reino de Dios." Asombrado Nicodemo por las palabras de Cristo, le preguntó: "¿Cómo puede un hombre nacer siendo viejo? ¿Puede acaso entrar por segunda vez en el vientre de su madre, y nacer?" A eso le contestó Jesús: "De cierto, de cierto te digo, que el que no naciere de agua y del Espíritu, no puede entrar en el reino de Dios." El contexto general del pasaje no deja lugar a dudas de que Nicodemo necesitaba una personal experiencia espiritual. De la misma manera que una vez nació físicamente para entrar a este mundo, tenía que nacer espiritualmente para cumplir su destino y prepararse para el mundo venidero. Este nacimiento espiritual de poder que ocurre cuando el individuo recibe a Jesucristo como Señor y Salvador, le brinda a las personas el poder externo que necesitan para lidiar y habérselas con sus problemas emocionales. Y esto es particularmente cierto en el caso de la depresión.

Contrariamente a la opinión popular, Jesucristo no nace ni se instala automáticamente en el interior de una persona; de ser así no habría necesidad de este nacimiento espiritual. En cambio (tal cual lo ilustra el siguiente diagrama) Jesucristo está colocado por fuera de la naturaleza espiritual del hombre, ya que el hombre nace desprovisto de Dios. Por intermedio de su Espíritu Santo y de la enseñanza de la Biblia, Cristo golpea a la puerta de la conciencia espiritual del hombre y le dice: "He aquí yo estoy a la puerta y llamo; si alguno oye mi voz y abre la puerta, entraré a él, y cenaré con él, y él conmigo" (Apocalipsis 3:20). Esta promesa de Cristo certifica que toda persona que es consciente de su vacuidad de Dios y de su rebelión contra la voluntad de Dios, puede invitar a Cristo a su vida. Jesucristo jamás fuerza su entrada en la vida de las personas, sino que acepta hacerlo cuando se lo invita. Y en ese instante la persona toma vida espiri-

El hombre con Cristo
en su vida

El hombre sin Cristo
en su vida

tual. Esto le crea una conciencia hacia Dios y le aumenta la capacidad para enfrentar los problemas de la vida, incluyendo entre ellos la depresión.

En el Sermón del Monte, Jesús señaló dos caminos a la eternidad: "el espacioso camino que lleva a la perdición" y "el angosto camino que lleva a la vida". A juzgar por el creciente número de desdichados que pueblan el mundo de hoy, es obvio, a todas luces, que la mayoría transita por el espacioso camino que lleva a la destrucción, no sólo a la eterna destrucción, sino a la autodestrucción mental, emocional y física. Y se trata de una doble autodestrucción: 1) al llevar una vida espiritualmente vacía de Dios y 2) al cosechar los resultados de decisiones tomadas por el ego y no por Dios.

Cuando la persona alcanza la edad de la responsabilidad y toma conciencia del bien y del mal, comienza a caminar por el espacioso camino que lleva a la destrucción. Si sus desdichas mentales, emocionales y físicas lo hacen consciente de la ausencia de Dios en su espíritu, puede ser que busque la ayuda divina. Al llegar a ese punto crucial de su vida y afrontar el hecho de que Jesucristo vino al mundo para morir en la cruz por sus pecados, puede recibirlo personalmente como su Señor y Salvador.

DOS CAMINOS A LA ETERNIDAD

VIDA ETERNA

MUERTE ETERNA

La más sublime expresión de amor que el mundo haya conocido jamás está simbolizada por la cruz de Jesucristo. Fue en esa cruz donde murió el propio Hijo de Dios por los pecados de toda la humanidad. Cristo, que fue Dios encarnado y vivió sin cometer pecado alguno durante los 33 años de su vida, tomó sobre él los pecados del mundo y murió una muerte sacrificial, para que los hombres pudieran ser salvos por él. Es por ello que Cristo pudo decir: "Yo soy el camino, y la verdad, y la vida; nadie viene al Padre, sino por mí" (Juan 14:6). Por consiguiente, la cruz de Cristo resulta un puente por el cual los hombres que viven en el espacioso camino que lleva a la perdición, pueden pasar al maravilloso camino de la vida.

Cuatro cosas trascendentes

Para llenar el vacío de Dios en la vida y nacer espiritualmente de nuevo, es imprescindible comprender cuatro cosas:

1. Nuestra terquedad, nuestra rebelión y nuestro pecado nos han separado de Dios, creando ese espacio vacío de Dios dentro de nosotros. Solamente nosotros y Dios conocemos la magnitud de nuestros pecados. Puede ser enorme o puede ser moderada; no hace al caso. Nuestros pecados nos han separado de Dios. Nunca jamás gustaremos de una paz y felicidad duraderas, mientras nuestros pecados no hayan sido perdonados.

2. Jesucristo murió en la cruz para que se nos perdonen nuestros pecados pasados. En los arcanos de Dios "la paga del pecado es la muerte" (Romanos 6:23). Sin embargo, no es menester que muramos nosotros por nuestros pecados, pues eso ya lo hizo Cristo.

3. Jesucristo resucitó para ser guiados y vigorizados para vivir la nueva y eterna vida. ". . .la dádiva de Dios es vida eterna en Cristo Jesús, Señor nuestro". La cristianidad en su integridad está edificada sobre el verdadero fundamento de que Jesucristo resucitó de entre los muertos. Su resurrección personal tres días después de su crucifixión constituye la piedra angular de la verdad cristiana. Y no sólo resucitó para darnos vida eterna en el cielo, sino para garan-

tizarnos una vida abundante aquí y ahora. Y es justamente esta vida la que nos capacitará para vencer nuestras debilidades.

4. Debemos recibirlo personalmente como *Señor* y *Salvador,* invitándolo a entrar en nuestra vida. Desde el momento en que la voluntariedad nos separó de Dios, aumentando el vacío de Dios en nuestra interioridad, es imperativo que depositemos en Cristo la fuerza que controla nuestras vidas. Y esto se hace por invitación personal. El aceptarlo como Salvador y Señor da lugar a un cambio de papeles. Cuando lo hacemos, el dueño y amo de nuestra vida, el ego se convierte en su siervo. Cierto es que aún tendremos que tomar decisiones en nuestra vida, pero tales decisiones pasarán por el tamiz de Cristo. De una manera práctica, ya no será más "qué haré sobre tal o cual asunto", sino "Señor Jesús, ¿qué quieres tú que haga al respecto?" Ninguna persona que viva según lo expresado en segundo término experimentará una vida desdichada. De igual manera, ninguna persona que viva de la otra manera podrá vivir una vida de felicidad.

El gran interrogante

¿Hemos invitado alguna vez al Señor Jesucristo a entrar en nuestra vida? La mejor manera de responder a esta pregunta es preguntarnos cuál de los dos siguientes diagramas representa nuestra vida actual.

Al considerar la respuesta, deberíamos estar preparados para señalar con precisión el momento en nuestra vida cuando Jesús estaba fuera y lo invitamos a entrar. Si nunca existió un tal momento, o no estamos muy seguros, debemos de inmediato inclinar nuestras cabezas e invitarle a entrar en nuestra vida. Si nos allegamos a él con toda sinceridad, contamos con la promesa de Dios de que Jesucristo vendrá y morará en nuestra vida. Y en el caso de no saber cómo orar, sugerimos la siguiente oración:

> Querido Dios, admito que soy un pecador y necesito a Jesucristo en mi vida para que sea mi Salvador y Señor. En este mismo día te entrego a ti el control de mi vida. ¡Amén!

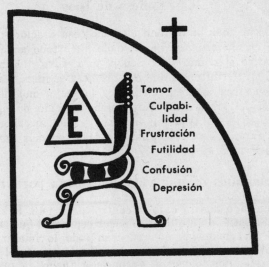

El hombre sin Dios

El hombre con Dios

La promesa de Dios

Si con toda sinceridad elevamos esa oración, contamos con la promesa de Dios de que "todo aquel que invocare el nombre del Señor, será salvo" (Romanos 10:13). Permitamos que esa promesa se haga realidad en nuestras mentes, porque es la mejor noticia que jamás hayamos oído. Hoy hemos "nacido de nuevo" (Juan 3:3-5). También nacemos y nos incorporamos a la familia de Dios (Juan 1:12) y tenemos garantizada la vida eterna.

Resultados de una vida controlada por Cristo

¡La vida puesta bajo el control de Cristo, le asegura al cristiano un dinámico poder espiritual que se traduce en ganancias que superan todo lo imaginable! El diagrama anterior, que muestra lo que es el hombre con Dios, debemos grabarlo a fuego en nuestra mente, examinando al mismo tiempo las obras claves que son las arras de nuestra herencia cuando aceptamos a Cristo. La Biblia nos enseña que Jesucristo hizo muchas cosas por nosotros, pero esas seis son particularmente significativas:

1. *Perdón:* Todos nuestros pecados han sido perdonados por la misericordia de Dios, por medio de su Hijo, Jesucristo. "Si confesamos nuestros pecados, él es fiel y justo para perdonar nuestros pecados, y limpiarnos de toda maldad" (1 Juan 1:9).

2. *Paz.* Desde el momento en que nuestros pecados ya están perdonados, gozamos de la paz de una limpia conciencia delante de Dios. "Justificados, pues, por la fe, tenemos paz para con Dios por medio de nuestro Señor Jesucristo" (Romanos 5:1).

3. *Poder.* Un nuevo poder comenzará gradualmente a controlar nuestra vida si caminamos bajo el control del Espíritu de Cristo. "De modo que si alguno está en Cristo, nueva criatura es; las cosas viejas pasaron; he aquí todas son hechas nuevas" (2 Corintios 5:17).

4. *Gozo*. La felicidad es una experiencia transitoria que depende de circunstancias externas. El gozo es una experiencia que es contingente o que depende de nuestra relación con Dios. En la medida que permitamos a Cristo que controle nuestra vida, habremos de experimentar períodos cada vez más prolongados de gozo que a menudo no están en relación con la adversidad de las circunstancias (Efesios 5:19).

5. *Propósito*. Desde el momento en que recibimos a Jesucristo, adquirimos un nuevo propósito en nuestra vida. Antes de entregarnos a Cristo, nuestro propósito era el de satisfacer nuestros deseos. Desde ahora en adelante es el de servir a Cristo. Ya lo dijo el apóstol Pablo en Hechos 9:6: "Señor, ¿qué quieres que yo haga?" Esa actitud mental y esa oración fueron la fórmula de su feliz y exitosa vida cristiana. Cristo dijo: "Buscad primeramente el reino de Dios y su justicia, y todas estas cosas os serán añadidas." (Mateo 6:33.) A medida que lo busquemos habremos de comprobar que él nos provee de las fuerzas adecuadas para satisfacer cada necesidad.

6. *Confianza*. Y cuando alimentemos nuestra nueva naturaleza espiritual con la lectura y el estudio de la Biblia, la seguridad y la confianza se afirmarán en nuestra vida como nunca antes. ¡Somos ahora hijos de Dios! (1 Juan 5:10-15.)

Si con toda sinceridad elevamos la oración que indicamos anteriormente, adquirimos la jerarquía de hijos de Dios. Y como tales gozamos de la capacidad de vivir una vida libre de depresiones. Ello no nos garantiza que ocurrirá así, pero tenemos en nuestras manos la fuente externa de poder que nos capacita para hacerlo. El principal propósito de este libro es el de saber cómo utilizar este poder que puede vencer la depresión.

Si bien hemos dedicado un capítulo entero a explicar las causas de la depresión, hemos aguardado deliberadamente hasta llegar a este punto del libro para establecer sus verdaderas y principales causas. Y la razón para obrar así es por demás simple. En tanto las personas no tengan acceso a los recursos espiri-

tuales establecidos en este capítulo, son incapaces de
habérselas con estos agentes primarios de la depresión. Ahora sí podemos internarnos no solamente en
el campo de una prolija consideración de las causas
desencadenantes, sino también en la terapia que Dios
nos prescribe.

---

1 Leonard Cammer, *Up From Depression* (Curados de la depresión) New York: Simon and Schuster, 1971, p. 133
2 Ostow, pp. 114, 115
3 Cammer, p. 137
4 *Ibid.*, p. 139
5 Ostow, p. 117
6 Cammer, p. 152
7 *Ibid.*, pp. 151, 152 .
8 *Ibid.*, p. 154
9 *Ibid.*, pp. 159, 160
10 "New Drug Helps Manic Patients" (Un nuevo medicamento
   mejora a pacientes maniáticos) *San Diego Union*, June 22,
   1974, p. A8

CAPITULO SIETE

El lugar de la ira en la depresión

La depresión reconoce, en todos los casos, una causa específica. El hecho de que la persona ignore la causa, no descarta el hecho de su existencia. En su libro *The Psychology of Melancholy* (Sicología de la Melancolía), dice el Dr. Mortimer Ostow: "Generalmente, y aun en el caso de individuos susceptibles a la depresión, es imprescindible la provocación de un agente agresivo para desencadenar la depresión." [1]

Si bien nos agradaría hacer responsables de la depresión a cambios orgánicos o sicológicos que se producen en el cuerpo humano, nos vemos forzados a admitir, para ser realistas, que los procesos depresivos obedecen a nuestras reacciones frente a una agresión, una desilusión o un rechazo. La ira es el primer paso en la reacción en cadena que lleva a la depresión. No hemos de sorprendernos si los lectores rechazan, involuntariamente, la afirmación anterior. Hemos observado que la mayoría de las personas deprimidas no se consideran iracundas. Cierto número de individuos nos han impugnado esta tesis, pero luego de un cuidadoso interrogatorio y prolijo examen de su contextura mental anterior a la depresión, nos permitieron establecer la veracidad de este principio, sin excepción.

Más adelante dice el Dr. Ostow: "La depresión, en

todas las fases de su desarrollo, incluye a la ira entre sus componentes, sea visible o invisible, consciente o inconsciente. La ira va dirigida contra le persona que se supone debe amar pero no lo hace en su concepto, y de ahí la desilusión. En diferentes estadios, la ira puede provocar un deseo de irritar, de lastimar o destruir, según el grado de dolor que acusa el paciente. Aun la fantasía del renacer introduce un ingrediente de ira, debido al desafío implícito de que el paciente se curará, y no será menester la ayuda del "padre" que lo desilusionó." [2] El Dr. Ostow se explaya aún más en el problema de la ira, y afirma:

"Algunos padres juzgan y tratan a sus hijos con severa hostilidad. En esos casos el niño se encasilla en un estrecho receptáculo infantil en cuanto a su relación con sus padres, a consecuencia de lo cual, y cuando llega a la edad adulta, debe luchar contra una fuerte tendencia depresiva. Una desembozada hostilidad de padre e hijo pareciera inhumana y perversa; sin embargo, hay muchos de esos casos... Pero leemos de muchos casos de lo que se ha dado en llamar ahora el síndrome del "niño golpeado". A veces se recibe en el hospital o en la morgue a niños de corta edad con evidentes signos de brutales castigos. La investigación revela que fueron abandonados o vapuleados por sus padres. Y de tanto en tanto leemos en los diarios de criaturas asesinadas por sus padres...

"En el estudio sicoanalítico de pacientes que abrigan hostilidad hacia sus hijos, hallamos en todos los casos que el padre, cuando niño, tuvo que lidiar con un profundo odio contra su padre o contra uno de sus hermanos; que arbitró artificios defensivos para no dar rienda suelta a su ira, tales como afecto por reacción, lealtad o sumisión a la persona odiada; y que con el advenimiento de la criatura de la nueva generación las defensas se derrumbaron y el individuo tuvo que habérselas, una vez más, con este odio abrumador...

"La hostilidad y el rechazo por parte del padre constituyen una seria amenaza para el niño. Sintiéndose amenazado, se aferra más fuertemente, y este aferramiento incluye tanto los componentes afectivos como los componentes hostiles. La intensidad de estos sentimientos entremezclados conforma una situación traumática. Y estas situaciones traumáticas tienden, por lo general, a repetirse. Y el niño, a cualquier subsiguiente rechazo, puede responder con un aferramiento agresivo. El niño, al llegar a la edad adulta, puede sentir atracción por alguien no digno de confianza y hostil. Como adulto es capaz de provocar el rechazo de su cónyuge. O de lo contrario, como padre, puede repetir un idéntico modelo con su hijo, rechazando a su hijo y golpeándolo, así como también él fue rechazado y golpeado." [3]

Las dos emociones humanas más poderosas son el amor y la ira. El amor es una emoción saludable. La ira es una emoción destructora. La conclusión, por lo tanto, es que la ira es la más negativa y perjudicial de las emociones con las que tiene que habérselas el ser humano.

La ira es un mecanismo natural de defensa contra el insulto, el rechazo o la injuria. Eso explica el por qué tantas personas con tendencia a la depresión son iracundas o el producto de hogares iracundos, donde fueron golpeados o rechazados por sus padres. La ira no solamente es perjudicial desde el punto de vista emocional, sino también en lo físico y espiritual. No nos cabe la menor duda de que esta era de la depresión en la cual vivimos es provocada, en gran parte, por la incapacidad de la gente de lidiar con la ira. La gente rebelde y hostil de la década del 60 se está transformando ahora en la gente deprimida o con tendencias depresivas de la década del 70.

Los excesos de los niños de la generación pasada, como resultado de las falsas enseñanzas de sicólogos "comportamentistas", que sostienen que la sicología debe fundarse exclusivamente en el análisis de los actos objetivamente observables, han producido una generación de jóvenes iracundos, rebeldes, hostiles y amargados, que van de la ira a la depresión. Con bastante frecuencia tales personas, cuando acuden al consejero por su depresión, finalmente reconocen que antes de instalarse la depresión algo los movió a ira. Es de gran ayuda que las personas reconozcan que la depresión que los afecta no es espontánea sino el resultado de su ira.

El alto precio de la ira

Resulta imposible estimar con exactitud el inmenso costo de la ira desde el punto de vista emocional, físico y espiritual.

Emocionalmente se puede percibir el costo en la inútil amargura que engendra. Recientemente un artículo del *Reader's Digest* se refirió a la trágica muerte de cuatro empleados y uno gravemente herido. El asesino a quien podría catalogarse como el "Sr. Rico Tipo" era de la clase de hombre que haría un excelente vecino. A los 43 años de edad parece ser que enloqueció de repente y mató a tiros a sus compañeros.

La investigación reveló que este caprichoso y fantástico comportamiento no fue espontáneo. Diez y ocho meses antes de la tragedia lo pasaron por alto y ascendieron a otro empleado. Su esposa reconoció que desde ese día en adelante poco a poco se transformó en un hombre distinto. No es difícil imaginar la reacción en cadena que experimentó. Mientras acariciaba su resentimiento y alimentaba su amargura, rumiando sobre la injusticia que cometieron contra él, se perturbó emocionalmente a tal grado que tomó su revólver calibre 38, lo llevó a su trabajo y disparó contra cinco personas. Las cinco víctimas tenían una cosa en común: todos estaban en posición de haber participado en el problema de su ascenso en la compañía. Hoy en día el hombre está tras las rejas, separado de la familia que amaba. Cuatro hombres sucumbieron a una muerte prematura y el otro puede quedar lisiado de por vida, y todo por su hostilidad.

En lo físico la ira se cobra un elevado número de víctimas en sufrimiento humano que llena las salas de los hospitales hoy en día. El cuerpo humano puede soportar la tensión hasta un cierto punto, y no hay nada que produzca más tensión que la ira. Durante la juventud nuestros cuerpos pueden absorber algunas de estas hostilidades, pero a medida que avanzamos en edad perdemos esa capacidad. Por consiguiente, el cuerpo afloja en algunas de sus áreas vitales provocando las úlceras, hipertensión sanguínea, colitis, artritis, cardiopatías, jaquecas, cálculos renales, cálculos vesiculares y una legión de otras enfermedades.

En una ocasión visité el hospital del condado en San Diego para visitar a un pastor de 72 años de edad hospitalizado por un grave caso de glaucoma. Era básicamente un hombre espléndido que amaba a Dios y quería servirle pero que, como tantos otros cristianos, nunca tuvo realmente que lidiar con el pecado de la ira. Cuando llegué a su pieza yo no estaba ni por lejos preparado para la airada filípica con que me recibió. Sin ceremonia alguna se puso a despotricar contra la profesión médica en general y contra los médicos y enfermeras del hospital del condado en particular. A los pocos minutos estaba literalmente lívido de furia. Tomándolo de la muñeca lo sacudí mientras le decía: —Pablo, ¡si no te calmas te vas a matar! Lejos estaba yo de imaginar que a los dos días moriría de un ataque al corazón, con el antecedente de que nunca antes había sufrido del corazón y de que no fue internado en el hospital por una cardiopatía.

Varios meses después mencioné este caso como ilustración de uno de mis sermones. Al concluir el servicio un oftalmólogo, miembro de nuestra iglesia, me refirió lo siguiente: "La semana pasada leí en una revista médica que la hostilidad prolongada es una de las principales causas responsables del glaucoma."

Por trágicos que sean los resultados emocionales y físicos de la ira, apenas si pueden ser comparados con el terrible daño espiritual que produce. Efesios 4:30-32 lo explica con toda claridad: "Y no contristéis al Espíritu Santo de Dios, con el cual fuisteis sellados para el día de la redención. Quítense de vosotros toda amargura, enojo, ira, gritería y maledicencia, y toda malicia. Antes sed benignos, perdonándoos unos a otros, como Dios también os perdonó a vosotros en Cristo." Si preguntáramos de qué manera entristece una persona al Espíritu Santo de Dios, probablemente la respuesta estaría dirigida a una serie de escandalosos pecados tales como el adulterio o el asesinato, pero los versículos recién citados no dejan lugar a dudas de que el contristar al Espíritu se origina en la mente por medio de la ira.

Es totalmente imposible que un cristiano disfrute de sus recursos espirituales si entristece al Espíritu Santo. En el capítulo anterior vimos que el Espíritu de

Cristo o el Espíritu Santo entra en la vida de una persona cuando se lo invita. Esto les da a las personas la capacidad de vencer sus debilidades y curar sus dolencias tales como la depresión. *¡Pero la victoria no es automática!* Para que el cristiano pueda asegurarse la victoria, debe cooperar con el Espíritu Santo. Y eso significa que no puede incurrir en el pecado mental de la ira.

La ira es el pecado que acosa y domina a más cristianos y probablemente causa más derrotas espirituales que ningún otro, además de limitar a niveles casi imperceptibles el uso que Dios puede hacer de la vida de un creyente. Entristece al Espíritu de Dios y mantiene al cristiano a la altura de un pigmeo espiritual a lo largo de toda su vida. No solamente reduce al mínimo su utilidad a Dios, sino que también complica sus dolencias emocionales.

La cura de Dios para la ira

El hombre secular no dispone de ningún tratamiento significativamente importante para curar la ira. Cierto día vino a verme un joven en busca de consejo. Me informó que había visitado a un siquiatra en seis ocasiones. El diagnóstico que le dio el especialista era que odiaba a su madre. Este odio por su madre le hacía nudos en el estómago y le ponía la piel de gallina en sus brazos, además de provocar las primeras desavenencias matrimoniales en su hogar. Le pregunté: —Si has visitado al siquiatra y te ha dicho que tus tensiones se deben al odio que sientes por tu madre, ¿por qué has venido a verme a mí?— El joven respondió tristemente: —Me dijo cuál era mi problema pero no me dijo qué debía hacer al respecto.

No debe sorprendernos en lo más mínimo que el joven no recibiera instrucciones sobre cómo dominar su ira, pues sin el poder de Dios en nuestra vida, no hay remedio. En un artículo del *Reader's Digest* un siquiatra propuso una sugerencia típicamente secular. Según él, las personas propensas a la ira deberían elaborar un diagrama analítico para descubrir cuáles cosas desencadenan su ira y, de acuerdo a ello, evitarlas. El escapismo suele ser el recurso habitual del hombre secular que rehúsa echar mano del poder de Dios. En respuesta a la sugerencia del siquiatra aparecida en esa revista, podríamos oponer la siguiente pregunta: ¿Y qué si la ira es provocada por la esposa, los hijos, el puesto, los vecinos o el planeta tierra? Es absolutamente imposible que un hombre pueda evitar todo aquello que lo irrita. De ahí que el remedio que Dios ofrece es mejor. Consideremos los cinco pasos siguientes, que hemos compartido con centenares de personas, muchas de las cuales experimentaron su primer alivio al utilizar esta fórmula.

1. *Admitir que la ira es un pecado.* En tanto busquemos excusas para la ira, ¡somos incurables! Después de 25 años en mi sala de consejero, creo conocerlas todas. Un hombre se quejó con las siguientes palabras: "Soy un colérico germano." Otro obrero cristiano, cuya iracundia le hizo perder su cargo de una junta de misiones, me dijo: "Provengo de una familia siria; tanto mi padre como mi madre son iracundos; toda mi familia es iracunda." Otro hombre explicó: "Mi padre y mi madre padecieron de úlceras porque eran iracundos; también padecieron de úlceras mi hermano y mi hermana; ¿qué otra cosa podía ser yo si no iracundo?" Si bien todas estas personas estaban en un grave error, yo podía entender perfectamente sus sentimientos, porque durante los primeros 36 años de mi vida yo solía lamentarme diciendo: "Soy escocés, francés e irlandés; ¿quién, con ese linaje, no sería iracundo?"

Todo esto no pasa de ser un subterfugio en un equivocado intento de tapar el hecho de que hemos pecado. Mientras el hombre no llame a las cosas por su nombre y a la ira no la llame pecado y trate de justificarla, su causa es una causa perdida. A través de los años he tenido el privilegio de ayudar a mucha gente iracunda, pero hay muchos a quienes no he podido ayudar. El común denominador que vincula a estos últimos es que se han negado a admitir que son iracundos e insistieron en justificar su pecado.

Solamente llamándole pecado a la ira podremos curarnos de ese mal. Y ese será el primer paso hacia la victoria.

En muchas ocasiones las personas que hablan conmigo en mi sala de consejero me dicen más o menos lo siguiente: "Si mi marido cambiara, yo no me enojaría", o "es mi esposa la que despierta mi cólera". Todavía tienen que aprender que la victoria en Cristo no está condicionada al comportamiento de los demás, sino que depende exclusivamente de Cristo.

2. *Confesar a Dios el pecado de la ira.* Como cualquier otro pecado, la ira puede ser perdonada y curada. La primera carta de Juan, en su capítulo 1 versículo 9 promete que: "Si confesamos nuestros pecados, él es fiel y justo para perdonar nuestros pecados, y limpiarnos de toda maldad." Mientras más pronto reconozcamos nuestra ira y la confesemos, más pronto habremos de obtener la victoria contra la misma.

3. *Pedirle a Dios que elimine la contextura del hábito a la ira.* Primera de Juan 5:14, 15 nos asegura que si pedimos cualquier cosa conforme a la voluntad de Dios, él no solamente nos oye sino que nos otorga lo que solicitamos. Como sabemos, por supuesto, que no es la voluntad de Dios que nos enojemos, podemos estar seguros de la victoria si le pedimos que nos quite ese hábito. Y si bien es cierto que el hombre secular puede ser un esclavo más del hábito, el cristiano no lo es. Somos, admitidamente, víctimas del hábito, pero no tenemos que seguir esclavizados al mismo cuando tenemos a nuestra disposición el poder del Espíritu de Dios.

4. *Agradecerle a Dios por su misericordia, gracia y poder.* Inmediatamente después de nuestro pedido de vencer sobre la conformación estructural de la iracundia, debemos agradecerle a Dios por su misericordia y perdón frente a nuestros fracasos. Luego debemos agradecerle que contamos con el Espíritu Santo, pues por su poder podemos experimentar un cambio total de hábito.

5. *Repetir esta fórmula cada vez que nos encolerizamos.* Lo ideal sería que al aplicar esta fórmula lográramos cambiar el hábito iracundo de toda una vida. Es mucho más práctico reconocer el hecho de que la ira estallará aún después de aplicar por primera vez la fórmula. Sin embargo, la repetición logrará la victoria final. Inmediatamente de producido el pecado debemos elevar una oración de confesión, pidiéndole a

Dios que cambie la trama del hábito, y agradecerle por fe por lo que está haciendo en nuestras vidas. Un hombre admitió lo siguiente, luego de aplicar la fórmula durante algunas semanas: "Tuve que confesar mi cólera el primer día no menos de 1000 veces, pero al día siguiente me fue mejor; solamente tuve que hacerlo 997 veces. Pero ahora sin embargo, mi iracundia poco a poco es algo que pertenece al pasado." En nuestra opinión, este caso es un excelente ejemplo que servirá de mucho a todos aquellos que quieren obtener la victoria sobre la ira. Nunca conocí a nadie que se curara en forma instantánea. Más bien, la curación se logra prestando una consciente y repetida atención, combinada con el ejercicio gradual de nuevos hábitos mentales.

Luego de hablar sobre este tema hace algunos años, un señor de edad me preguntó: "¿Cree usted posible que un hombre que ha sido iracundo durante setenta años de su vida pueda romper el hábito?" Le respondí, en un acto de pura fe: "El poder de Dios está a su disposición y puede curar cualquier hábito." Dos años después, hablando en una ciudad cercana, lo vi a él sentado al lado de su esposa, entre el auditorio. Al finalizar la reunión me dijo: "Quiero informarle sobre mi progreso. Dios curó mi problema de la ira. Si no lo cree, pregúntele a mi esposa." Era fácil de ver, por la expresión del rostro de la señora, que estaba dispuesta a testificar que su marido, efectivamente, experimentó el poder de Dios capaz de cambiar una vida. Literalmente centenares de otros testimonios similares certificarían que el poder del Espíritu Santo de Dios es capaz de poner amor en el corazón de toda persona propensa a la ira, que le permita obrar a él. *Cuando el amor reemplaza a la ira, le es imposible a la depresión sentar sus reales.*

---

[1] Ostow, p. 72
[2] *Ibid.*, p. 18
[3] *Ibid.*, pp. 75, 76, 78, 79

CAPITULO OCHO

Autoconmiseración y depresión

Por fin hemos llegado a la causa principal de la depresión. A pesar de todas las causas anotadas previamente, nada hay que desencadene más rápidamente la depresión que la autoconmiseración.

Cuantas veces le comento a un deprimido esta causa de la depresión, invariablemente se resiste y, por lo habitual, responde que "¡yo nunca tengo lástima de mí mismo!" o "podrá ser cierto en la mayoría de las veces, pero en mi caso es diferente". Una señora reaccionó acremente y me dijo: "¡Viene en busca de ayuda, pero veo que no entiende usted mi problema!" Y hasta se da el caso de ciertas personas que se retiran taconeando y bufando y dando un portazo al salir.

La verdad, como la cirugía, duele. No hay manera alguna de extirpar un tumor sin dolor alguno. Lo mismo cabe para lo emocional. En el momento en que le hablamos al deprimido sobre el tumor de la autoconmiseración, se pone en contra. ¡Pero eso no cambia nada! En realidad nunca espero del deprimido que coincida conmigo en ese aspecto. En su condición, le es imposible soportar una cosa tan fea como la sola mención de la palabra autoconmiseración. Mucho más le gustaría que lo cubrieran de compasión, píldoras o piadosas charlas que sirvieran para endilgarle a otro la responsabilidad por lo que le sucede.

He observado en repetidas ocasiones que los no deprimidos aceptan de buena gana el diagnóstico. Aun los individuos propensos a la depresión, rara vez discuten el punto en los períodos no depresivos. Son los deprimidos propiamente dichos los que se rebelan contra ello. Afortunadamente la mayoría de las personas, luego de reflexionar sobre el asunto reconocen el problema y procuran solucionarlo. De una cosa estoy seguro: si no se reprime el esquema mental que lleva a la autoconmiseración, estamos en presencia de un caso perdido; mientras más se entrega a la autoconmiseración, más deprimido se torna.

Aun la terapia medicamentosa o el electroshock no logran más que breves y pasajeros períodos de alivio. Si no se cambia el esquema mental, pronto vuelve la depresión.

Los deprimidos tienen siempre a mano una colección de excusas para oponer a un diagnóstico de autoconmiseración. Las personas de esmerada educación y los intelectuales protestan a menudo con expresiones como "¡Eso es demasiado simple! El problema tiene que ser mucho más complejo." Otros rehúsan acudir a un consejero que suele dar semejante diagnóstico. Una mujer ha sufrido depresiones a lo largo de siete años pero se ha empecinado en no verme. La razón que aduce es muy simple. Leyó el capítulo sobre la depresión en mi libro *Spirit-Controlled Temperament* (Temperamento controlado por el Espíritu), en el cual traté brevemente sobre el tema. A sus amigas les dice: "Sé que me dirá que siento lástima de mí misma, y yo sé que no es cierto. Mi problema tiene raíces más profundas que eso." Estoy convencido de que pudo haberse librado hace años de su problema si tan sólo hubiera sido honesta consigo misma.

Casi ninguna excepción

No escribí antes este libro porque quería estudiar más sobre el problema. A excepción hecha de *Spirit-Controlled Temperament* (Temperamento controlado por el Espíritu), no he visto nada impreso que culpe a la autoconmiseración como factor primario de la depresión. Desde que ese libro se publicó hace ocho años, cientos de consejeros, pastores y exdeprimidos me han hecho conocer su conformidad a mi tesis. Aparte de ello, me he explayado sobre el tema ante miles de personas en seminarios de carácter familiar. Si bien al principio algunos me impugnaron, muchísimas cartas que guardo en mi archivo confirman poderosamente lo que afirmo.

Hace pocas semanas volví a una ciudad en la cual había dirigido un seminario el año anterior. Una mujer admitió lo siguiente: "El año pasado yo estaba tan furiosa por su sugerencia de que la autoconmiseración era la responsable por mi estado depresivo, que salí taconeando del seminario antes de que terminara. Pero una amiga compró su cassette con su grabación sobre el tema e insistió en que lo escuchara. Cuando empecé a rastrear mis esquemas pensantes antes de la depresión, comprendí que efectivamente sentía lástima de mí misma. Un honesto enfrentamiento con los hechos cambió mi vida."

No saco ningún placer en decirles a los deprimidos que se han entregado a la autoconmiseración. Y en una ocasión me sentí verdaderamente antipatriota. Durante una conferencia familiar en una de las ciudades del medioeste, el pastor me pidió que hiciera de consejero para una señora de su congregación. Recuerdo que pensé, al verla entrar a la pieza: "Es la mujer más flaca que jamás han visto mis ojos". Había perdido 17 kilogramos en los últimos seis meses y pesaba solamente 40 kilogramos. Su esposo era un oficial de la Fuerza Aérea cuyo avión lo voltearon en Norvietnam y oficialmente era considerado como "perdido en acción".

Al contarme sollozando su historia, estuve a punto de llorar con ella. Durante cuatro años no había logrado prepararse mentalmente ante la tremenda incógnita. ¿Estaba vivo o muerto su marido? Todos los días sus tres varoncitos le preguntaban: "Mamá, ¿crees que papá esté vivo?" Finalmente, en medio de la conversación no pudo aguantar más y rompió a llorar. "¡Preferiría saber que está muerto y no tener que soportar esta constante incertidumbre!" Si alguna vez estuve tentado a ofrecerle mi simpatía a una persona en mi sala de consejero, fue a esta mujer. Como norma general nunca me conduelo con los deprimidos. No hay duda de que la compasión, la comprensión y la ayuda son cosas aconsejables y apropiadas, pero esta gente ya se ha tenido excesiva lástima de sí misma, y por ello se instala la depresión. Lo que necesitan es ayudarlos inteligentemente haciéndoles ver que se entregan a la autoconmiseración.

Cuando le pregunté a esta querida señora si amaba a su esposo, respondió con un fuerte: "¡Sí! El y mis muchachos son lo único en la vida que realmente me importan". Llamé luego su atención a su afirmación anterior, que indicaba un mayor amor por sí misma que por su esposo. "¿Es la certeza mental realmente más importante para usted, que la posibilidad de que su marido esté vivo?" Se enderezó de pronto en su silla y exclamó: "Oh Dios, me he dejado embrollar tanto que no he sabido pensar correctamente!" Esa señora cambió todo su estilo de vida, por el simple expediente de alterar su actitud mental. Sus circunstancias no cambiaron porque su esposo continuó siendo un "perdido en acción". En lugar de sentir lástima por sí misma, comenzó a dar gracias porque no sabía que su esposo estaba muerto. Su genuino amor por él pronto superó al amor por sí misma, y les comunicó ese pensamiento a sus hijos. Cuando la interrogaban sobre su padre, oraba junto con ellos para que, dondequiera que estuviera se encontrara bien y fuerte y esperando volver a verlos.

La perspectiva de esa meta sacó a toda esa familia de la ciénega de la desesperación y la depresión. Solamente al suplicar a Dios por su gracia y agradecerle frente a las circunstancias, pudieron enfrentar a cara descubierta su incierto destino.

No es difícil analizar este caso como un clásico ejemplo de los peligros de la autoconmiseración. Todos los americanos pueden simpatizar con esta mujer. También nos hacemos cargo de su ira y de su amargura por las injusticias cometidas por el Vietcong, cuyo tratamiento de los prisioneros de guerra figurará en los anales de la historia entre las acciones más inhumanas de los tiempos modernos. Podemos exacerbarnos al máximo por la fría brutalidad de esa gente, pero tal ira y hostilidad harán que caigamos en la autoconmiseración, y la autoconmiseración lleva a la depresión.

La fórmula de la depresión

Muy pocas veces en la vida reducimos un problema emocional a una fórmula, pero es posible hacerlo en el caso de la depresión. Consideremos la siguiente:

$$\text{INSULTO o INJURIA o RECHAZO} + \text{IRA} \times \text{AUTOCONMISERACION} = \text{DEPRESION}$$

La validez de esta fórmula ha sido confirmada centenares de veces, tanto en la sala como fuera de la sala de consejero. Volando de Mobilene a Atlanta, viajé sentado entre dos hombres de negocios. Absorto en la escritura de este libro yo estaba consciente, sin embargo, de que el ejecutivo de una compañía petrolera sentado del lado de la ventanilla leía mis manuscritos. Finalmente, y pidiéndome disculpas, me dijo: —Le ruego que me explique algo sobre la depresión. Durante los primeros 22 años de nuestra vida matrimonial mi esposa casi nunca sufrió de depresión, pero hace ocho años, después del nacimiento de nuestro último hijo, entró en una grave crisis depresiva. Hemos gastado una fortuna en médicos, siquiatras y tratamientos por electroshock, pero está cada vez peor. Resulta que ahora yo también me estoy deprimiendo.

La pregunta obvia era la que correctamente le formulé: —¿Quería su esposa quedar embarazada hace ocho años? —No—, me contestó, —se resintió terriblemente conmigo y permaneció así durante todo el embarazo. No me lo ha perdonado hasta el día de hoy.

Me habría sorprendido en extremo si la depresión se hubiera instalado por algún misterioso problema de nacimiento o por un desequilibrio químico producido por la menopausia. Veamos la fórmula aplicada a esta mujer:

$$\text{EMBARAZO NO DESEADO} + \text{RESENTIMIENTO} \times \text{AUTOCONMISERACION} = \text{DEPRESION}$$

El hecho de que la depresión no desapareciera sino que empeorara, es prueba más que suficiente de que el factor desencadenante era la autoconmiseración y no una deficiente función glandular. Mientras más lástima sentía de sí misma, más se deprimía. Consideremos la misma fórmula aplicada al marido.

ESPOSA DEPRIMIDA + RESENTIMIENTO
× AUTOCONMISERACION = DEPRESION

Cierto día, mientras volábamos de vuelta a San Diego luego de participar en un seminario, una azafata muy bien parecida observaba cuando yo escribía el manuscrito de este libro. Finalmente la curiosidad pudo más que ella y me preguntó: —¿Qué es lo que escribe con tanto ahínco? Cuando le dije que era un libro sobre *Cómo vencer la depresión,* exclamó espontáneamente: —¡Apúrese en terminarlo, porque lo necesito yo misma!— Mi respuesta a esta muchacha que parecía no tener una sola preocupación en su vida, se la di en forma de pregunta: —¿De qué puedes estar deprimida a los 22 años de edad? De inmediato dio rienda suelta a su resentimiento. —¡Esta compañía de aviación es desconsiderada! Falta personal para este viaje y se olvidaron de surtirlo adecuadamente, por lo cual no podemos ofrecer un servicio decente—. Cuando le expliqué que resentimiento x autoconmiseración = depresión, me dijo: —Oh, bueno, me sentiré mejor cuando vaya a la playa y vea y escuche a las olas lamiendo la orilla. Eso siempre calma mis sacudidos nervios—. A riesgo de ser odioso, creí mi deber advertirle que de seguir alimentando su autoconmiseración, uno de estos días no podría escuchar más el ruido de las olas, pues lo taparía su amargura mental. —Pero no puedo renunciar—, me soltó con brusquedad. Aproveché ese momento para presentarle a Jesucristo, que es capaz de enderezar nuestro torcido esquema pensante.

La autoconmiseración que induce a la depresión no hace acepción de personas. Acecha a los intelectuales y a los que no lo son con igual perfidia. Conozco un brillante pero deprimido hombre de letras que detenta el título de Doctor en Filosofía y ha logrado un justificado renombre universal. Desde joven se perfiló como una verdadera promesa y se esperaba de él que fuera sobresaliente en el campo de su especialidad. Un problema matrimonial lo llevó a una profunda hostilidad contra su esposa. Esto, a su vez, le creó el hábito de la autoconmiseración, que le disminuyó sus motivaciones. Después de años de andar con ese esquema mental a cuestas, vino a consultarme. Habiendo escrito muy pocos artículos y sin terminar jamás un libro, este hombre brillante desperdició su enorme potencial creador, durante toda su vida. Por supuesto culpó a su mujer y no a sí mismo. —De no haber sido por esa mujer, habría hecho realidad todo lo que tuve en potencia. En lugar de reprocharle a ella por su falta de motivaciones, en última instancia tuvo que enfrentarse con el hecho de que era él el responsable. Lo que ocurrió, en realidad, fue que ocupó tanto tiempo sintiendo lástima de sí mismo, que no le quedó espacio mental ni inspiración emocional para su creatividad.

Otra ilustración de la fórmula depresiva entró a mi despacho y suspiró: —Después de ocho meses de casamiento soy tan frígida como un témpano—. Esta hermosa joven se casó con un apuesto marino de nuestra ciudad, ocho meses antes. Según lo que ella me dijo estaban locamente enamorados, y esperaba ansiosamente y con anticipada alegría el día de sus bodas. Deprimida a los pocos meses de su matrimonio, perdió todo interés en su marido. Parece ser que la joven fue acusada de promiscuidad por su madrastra, cuando sólo contaba catorce años de edad. Dos de sus hermanas mayores se comportaban livianamente antes de sus respectivos casamientos, lo cual fue causa de gran vergüenza para toda la familia. Cuando la madrastra le hizo aquella inmerecida acusación, la muchacha se prometió mentalmente que, pasara lo que pasara, se mantendría virgen hasta el día de su boda. Desafortunadamente, cuando su apuesto novio le colocó el anillo de compromiso en su dedo anular y fijaron la fecha para el casamiento, bajó sus barreras y tuvieron relaciones sexuales. Admitió que disfrutó de las mismas y la practicaron varias veces antes de casarse.

Su problema comenzó realmente cuando se vistió por primera vez su hermoso traje de novia. Y ese fue el primer genuino recordatorio de que entraría a la vida matrimonial habiendo perdido la virginidad. Mientras más pensaba en ello más furiosa se ponía. En lugar de acusarse a sí misma por haber cedido, colocó todo el peso de la culpa sobre su marido. Por supuesto que la autojustificación es un mecanismo de defensa natural contra la autocondenación, de modo que le resultaba más fácil acusarlo a él que compartir la responsabilidad. A poco andar su hostilidad se tradujo en una autoconmiseración y finalmente en depresión. Su médico le recetó algunos medicamentos que le significaron solamente un alivio temporario. La única esperanza que le quedaba a esta muchacha era el de perdonar a su marido, perdonarse ella misma y pedirle a Dios el perdón de sus pecados. Cuando finalmente lo hizo, no solamente pudo desprenderse de la depresión, sino que también experimentó un renovado amor por su marido. Desde entonces han iniciado una cálida y significativa vida de relación.

No es necesario que cambien las circunstancias

La mayoría de las personas insisten en que un cambio en las circunstancias sería el comienzo del fin de su depresión. Por desgracia, eso puede significar solamente un alivio temporario. Si el cambio de las circunstancias no modifica el esquema del pensamiento, la depresión volverá a instalarse. Una mujer, que se casó cuatro veces, admitió que su mejor marido fue el primero. Después de estar deprimida con cuatro hombres diferentes, estaba dispuesta a admitir que era *ella* el problema, no los maridos.

La autoconmiseración es un pecado

Cuando se la despoja de su falsa fachada de excusas y autojustificación, la autoconmiseración queda desnuda y a la vista de todos como un pecado de actitud mental. Personas que vacilarían y lo pensarían dos veces antes de cometer un acto notoriamente pecaminoso como el adulterio o la fornicación, parecieran no abrigar ninguna compunción por cometer este pecado mental.

La autoconmiseración es realmente una negación del

principio bíblico de que "à los que aman a Dios, todas las cosas les ayudan a bien, a los que conforme a su propósito son llamados" (Romanos 8:28). Ese versículo no afirma que todas las cosas son buenas, sino que todas las cosas *ayudan* para el bien. Hay una enorme diferencia. Dios puede utilizar todas las cosas de nuestra vida para el bien, aunque no sea más que para hacer que busquemos su dirección cuando tenemos que resolver los frustrantes problemas de la vida. Por ello resulta imperativo que una vez que la persona reconoce que la autoconmiseración es un pecado, debe pedirle a Dios la gracia suficiente paar enfrentar las circunstancias. Mientras más pronto edifica su fe con la lectura y el estudio de la palabra de Dios, y por el henchimiento del Espíritu Santo, más pronto experimentará una liberación que será permanente.

Cuando recibimos a Jesucristo somos hechos hijos de Dios (Juan 1:12). Como miembros de la familia de Dios, contamos con un Padre celestial que no sólo es absolutamente capaz de atender a nuestras necesidades, sino que está profundamente interesado en todos y cada uno de los aspectos de nuestra vida. Según lo que dijo Jesús, es un Dios que ha contado los cabellos de nuestras cabezas y ve cuando cae un gorrión. Como es el Dios que hace los hermosos lirios del campo, Jesús concluye que: "Si la hierba del campo que hoy es, y mañana se echa en el horno, Dios la viste así, ¿no hará mucho más a vosotros, hombres de poca fe?" (Mateo 6:30). Los cristianos deberían tener siempre presente el hecho de que Dios está siempre interesado en todas las facetas de su vida, y está más que dispuesto a otorgarle la victoria sobre su problema.

Las pruebas nunca son abrumadoras

Todo ser humano en algún momento tiene que enfrentar alguna prueba. Por alguna extraña razón, a los cristianos se les ha metido en la cabeza la idea de que, como tales, se verán libres de tribulaciones. Eso, simplemente no es cierto. El Dr. Henry Brandt, sicólogo cristiano, escribió un excelente libro titulado *Christians Have Trouble Too* (Los cristianos también tienen sus problemas). En ese libro nos dice que Dios nunca prometió librarnos de nuestros problemas sino que, a través de los problemas, supliría nuestras necesidades. También el apóstol Pablo aprendió este principio, puesto que dijo: "Mi Dios, pues, suplirá todo lo que os falta conforme a sus riquezas en gloria en Cristo Jesús" (Filipenses 4:19). A ese versículo D.L. Moody le puso el rótulo de "cheque en blanco de Dios", puesto que hace una sobrenatural previsión a todas las necesidades humanas.

Las pruebas nunca son abrumadoras; parecen serlo. Primera a los Corintios 10:13 lo explica: "No os ha sobrevenido ninguna tentación (prueba) que no sea humana; pero *fiel es Dios,* que no os dejará ser tentados más de lo que podéis resistir, sino que dará también juntamente con la tentación (prueba) la salida, para que podáis soportar". Cualquier cristiano, en un momento determinado, puede verse sometido a una prueba común en la vida, pero con la absoluta seguridad de que no será tan abrumadora que caiga bajo su peso. Dios conoce nuestras limitaciones. Como lo expresa el evangelista Ken Poure: "Esa es la garantía de que nuestras pruebas 'pasan por el tamiz del Padre'." En otras palabras, a todas las pruebas que soportamos en nuestra vida, las tamiza nuestro Padre celestial. El se preocupa de que las pruebas no sean tan enormes que nos aplasten. Sin embargo, la mayoría de los cristianos no están conformes en aceptar la gracia de Dios cuando entran en el crisol de la prueba. Todo lo contrario, exigen una inmediata liberación o solicitan un atajo que deje de lado las aflicciones.

Nadie se complace con las pruebas de la vida, pero Santiago 1:2, 3 prescribe: "Tened por sumo gozo cuando os halléis en diversas pruebas", pues "la prueba de vuestra fe produce paciencia." Esta es la manera de crecer espiritual y emocionalmente.

La gente es como el acero: son blandos a menos que se los temple. Las pruebas en nuestra vida juegan un papel esencial en nuestra templadura. Como ya lo hemos señalado, nunca somos probados más de lo que nuestra capacidad nos permite soportar. Claro está que podemos no estar de acuerdo con esas pruebas, pero Dios conoce nuestro temple, proyecta nuestro futuro y sabe exactamente lo que necesitamos. Por lo tanto, la palabra de Dios nos dice que en lugar de aferrarnos, de quejarnos, y de sentir lástima por nosotros mismos, que lo único que hace esto es llevarnos a la depresión, nos aconseja que lo tengamos "por sumo gozo".

Una mujer deprimida ocupó todo su tiempo en la sesión de consulta disecando a su esposo. Nada de lo que hacía contaba con su beneplácito. En una exagerada expresión de autoconmiseración exclamó: —¡Cómo no me casé con un hombre amable y gentil como lo hizo la señora de K... que vive a la vuelta de mi casa! Su esposo es considerado, atento y respetuoso con ella como mujer—. Conociendo, como conocía, al esposo de la señora que me consultaba, que sin duda era rudo, desconsiderado e hiriente con todo el mundo, me vi obligado a darle una respuesta que le sirviera de estímulo. Con toda honestidad podía decirle que "la gracia de Dios es suficiente para usted". Procedí a continuación a explicarle que mientras mayor fuera el problema, mayor sería su gracia. —La señora a la vuelta de su casa no tiene un problema tan agudo como el suyo, y por lo tanto es poca la gracia que le puede brindar Dios. Pero desde el momento en que usted debe solucionar un problema tan complicado, Dios le dará gracia abundante para poder solucionarlo. La señora respondió de inmediato: —¡Antes que la gracia, prefiero un esposo amable!

No puedo decir que su respuesta fuera inusual, si bien llena de una encantadora honestidad. La mayoría de la gente prefiere evitar las pruebas, que obtener la gracia necesaria para enfrentarlas.

Debería servirnos de consuelo que todos los problemas pasan por el tamiz del Padre. Con eso queremos significar que antes de alcanzarnos los problemas, él ha calculado si podremos soportarlos o no, garantizándonos que "dará también juntamente con la tentación (prueba) la salida". Cuando nos enfrentamos a una prueba, debemos decidir una clara elección. Nuestra respuesta frente al problema puede ser de ira o de amargura, para luego llegar a la autoconmiseración, paso previo a la depresión o, de lo contrario, mirar a Dios, nuestro Padre Celestial, agradecerle por fe por su gracia que nos permitirá pasar por la prueba, y finalmente entregarnos a la seguridad de sus brazos sempiternos. Tenemos que tomar esta decisión. Pero de una cosa podemos estar seguros: si escogemos la autoconmiseración, es seguro de que terminaremos en la depresión.

Crisis: pruebas y tensiones

La manera en que enfrentamos las crisis y las tensiones de nuestra vida determina, con frecuencia, el estado de nuestra salud. El Dr. Thomas Holmes, profesor de siquiatría de la Facultad de Medicina de la Universidad de Washington, en Seattle, ha ideado un sistema por el cual podemos saber la tasa de tensión que produce cada crisis en la vida de las personas. En un artículo aparecido en *Chicago Tribune,* del 18 de julio de 1972,[1] explicó que después de 25 años de estudio, hizo una lista de 43 de las más corrientes experiencias de la vida, generadoras de tensión. Asignó un puntaje de 100 a 11 de acuerdo a la gravedad de la tensión provocada por la crisis, y que afecta las emociones del individuo. Al leer esta lista debemos considerar el hecho de que ningún ser humano escapa a la acción de todas estas crisis. (Tenemos la esperanza de que ningún ser humano ¡deba soportarlas a todas!)

Graduación	Crisis	Puntos
1.	Muerte del cónyuge	100
2.	Divorcio	73
3.	Separación matrimonial	65
4.	Encarcelamiento	63
5.	Muerte de un familiar de primer grado	63
6.	Accidente o enfermedad	53
7.	Casamiento	50
8.	Pérdida del puesto en el trabajo	47
9.	Reconciliación matrimonial	45
10.	Jubilación	45
11.	Cambio de salud en un miembro de la familia	44
12.	Embarazo	44
13.	Dificultades sexuales	39

14.	Aumento del núcleo familiar	39
15.	Reajustes comerciales	39
16.	Cambios en el estado financiero	38
17.	Muerte de un amigo íntimo	37
18.	Cambio de actividad	36
19.	Cambio en el número de discusiones con el cónyuge	35
20.	Hipotecas superiores a 10.000 dólares	31
21.	Juicio hipotecario de la hipoteca o del préstamo	30
22.	Cambio en las responsabilidades del puesto	29
23.	Partida del hogar del hijo o de la hija	29
24.	Problemas con los suegros	29
25.	Notoria realización personal	28
26.	La esposa comienza a trabajar fuera de casa o deja de trabajar	26
27.	Comienzo o final del período escolar	26
28.	Cambios en las condiciones de vida	25
29.	Cambios en los hábitos personales	24
30.	Problemas con el jefe	23
31.	Cambios en el horario y en las condiciones de trabajo	20
32.	Cambios de residencia	20
33.	Cambio de escuela	20
34.	Cambios en las recreaciones	19
35.	Cambios en las actividades de la iglesia	19
36.	Cambios en las actividades sociales	18
37.	Hipotecas o préstamos inferiores a 10.000 dólares	17
38.	Cambios en los hábitos de dormir	16
39.	Cambios en los hábitos alimenticios	15
40.	Cambio en el número de reuniones familiares	15
41.	Vacaciones	13
42.	Navidad	12
43.	Violaciones a la ley, de menor importancia	11

El Dr. Holmes estableció luego una escala de predicción de enfermedades, demostrando que existía un alto riesgo potencial de contraer enfermedades más graves después de un período de dos años de acumular cierto número de puntos de tensión.

ESCALA DE PREDICCION DE ENFERMEDADES

	Total de puntos
	150
BAJO	175
	200
	225
MEDIANO	250
	275
	300
	325
ALTO	350
	375

De acuerdo al cuadro anterior, hay un alto grado de probabilidades de que enfermaremos físicamente si sumamos 300 o más puntos en un lapso relativamente corto. Por ejemplo, si una persona pierde a su cónyuge y en su soledad hace un segundo casamiento apresurado, acumula 150 puntos. Si él y su esposa compran una casa afectada de una hipoteca de más de 10.000 dólares (31 puntos), si tiene dificultades sexuales en el nuevo matrimonio (39 puntos), y se produce un cambio en su trabajo (36 puntos) juntamente con el natural cambio en sus actividades sociales que provoca la presencia de una nueva esposa (18 puntos), recibe un acta de infracción de tránsito (11 puntos), y uno o dos desentendimientos con su nueva esposa (35 puntos), no haría falta más que la Navidad (12 puntos) o una vacación (13 puntos) para empujarlo por el precipicio de puntos de tensión acumulados, lo cual se traducirá en una enfermedad.

¿Constituye un hecho realista atribuir esta enfermedad a estas crisis o cambios en el estilo de vida? Un examen más prolijo indica que al culpable no hay que buscarlo en las pruebas o las crisis propiamente dichas, sino en la actitud mental hacia estas circunstancias de la vida. Todos hemos visto individuos que atraviesan por similares circunstancias y salen aparentemente ilesos desde el punto de vista emocional, mientras que otros caen en un estado depresivo de abatimiento y desesperanza al haber sido afectados por una sola de ellas. En consecuencia, nos enfrentamos al hecho de que lo más importante en las crisis de la vida, es la actitud mental con que las encaramos.

Mi secretaria formuló una interesante observación sobre las experiencias tensogeneradoras del Dr. Holmes. Luego de disponer laboriosamente los 33 eventos y sus resultados en un transparente visual para utilizarlos en una conferencia me dijo: —El cambio es lo único en común que tienen todas estas experiencias—. Y así es en efecto, pues basta una simple lectura para comprobar lo correcto de la observación. Subconscientemente nos desagradan los cambios, ¿pero quién puede evitarlos? En realidad, la vida sería monótona y aburrida de no producirse un cambio de vez en cuando. No es el cambio el que plantea el problema; las personas que disponen de una buena actitud pueden prosperar con esos cambios, pero los que se quejan en voz alta o refunfuñan por lo bajo por el cambio producido y sienten lástima por sí mismos, porque fue necesario que se produjera, tendrán serios problemas. Y algunas personas tienen una tan pobre actitud mental, que hasta son capaces de llegar a la depresión ante la sola idea de un cambio inminente.

El error que cometen las personas propensas a la depresión es que elaboran sus esquemas pensantes hacia su interioridad. Todo en la vida lo escudriñan desde un punto de vista egocéntrico. A eso se debe que el más mínimo insulto, afrenta o dificultad le puede provocar un estado depresivo. Solamente si reconoce que la autoconmiseración es un pecado y lo ataca como tal de inmediato, podrá lograr una victoria permanente sobre este insidioso hábito que lo destruirá espiritualmente, mentalmente, emocionalmente y físicamente.

Es fácil constatar la importancia de la actitud mental con sólo estudiar el cuadro siguiente, que muestra las características de los tres tipos de depresión. Siguiendo la marcha progresiva de lo mental a lo físico, emocional y espiritual, podemos comprobar los efectos que producen los pensamientos inadecuados en todo nuestro ser.

CARACTERISTICAS DE LOS TRES TIPOS DE DEPRESION

	Desaliento (moderado)	Abatimiento (serio)	Desesperación (grave)
Mental:	Dubitación	Autocrítica	Autorrechazo
	Resentimiento	Ira	Amargura
	Autoconmiseración	Autoconmiseración	Autoconmiseración
Físico:	Pérdida del apetito	Apatía	Ensimismamiento
	Insomnio	Hiponcondría	Pasividad
	Aspecto descuidado	Lloriqueo	Catatonía
Emocional:	Descontento	Aflicción	Desesperanza
	Tristeza	Pena	Esquizofrenia
	Irritabilidad	Soledad	Abandono
Espiritual:	Cuestionamiento de la voluntad de Dios	Ira por las disposiciones de Dios	Resentimiento contra la palabra de Dios
	Desagrado con la voluntad de Dios	Rechaza la voluntad de Dios	Indiferencia hacia la palabra de Dios
	Desgraciado Incrédulo	Se queja de la voluntad de Dios	Incredulidad en la la palabra de Dios

---

[1] "Your Emotional Stresses Can Make you Sick" (Sus tensiones emocionales pueden enfermarlo), *Chicago Tribune*, 18 de Julio de 1972, sección 1, pp. 1ss. Reimpresión, cortesía de *Chicago Tribune*.

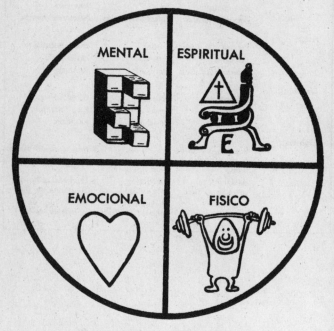

EL HOMBRE SIN DEPRESION

CAPITULO NUEVE

Cómo superar la autoconmiseración

La autoconmiseración no solamente es un pecado sino también un hábito. Mientras más se acceda a sus caprichos, más fácil le será al individuo entregarse a este esquema del pensamiento cuantas veces se enfrente con circunstancias desagradables. La mayoría de las cosas que hacemos en la vida son por hábito. Y el hábito lo produce la combinación de ciertos instintos con las circunstancias del medio ambiente. Mientras más nos ajustamos a una norma establecida, más se enraíza en nuestro comportamiento. Al hábito los sicólogos lo denominan "respuesta condicionada".

Debemos tener siempre presente que no somos esclavos del hábito, aun cuando mucha gente cree que lo somos. Los estudios que se han hecho al respecto demuestran que podemos romper los hábitos. Un investigador llegó a la conclusión de que la práctica de cualquier cosa que hagamos durante 39 días se transforma en un hábito; de manera similar, cualquier actividad que suspendamos durante 39 días se transforma en un hábito roto. Aceptando que así sea para ciertas cosas como fumar o tomar café, cuestionamos seriamente la validez de esa sugerencia en lo que respecta a la autoconmiseración, porque es posible que puedan transcurrir 39 días sin ocasión de sentir autoconmiseración. Pero sí llama la atención el hecho de que una modificación de un esquema pensante durante un período suficientemente prolongado puede desbaratar los hábitos pensantes de la autoconmiseración, que son los que llevan a la depresión.

Hemos compartido la siguiente fórmula para superar la autoconmiseración con muchas personas propensas a la depresión. Los que se decidieron a adoptarla hallaron un gran alivio. Los que prefirieron entregarse al "placer" de la autoconmiseración, no mejoraron. (Por asombroso que parezca, la autoconmiseración es un agradable ejercicio mental para mucha gente, si bien no son tan agradables las consecuencias de la depresión.)

1. *Enfrentemos a la autoconsmiseración como un pecado.* "Haced todo sin murmuraciones y contiendas" (Filipenses 2:14). Si consideramos que la autoconmiseración es un pecado, habremos dado el primer paso para derrotar a este esclavizante y cruel enemigo. Y probablemente sea el paso más difícil porque, humanamente hablando, es facilísimo justificar la autoconmiseración. En el tribunal de nuestra mente, en tiempos de aflicción, muchas veces somos juez, jurado y fiscal. Pero en lugar de condolernos y culpar a los demás por el insulto, la injuria, el rechazo o la tragedia, miremos de frente a la autoconmiseración como a un gigantesco pecado mental que terminará destruyéndonos.

Y a menos que con toda severidad juzguemos a la autoconmiseración como un pecado, jamás lograremos romper el hábito. El que justifica la autoconmiseración es igual que el alcohólico que se niega a reconocer su condición de tal. No podemos romper ningún hábito arraigado, en tanto no estemos dispuestos a admitir el control que ejerce sobre nosotros.

¡Nunca pongamos excusas por la autoconmiseración! Hablando humanamente es muy fácil hacerlo. Podemos haber sufrido el rechazo de nuestros padres o ser traicionados por un Judas en quien confiábamos, o trabajamos en un puesto en el cual aparentemente jamás progresaremos, o nos hemos casado con un cónyuge egoísta, insensible e inconsiderado. Hasta podemos ser víctimas de una grave *minusvalía* física o estar aislados de los seres queridos. La sabiduría humana considera que todo esto y otros problemas de la vida son una razón muy justa que explica la autoconmiseración. Pero debemos estar seguros de lo siguiente: la autoconmiseración dará lugar a la depresión, sea justa o imaginaria la causa.

Y además, el pecado de la incredulidad, del cual nace la autoconmiseración, impedirá que recurramos al poder del Espíritu Santo de Dios en tiempos de necesidad. Aun cuando seamos hijos de Dios, cuando apagamos o contristamos al Espíritu Santo por medio de la autoconmiseración, nos reducimos a la misma impotencia de los no cristianos. Por esa razón, mientras más pronto rotulemos el esquema mental de la autoconmiseración con el nombre de pecado, más pronto podremos dar el primer paso en dirección de la recuperación.

2. *Confesemos la autoconmiseración como un pecado.* "Si confesamos nuestros pecados, él es fiel y justo para perdonarnos nuestros pecados, y limpiarnos de toda maldad" (1 Juan 1:9). Nuestro Padre celestial es un Dios misericordioso, siempre dispuesto a perdonar cuando los pecadores confiesan sus pecados en el nombre de su Hijo Jesucristo. La palabra "confesar" significa, literalmente, coincidir con Dios en que es un pecado y por lo tanto no debería ocupar ningún lugar en el esquema de nuestro pensamiento. Mientras más pronto confesemos el pecado de la autoconmiseración, más pronto podremos dar el segundo paso en el camino de curar este hábito autodestructivo.

3. *Pidámosle a Dios la victoria sobre la autoconmiseración.* "Y esta es la confianza que tenemos en él, que si pedimos alguna cosa conforme a su voluntad, él nos oye. Y si sabemos que él nos oye en cualquier cosa que pidamos, sabemos que tenemos las peticiones que le hayamos hecho" (Juan 5:14, 15). Desde el momento en que Dios ya pronunció su anatema contra la autoconmiseración, podemos tener la seguridad de que si deseamos la victoria, él la proveerá. Recordemos también que los cristianos cuentan con recursos para superar los hábitos que no tienen los no cristianos. Por esa razón no dudo un instante en asegurar que un

cristiano no tiene que ser necesariamente un esclavo de este tiránico hábito.

Once años atrás el Dr. Henry Brandt, hablando a un grupo de pastores en San Diego, dijo lo siguiente: "Podemos usar nuestro trasfondo o medio ambiente como una excusa por nuestro comportamiento actual, pero solamente hasta el momento de convertirnos a Cristo. Después de eso deja de ser una excusa." Cuando una persona recibe a Jesucristo, hereda una nueva dimensión de poder en su interior que lo habilita para lograr la victoria contra los viejos esquemas del hábito (2 Corintios 5:17). Con el debido respeto a la autodisciplina y el autocontrol, la mayoría de las personas carecen del carácter interior suficiente para impedir los pensamientos autoconmiserativos. Sin embargo, desde el momento en que el Espíritu de Jesucriso, al entrar en "el hombre natural" le provee de un poder sobrenatural a través del Espíritu Santo, le sobra capacidad para lograr la victoria. El apóstol Pablo lo proclamó así para todos nosotros: "Todo lo puedo en Cristo que me fortalece" (Filipenses 4:13).

4. *Agradezcámosle a Dios en la experiencia que desencadenó la autoconmiseración.* "Dad gracias en todo, porque esta es la voluntad de Dios para con vosotros en Cristo Jesús" (1 Tesalonicenses 5:18). ¡La victoria depende de este próximo paso! A menos que con la ayuda de Dios y en obediencia a su mandamiento, le agradezcamos por la experiencia, retornará la autoconmiseración y se reactivará la depresión. Y es de máxima importancia que nos demos cuenta de que el dar gracias "en todo" tiene ribetes críticos no sólo porque responde a los requerimientos de Dios para ser un cristiano lleno del Espíritu Santo, sino también porque, como lo veremos en un capítulo más adelante, es de aplicación como terapia emocional.

No siempre es posible agradecerle a Dios *por* la experiencia, pero es esencial agradecerle *en* la experiencia.

Ni siquiera la oración ayuda

Llama la atención el que un alto porcentaje de deprimidos oran con toda frecuencia. Su desagradable costumbre de autocontrolarse y de refunfuñar permanentemente los aislan hasta de sus más queridos amigos. Su verborragia autoconmiserativa agota la amistad más íntima, hasta que llega un momento en que pareciera que solamente Dios les prestará alguna atención. Por supuesto que las personas afectadas de una grave depresión que las lleva a la desesperanza, creen que aun Dios las ha abandonado.

Puede también ser una sorpresa el saber que no todas las oraciones son efectivas. En realidad de verdad, gran parte de lo que la gente llama oración es directamente dañoso, porque es contrario a la voluntad de Dios. Muchos de los deprimidos utilizan su vida de oración para alimentar su inquina y anunciar su autoconmiseración. Y esto no sólo es extenuante, sino directamente perjudicial.

Moisés, uno de los grandes santos del Antiguo Testamento, elevó lo que probablemente sea el más pobre ejemplo de una oración en toda la Biblia. Admitidamente desagradado con los hijos de Israel por su incesante refunfuñar, volvió su desagrado contra Dios, cuando oró así: "Por qué has hecho mal a tu siervo? ¿y por qué no he hallado gracia en tus ojos, que has puesto la carga de todo este pueblo contra mí? ¿*Concebí yo* a todo este pueblo? ¿*Lo engendré yo*, para que me digas: Llévalo en tu seno, como lleva la que cría al que mama, a la tierra de la cual juraste a sus padres? ¿De dónde conseguiré yo carne para dar a todo este pueblo? Porque lloran a mí, diciendo: Danos carne para que comamos. *No puedo yo solo soportar a todo este pueblo, que me es pesado en demasía.* Y si así lo haces tú conmigo, yo te ruego que me des muerte, si he hallado gracia en tus ojos; *y que yo no vea mi mal*" (Números 11:11-15, en bastardillas del autor.)

En el curso de esa oración, que comenzó con enojo y progresó hasta la autoconmiseración, Moisés se sintió a tal punto deprimido que directamente le pidió a Dios que lo dejara morir. ¡Pobre Moisés! Resentido por la vocinglería del pueblo y por su liderato, tuvo en menos la sobrenatural provisión de Dios por sus necesidades. Semejante oración es el camino más seguro a la depresión.

Un pastor amigo me informó de los resultados de una encuesta sobre la oración que hizo mientras estudiaba en la Universidad. Dividió en tres categorías a un número apreciable de personas deprimidas que provenían de hogares cristianos. Uno de los grupos recibió los oficios de un consejero que en grupo e individualmente les informó sobre los métodos para mejorar su actitud mental. El segundo grupo se reunió para orar con un instructor que les enseñó la manera correcta de orar. Al tercer grupo se le dijo que fueran a sus respectivos hogares y oraran. Al cabo de varias semanas mejoró casi el cincuenta por ciento de los que se sometieron al juicio del consejero. De los que oraron juntos semanalmente bajo la dirección de un instructor orientado bíblicamente, el 85 por ciento mejoró. Pero de los que oraron por su cuenta sin instrucción alguna, ni uno solo mejoró y varios de ellos mostraron claros signos de deterioro. Investigando el asunto descubrieron que los que oraron sin contar con la dirección de la persona instruida, se entregaron al pecado de la autoconmiseración en su vida de oración. No es de extrañar, por lo tanto, que empeorara su depresión.

Orar con acción de gracias

Para que sea provechosa la oración debe incluir la gratitud. La Biblia nos exhorta a lo siguiente: "Por nada estéis afanosos, sino sean conocidas vuestras peticiones delante de Dios en toda oración y ruego, con acción de gracias. Y la paz de Dios, que sobrepasa todo entendimiento, guardará vuestros corazones y vuestros pensamientos en Cristo Jesús" (Filipenses 4:6, 7).

Una forma correcta de orar es beneficiosa en todos los casos, pero siempre debe incluir la acción de gracias. Si creemos realmente que Dios contesta las oraciones y es capaz de obrar en nuestro beneficio, debemos agradecerle antes de contar con el más mínimo indicio de lo que está dispuesto a hacer. Y esa clase de oración es terapéutica. La oración sin la acción de gracias será perjudicial e incluso nos deprimirá más aún. Toda vez que salgamos de un período de oración más deprimidos que cuando comenzamos, debemos analizar nuestra oración y buscar el ingrediente que falta: la acción de gracias.

Varios años atrás, cuando un automóvil nuevo significaba para mí más de lo que significa hoy, aprendí una valiosa lección. Al abrir la puerta para dejar pasar a mi esposa, descubrí que alguien había abollado el costado de mi flamante vehículo de sólo un mes de uso. Por unos instantes me puse lívido, se me encogió el estómago y horribles pensamientos volaron por mi mente. Pero mirando al cielo exclamé: —¡Alabado sea Dios!— Si bien no entendí por qué ocurrió, y sigue siendo un misterio hasta el día de hoy, quería ser obediente a Dios, y por ello le agradecí por fe, tal como él ordenó para tales circunstancias. Como resultado de ello nunca me sentí mal por el accidente. No me habría sentido así, por cierto, de no haberle agradecido. Esa situación subraya el principio de que para dar gracias no es obligación entender y ni siquiera disfrutar una experiencia. Pero al enfrentarnos en la vida con una circunstancia inesperada, creamos nuestro propio estado emocional, ya sea quejándonos o dando gracias.

5. *Pedir ser llenados con el Espíritu Santo.* "Pues si vosotros, siendo malos, sabéis dar buenas dádivas a vuestros hijos, ¡cuánto más vuestro Padre celestial dará el Espíritu Santo a los que se lo pidan?" (Lucas 11:13).

Ahora que somos vasos limpios, al haber enfrentado y confesado nuestro pecado, al haberle pedido a Dios que quite el esquema de nuestro hábito, y al haberle agradecido por la experiencia, estamos en condiciones espirituales de ser llenados con el Espíritu Santo. Muchas veces me formulan la siguiente pregunta: "¿Cuántas veces deberíamos pedir ser llenados con el Espíritu?" Y mi respuesta es siempre la misma: "Cada vez que somos conscientes de que no estamos llenos." Efesios 5:18 no deja lugar a dudas de que deberíamos estar en permanente proceso de ser llenados con su Espíritu.

6. *Repitamos la fórmula anterior toda vez que caigamos en la autoconmiseración.* Los educadores nos dicen que la repetición es de valiosa ayuda para el aprendizaje. Hemos descubierto que la repetición es un ingrediente esencial para obtener la victoria sobre los hábitos. Es vivir fuera de la realidad suponer que

el hábito mental de la autoconmiseración desaparecerá inmediatamente; de ahí que para asegurarnos una victoria firme debemos aplicar la fórmula de repetición. Y mientras más rápidamente apliquemos la fórmula para combatir nuestra autoconmiseración, experimentaremos períodos más prolongados de victoria.

No esperemos que nuestro triunfo sobre la autoconmiseración se produzca como milagro de Dios sin nuestra cooperación. Muchos deprimidos, aun después de admitir la causa de su depresión, quieren que Dios les quite sus esquemas pensantes sin ningún esfuerzo de parte de ellos. Y en algunas ocasiones hemos visto a gente enojada con Dios porque por medio de un milagro no los sustrajo de su mecanismo mental de autoconmiseración. Pero es que Dios no hace por nosotros lo que de acuerdo a su palabra espera que hagamos nosotros mismos. Por el contrario, nos exhorta a cooperar con el Espíritu Santo, que nos capacita para hacer todo lo que nos ordena.

La victoria sobre la autoconmiseración y, por ende, sobre la depresión, puede ser nuestra, como cristianos, pero siempre y cuando echemos mano de los recursos espirituales de una vida llena del Espíritu Santo. (Para una descripción completa de cómo ser llenados con el Espíritu Santo, véase el libro del autor, *Spirit-Controlled Temperament* — Temperamentos controlados por el Espíritu—.)

Médico, cúrate a ti mismo

En la introducción de este libro reconocí que el día 7 de octubre de 1969 experimenté la primera genuina depresión de mi vida de adulto. Desde entonces, y en tres ocasiones, tuve la oportunidad personal de evaluar esta fórmula para superar la autoconmiseración que lleva a la depresión.

Nuestra iglesia en crecimiento compró una propiedad de 16 hectáreas en el corazón de San Diego, para reubicar todo el ministerio de la iglesia, escuelas primaria y secundaria, cursos preuniversitarios y un Instituto de Investigaciones. Por fe pagamos 500.000 dólares por el predio que rendía seis hectáreas y media de terreno utilizable, situado en la intersección de dos autopistas, por una de las cuales pasan 105,000 vehículos por día, es decir el sitio ideal para una iglesia.

Durante tres largos años comí, dormí, pensé y soñé con el proyecto. Meses y meses recorrí las calles hablando con los propietarios linderos, hasta que compramos 15 lotes que nos permitirían el acceso a nuestro terreno. Pero la política local y la primera ola de histeria ecológica se unieron para oponerse al proyecto. Por dos años peleamos a brazo partido con las autoridades municipales. Gastamos miles de dólares en honorarios de abogados y una igual cantidad, en horas de trabajo, la donaron los abogados de la congregación. Yo no tenía la más mínima duda de que nuestros planes serían aprobados. Cándido como era, nunca se me cruzó por la mente la idea de que los miembros del Ayuntamiento estuvieran más interesados en autorizar la construcción, en ese terreno, de 250 condominios imponibles, que en autorizar la construcción de una iglesia. Por ello, cuando nuestra solicitud fue rechazada por el voto en contrario de los miembros del Ayuntamiento, quedé de una pieza.

Al ver en la pantalla el resultado negativo de la votación, la gente se arremolinó a mi lado, pero yo quedé paralizado, ¡entumecido hasta los huesos! Finalmente pude reunir las fuerzas necesarias para abandonar el local del Ayuntamiento con la mayor discreción. No tuve el coraje de visitar el lugar donde con mi esposa nos arrodillamos un día y reclamamos para Dios el derecho de esa propiedad. En lugar de ello me dirigí a un sitio desde donde se divisaba un amplio panorama y me senté en el suelo a meditar. ¿Podrán imaginar mis lectores la índole de mis primeros pensamientos? Debo confesar que no fueron placenteros. "¿Por qué, Señor? ¿Por qué permitiste que esto ocurriera? ¿Qué es lo que hice de malo? Oré por este lugar, caminé sobre él y lo reclamé, como otros hicieron con sus propiedades. ¿Por qué permitiste que esto ocurriera? Resultó en el caso de Abraham, y para algunos de mis amigos pastores; ¿por qué no resultó conmigo?"

Tenía muchas preguntas que formular. Y mientras más me quejaba, peor me sentía. Después de dos horas me sentí tan desdichado que resolví volver a casa. Cuando trepé la colina que pensábamos desmontar, hallé a mi esposa que me esperaba para consolarme. Me dirigí a su automóvil y traté de darle las gracias por haber venido, pero no pude pronunciar palabra. Traté una y otra vez, pero no pude hablar. Finalmente me aparté y fui a dar un paseo solo.

Durante dos días sufrí el peor ataque depresivo de mi vida. Finalmente se me ocurrió que había apagado al Espíritu Santo y transitaba por un camino totalmente carnal. Me hice la siguiente reflexión: "Aquí estás tú, el autor de un libro que incluye un capítulo sobre cómo curar la depresión, un predicador que exhorta a los cristianos a no caer en la depresión, y tú estás deprimido. ¿Por qué no practicas lo que predicas?" Después de confesar mis pecados de autoconmiseración, de duda, de quejas, de cuestionar a Dios, comencé a darle gracias. Le agradecí por su poder y dirección, y reconocí que si bien no sabía cuáles eran sus planes, el problema realmente no era mío, sino suyo.

Y sucedió algo asombroso. Desapareció la depresión, sentí que mi espíritu se levantaba, y una profunda paz inundó mi corazón. Durante los meses subsiguientes, a pesar de que puse manos a la obra con toda diligencia para buscar otra propiedad y me valí de todas las oportunidades que se me presentaron, estaban tan lejos de saber cuáles eran los planes de Dios con respecto a nuestra iglesia, como lo estuve aquel día 7 de octubre. Lo más fascinante, sin embargo, es que no he sentido ni siquiera un ápice de desaliento. Y eso se debe a que le agradecí a Dios por fe, de que él sabía lo que hacía, aun cuando yo no lo supiera.

Durante los dos próximos años traté por todos los medios imaginables de lograr la aprobación del proyecto. ¡Pero todo fue inútil! Viejitas en zapatos de tenis se empeñaban en preservar todos y cada uno de los árboles del condado de San Diego, y no faltaban a una sola sesión para hacer escuchar su voz. Finalmente decidimos vender el terreno, pero para ese entonces los directivos de la empresa urbanizadora temieron que si la iglesia no había logrado la aprobación por afectar sólo un cuatro por ciento del terreno a la edificación, sería problemático que les aprobaran un proyecto de edificación en gran escala. Lo único real era la cuota de 55.000 dólares que debíamos pagar por año.

Durante ese lapso sufrí cuatro nuevos ataques depresivos. Y en todos ellos la autoconmiseración me expuso a la derrota. ¡Por supuesto que tenía justificativos! ¿Acaso no encaré el proyecto con fe? ¿No necesitábamos, por ventura, una nueva iglesia? Los tres servicios de la mañana llenaban el templo a su máxima capacidad, no teníamos suficiente lugar para estacionamiento, y mucha gente no entraba por falta de capacidad. ¡Esos pensamientos me deprimían más aún!

Cada vez que reconocí la depresión y apliqué la fórmula anterior, sentí un inmediato alivio. Retornaba a mi habitual optimismo y despreocupación, y florecía en mí el entusiasmo de lo que yo considero la mejor vocación en todo el mundo: ¡ser un ministro del evangelio!

En el verano de 1970 el Señor me sacó del último período depresivo causado por este problema. Fue en ocasión que resolví poner todo, absolutamente todo, en sus manos, abandonar la idea de resolverlo por mi cuenta, y dejar que él se hiciera cargo del problema. Poco tiempo después me despertó la vocación por la actividad de los Seminarios sobre vida familiar. Este ministerio me ha llevado a más de 38 ciudades en el país, y miles de familias han sido bendecidas por los seminarios de los viernes y sábados por la noche. Francamente he estado demasiado ocupado en pastorear, viajar, hablar y escribir este libro como para permitirme el lujo de reincidir en la autoconmiseración. En consecuencia, no he padecido más depresiones.

Siendo así que Dios es siempre fiel, se me ocurre que les gustaría saber lo que me ocurrió desde que comencé a darle gracias a Dios por fe en lugar de quejarme en mi incredulidad. El 27 de febrero de 1973 compramos una hermosa escuela e iglesia católica, con un terreno de 12 hectáreas y 29 edificios, incluyendo dormitorios, cocina, campo recreativo, pileta de natación y un auditorio con capacidad para 700 personas. Conocidos constructores nos dijeron que de querer fabricar todo lo que estaba edificado no lo hubiéramos hecho por menos de tres a cinco millones de dólares. ¿Y cuál fue el precio? 1,325,000 dólares, es decir el mismo precio de nuestro anterior proyecto, más lo que tendríamos que haber pagado por las mejoras del terreno y la playa de estacionamiento, ¡sin un solo edificio!

Ahora tenemos dos iglesias. Una en San Diego y otra en El Cajón, a 29 kilómetros de distancia, que más que duplica nuestra efectividad. Cuando camino por los hermosos terrenos que permiten divisar nuestros 12.000 metros cubiertos de edificios habilitados para uso inmediato, le agradezco a Dios de vista. Y en algunas ocasiones hasta me he sentido mareado por la forma fascinante en que todo ocurrió. Obvio es decirlo, fue un pecaminoso acto de incredulidad y de pérdida de mi tiempo el haberme deprimido en los años 1969 y 1970. Sólo Dios sabe lo que hace con nuestras vidas. Feliz el cristiano que puede confiar en Dios al grado de darle gracias aunque todo parezca tétrico y oscuro. Esa es la verdadera clave a una vida libre de depresión.

CAPITULO DIEZ

Mente y depresión

No hay en todo el mundo maquinaria más asombrosa que la mente humana. Sin embargo, desaprovechamos su formidable potencial, pues los científicos nos aseguran que el común de las personas sólo utilizan un diez por ciento de sus posibilidades cerebrales.

El Dr. Gerhard Dirks, que cuenta con más patentes para la computadora IBM que ningún otro hombre en la tierra (más de cincuenta), me dijo personalmente que la mayoría de sus ideas para la computadora las elaboró estudiando la mente humana. Alguien ha dicho: "Si los científicos pudieran construir una computadora que igualara las posibilidades de la mente humana, tendría el tamaño de un edificio de 100 pisos.

Conciencia vs. subconciencia

La función cerebral admite dos ámbitos principales: el consciente y el subconsciente. Sabemos bastante del primero pero muy poco del segundo. En estos últimos años los investigadores han sacado interesantes conclusiones. Una de ellas es la que postula que jamás olvidamos lo que hemos visto, palpado, oído, gustado u olido. ¡El problema es recordarlo en el momento oportuno! De lo que sí podemos estar seguros es que las cosas que actualmente nos gustan o disgustan y además todos nuestros sentimientos y reacciones están registrados en la mente subconsciente, particularmente las inscripciones mentales grabadas en los días impresionables de la juventud.

Otro descubrimiento reciente sobre la mente afirma que estamos más influenciados por el subconsciente que por el consciente. Veamos una ilustración. Supongamos que la balanza nos informa que pesamos siete kilogramos más de nuestro peso normal y la mente consciente nos advierte que debemos abstenernos de comer un trozo de dulce de chocolate porque aumentaremos de peso. ¿Lo comemos? Depende de cómo reacciona nuestra mente subconsciente. Si responde, por ejemplo, que "somos golosos" o "estoy destinado a ser gordo" o "soy demasiado débil para resistir", lo comeremos.

Transfiramos ese modelo al problema de la autoconmiseración. Supongamos que un amigo nos rechaza, nos insulta o nos injuria. Nuestra mente consciente nos advertirá que no incurramos en la autoconmiseración (particularmente después de haber leído este libro), pero si la mente subconsciente, por la fuerza del hábito, contesta que "todo el mundo te trata como basura; siempre sales perdiendo" o "no puedes confiar en nadie" o "¿cómo han podido hacerme esto después de todo lo que hice por ellos?", incurriremos en la autoconmiseración, que lleva en línea recta a la depresión.

Y otro importante descubrimiento relacionado con la mente, es el que atañe la respuesta del subconsciente a la imaginación. De todos los factores que componen la mente, opino que el más importante es la imaginación. La imaginación es el factor más importante de la mente. A pesar del vigor y la energía de nuestra fuerza de voluntad, si mantenemos una imagen negativa en la pantalla de nuestra imaginación, a la larga resquebrajará nuestra voluntad.

Tengo un amigo alcoholista que por seis años no probó una gota de bebida alcohólica. Un día caluroso se le cruzó por la mente, como un pantallazo de su imaginación, un espumante vaso de cerveza helada. Su mente consciente le advirtió: —¡No lo hagas! Eres un alcohólico. Pero su imaginación visualizaba el vaso y el color ámbar de la cerveza en la pantalla tridimensional, y se convenció a sí mismo con el argumento de que después de seis años con toda seguridad podía controlar su problema. Dos horas después se dirigió a un bar, tomó un vaso, luego otro y el resto es fácil de adivinar.

Cada vez que la voluntad y la imaginación entran en conflicto, gana la imaginación. Por eso la autoconmiseración es tan devastadoramente perjudicial cuando se la proyecta sobre la pantalla de la imaginación.

En el capítulo 7 vimos la influencia que sobre nuestras acciones ejercen la mente, la voluntad, y el corazón. La voluntad determina lo que incorporamos a nuestra mente, que a su vez activa nuestros sentimientos y en última instancia nuestra conducta, dando lugar a una poderosa reacción en cadena:

Voluntad + Mente + Emociones = Acciones

La voluntad puede determinar qué nuevos materiales incorporar a la mente, pero no puede gobernar nuestras actitudes con respecto al anterior material, ni regular la mente a cabalidad. Esto es particularmente cierto con respecto al subconsciente, al que no puede controlar directamente la voluntad, pero que puede ser influenciado por la imaginación. Quien gobierna a nuestra mente es la imaginación. La mente, tanto consciente como subconsciente, marca el paso que le dicta la imaginación.

Como artificio ilustrativo, supongamos una pantalla cinematográfica para demostrar el poder de la imaginación sobre la mente, tanto la consciente como la subconsciente.

Podemos utilizar nuestra imaginación en forma constructiva o destructiva. Mucha gente por desgracia, utiliza su imaginación en forma destructiva, considerándose ineficaces, torpes, temerosos y rechazados. Si esta situación se hace carne y gobierna la imagen que tienen de sí mismos, además de inhibir sus expectativas, es probable que le cobren apego a las experiencias negativas del pasado y miren también negativamente el futuro. Es mucho mejor el uso creativo de la imaginación. Unicamente cuando proyectamos imágenes sanas y positivas en la pantalla de nuestra imaginación, po-

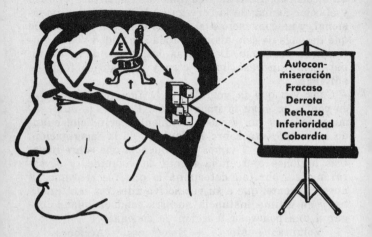

MAL USO DE LA IMAGINACION

dremos elevarnos por encima del inadecuado concepto que tenemos de nosotros mismos, y que entrampa a tanta gente.

La persistencia del subconsciente

Sea lo que fuere que coloquemos en la pantalla de nuestra mente subconsciente, ¡gobernará nuestras actividades! La Biblia dice que: "Porque cual es su pensamiento en su corazón, tal es él." (Proverbios 23:7.) La representación mental de nuestra imagen determina cómo nos sentimos y, como resultado, cómo obramos y actuamos. La mente subconsciente actúa inexorablemente para ejecutar la imagen que hayamos proyectado en la pantalla. Por eso tenemos que ser muy cuidadosos y hábiles en el arte de proyectar las imágenes.

Estudios exhaustivos con obesos han puesto en evidencia algunos de los usos muy interesantes de la imaginación creativa. A muchos gordos les resulta difícil perder peso y su desesperación por comer aumenta a medida que se prolonga la dieta. Cada vez que ven alimentos dulces, están conscientes de su efecto, pero son impotentes para resistir. Ultimamente hemos descubierto al culpable: la pantalla de la imaginación. Cuando los gordos proyectan una imagen obesa de sí mismos o la apetitosa imagen de su plato favorito, sus mentes subconscientes los arrastran inexorablemente hacia el logro y realización de esa imagen. Y aun con el estómago lleno, una tremenda fuerza los insta a comer. Rara vez la fuerza de voluntad puede solucionar este problema, pero se han logrado grandes éxitos "pensando en términos esbeltos". Si permanentemente proyectan sobre la pantalla de su imaginación una figura esbelta y seductiva, su mente subconsciente rechazará las comidas que destruirán esa imagen. La dieta se hace menos penosa porque pierden gradualmente sus ansias de comer que entran en conflicto con la nueva imagen mental que han formado de sí mismos.

En varias ocasiones he sugerido este procedimiento a gordos deprimidos que me consultaron y que luchaban por disminuir de peso, y en muchos casos el resultado fue positivo. He descubierto que el famoso "gordo feliz" no existe; podrá reírse por fuera, pero llora por dentro. Todo lo que tiene que hacer es cambiar la imagen mental de sí mismo. Sólo entonces podrá aplicarse en serio a una dieta rigurosa.

Esto lo vi gráficamente ilustrado una noche, en una heladería, cuando entró una mujer con 22 kilogramos menos que cuando me consultó algunos meses atrás. Rechazó el refresco de helado con nueces molidas bañado en chocolate que pidieron sus amigas, y como quien no quiere la cosa pidió una porción de frutillas. Luego me comentó: —El sacrificio ya no es tan grande, pues he aprendido a imaginarme delgada. Por supuesto que me gusta el helado con nueces y chocolate, pero mucho más me gusta ser delgada—. Mientras la mujer hablaba, mi mente voló a mi sala de consejero donde meses antes me confesara que durante veinte años había procurado, infructuosamente, ponerse a dieta. El cambio no se produjo a instancias de la fuerza de voluntad, sino al descubrimiento de un eficaz precepto: utilizar la energía de la imaginación para asegurar un comportamiento deseado. Recordemos, pues, que todo lo que proyectemos en la pantalla de nuestra imaginación, será la meta a la cual la mente subconsciente irresistiblemente nos conducirá. La Biblia nos enseña que debemos refutar los "argumentos, y toda altivez que se levanta contra el conocimiento de Dios, y llevando cautivo *todo pensamiento* a la obediencia de Cristo" (2 Corintios 10:5).

La imaginación creativa y la depresión

Este principio de controlar nuestra mente, nuestros sentimientos y nuestras acciones proyectando únicamente imágenes beneficiosas en la pantalla de la imaginación mental, actúa admirablemente en el campo de la depresión. Personas que han tratado, sin éxito, de librarse de la depresión recurriendo a diversas técnicas terapéuticas, han probado este método con resultados alentadores debido, principalmente, a que ataca el problema y no solamente los síntomas.

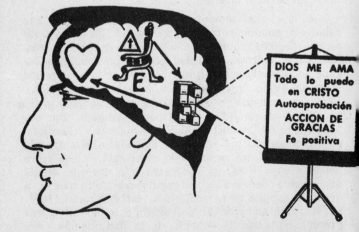

DIOS ME AMA
Todo lo puedo en CRISTO
Autoaprobación
ACCION DE GRACIAS
Fe positiva

BUEN USO DE LA IMAGINACION

La terapia medicamentosa, las sesiones con el consejero, el tratamiento por electroshock u otros métodos, darán mínimos resultados,a menos que el individuo logre cambiar la imagen que proyecta en la pantalla de su imaginación. Los deprimidos crean en su imaginación una figura negativa de autoconmiseración, que inevitablemente los deprime. Pero cuando pueden crear una nueva y refrescante imagen, gradualmente modificarán sus sentimientos y comportamiento.

El dueño de un vivero, hombre de edad madura y solitario, me consultó luego que su esposa lo abandonara. Admitió con toda franqueza que su mujer no pudo soportar más tiempo sus prolongados períodos depresivos. —He tratado de todo, pero sin resultado, —me dijo. Al contarme su historia surgió el modelo familiar. Rechazado y criticado por su perfeccionista padre, se vio como un individuo totalmente inadecuado y aprensivo, imposibilitado de alcanzar el nivel de su verdadera capacidad. En la pantalla de su imaginación mental se proyectaban únicamente imágenes negativas de autoconmiseración y autocrítica. Lo invité a que confiara en Dios y le pidiera un nuevo juego de películas para su proyector mental. Cuando oramos juntos percibí que nunca le había agradecido a Dios por las cualidades y dones que poseía, y en su oración hizo especial mención de su espíritu de ingratitud, pero antes de levantarse de sus rodillas pensó en tres cosas que quería agradecerle y antes de alcanzar la puerta, se dibujaba en sus labios el esbozo de una sonrisa. Hoy en día y según su propio testimonio, no ha sufrido un solo ataque depresivo en cinco años. Su esposa le explicó a una amiga por qué pudo recibirlo de vuelta: —No es el mismo crítico malhumorado y pesimista con quien viví 23 años. Ahora da gusto estar con él.

Imaginación creativa y el Espíritu Santo

El Espíritu Santo conocía al dedillo la función de la mente humana cuando inspiró a los hombres a escribir la Biblia. Nunca nos instruyó a que pensáramos cosas negativas o indeseables. Todo lo contrario, la Biblia nos exhorta a que proyectemos únicamente pensamientos positivos en la pantalla de nuestra imaginación.

A diferencia del analista que insta al paciente a "desahogarse hablando de sus frustraciones" o "rememorar sus experiencias infantiles", la Biblia instruye al cristiano a olvidarse de "lo que queda atrás" y avanzar hacia "la meta, al premio del supremo mandamiento de Dios en Cristo Jesús" (Filipenses 3:13, 14).

En lugar de pensar en nuestras deficiencias o fracasos (reales o imaginarios) deberíamos hacer nuestras las palabras del apóstol cuando dijo: "Haya, pues, en vosotros este sentir que hubo también en Cristo Jesús" (Filipenses 2:5). Y en vez de entregarnos a la autoconmiseración porque algún amigo nos ha insultado, nos ha injuriado o nos ha rechazado, escuchemos al sabio que nos dijo: "No te entremetas con los malignos" (Proverbios 24:19).

La importancia de borrar de nuestra mente los pensamientos negativos, perjudiciales y malignos, reemplazándolos por ideas limpias y sanas, es el tema de Romanos 12:2 que exhorta a los cristianos a que sean transformados "por medio de la renovación de vuestro entendimiento". ¡Dime en qué piensas y te diré qué haces! Tras las mentes renovadas van las conductas transformadas. En otras palabras, debemos hacer el trueque de nuestro natural (a menudo negativo) esquema de elaboración mental por la sabiduría divina, según la palabra de Dios.

Otra ilustración de este principio la tenemos en Romanos 8:6: "Porque el ocuparse de la carne es muerte, pero el ocuparse del Espíritu es vida y paz." Las personas que gozan de una mentalidad dirigida hacia lo espiritual, proyectarán imaginariamente sólo las cosas que agradan a Dios. En consecuencia, sentirán y actuarán de una manera aceptable a Dios. El Espíritu Santo nos capacita para imaginar con mente creativa esquemas que despiertan emociones saludables.

El poder de la sugestión

Nunca debemos subestimar la influencia que la sugestión ejerce sobre nuestra mente. No solamente es capaz de motivarnos, sino que puede estimular y activar ciertas glándulas del cuerpo. Veamos por ejemplo, lo que ocurre cuando visualizamos una manzana deliciosa. El solo hecho de proyectar la manzana en la pantalla de nuestra imaginación, estimula nuestras glándulas salivales, y se nos hace agua la boca. Y si pensamos en la manzana por un período suficientemente prolongado podemos, literalmente, "gustar el sabor de la manzana".

¿Se les ha ocurrido alguna vez a los lectores que la depresión puede instalarse siguiendo un esquema similar? Hace algún tiempo la encantadora esposa de un pastor me llevó en su automóvil al aeropuerto, luego de hablar yo a un grupo de ministros sobre el problema de la depresión. Interesada en el tema, me formuló una pregunta que preocupa a muchas mujeres: —¿Es común que las mujeres se sientan deprimidas durante sus períodos mensuales?— A eso le respondí: —Depende de si creen o no que la menstruación las deprimirá. Si una mujer anticipa que su período mensual se acompañará de un período depresivo, por supuesto que así ocurrirá. Con esto no queremos negar los cambios fisiológicos que se producen en el cuerpo femenino, pues la ciencia moderna nos ha revelado el hecho de que los cambios hormonales pueden provocar un aumento de la ansiedad y una disminución de la energía. Pero si bien la mayoría de las mujeres no lo quieren admitir, suelen autosugestionarse y exageran desmedidamente esos síntomas.

La esposa del pastor rio de buena gana y con toda candidez reconoció que cuando le viene el período en momentos que está entusiasmada y ocupada en muchas cosas, no tiene ni por lejos el mal efecto que le provoca en circunstancias distintas. Un siquiatra no lo pudo haber definido mejor. Si a una mujer su madre le enseñó que debe prepararse para sentirse débil y deprimida tres o cuatro días todos los meses, eso es lo que tendrá que soportar hasta que alguien le explique lo contrario y adapte su esquema mental a este nuevo conocimiento. Por el contrario, si le enseñaron que la menstruación es parte de algo maravilloso ideado por Dios para su vida, símbolo de su feminidad y de su maternidad, por lo cual debería estar agradecida, es muy poco probable que la deprima y le provoque apatía.

El mismo poder de sugestión ejerce su influencia en cuanto a la gravedad de la menopausia. Muchas mujeres creen "que se vendrán abajo" cuando lleguen a la edad de la menopausia. A las que así creen, eso es justamente lo que les ocurre. Por otro lado he conocido mujeres que se hicieron el firme propósito de encarar esta etapa como una faceta más de su vida, sin permitir que las afectara, y lograron su propósito.

La actitud mental es más importante, en tales asuntos, que las hormonas y las glándulas, puesto que las controla. Todo aquello que proyectemos en la pantalla de nuestra imaginación mental, influenciará nuestra vida, desde lo subconsciente a lo consciente y a la función glandular.

Seis cosas que influencian nuestra mente subconsciente

1. *La imaginación*. Como ya lo hemos ilustrado, la imaginación puede ser utilizada negativamente, o positivamente para la gloria de Dios. A nosotros nos toca dirigirla.

2. *Metas*. La mayoría de los deprimidos se obsesionan consigo mismos. No es suficiente crear óptimas imágenes mentales de uno mismo. Debe complementarse esa tarea proyectando metas dignas en la pantalla de la imaginación, que lo llevarán a testificar del poder de Dios con lo cual se operará un cambio en su vida. Esto nos enfrenta a un dilema crucial: la mayoría de la gente piensa "a lo pequeño". El hombre de fe siempre piensa "a lo grande". ¿Y por qué no ha de hacerlo así? Es hijo del gran Dios cuyo abundante poder está siempre a su disposición. El apóstol Pablo, uno de los grandes pensadores de la cristiandad, estableció una verdad esencial a este respecto: "Mi Dios, pues, suplirá todo lo que os falta" (Filipenses 4:19).

Desesperación y desesperanza

No es pura coincidencia que nuestra era de desesperación emocional y depresión sea también una era de desesperanza. La generación más joven, al experimen-

tar un alarmante grado de depresión, en muchos casos
reniegan contra su patria, su sociedad, su cultura, y la
humanidad en general. La Biblia nos advierte que
"cuando no hay visiones, el pueblo se relaja" (Proverbios 29:18, versión Biblia de Jerusalén). Por cierto
que nadie puede actuar sin visiones o sin metas. En
razón de que la mente humana es un mecanismo orientado en dirección a metas establecidas, para poder actuar debe perseguir ciertos fines y objetivos, o de
lo contrario funcionará mal. Si no proyectamos sobre la pantalla de nuestra imaginación una serie de
metas dignas y elevadas, caeremos en el pésimo hábito
de actuar sin motivaciones y proyectar metas derro-
tistas, negativas y pesimistas, que nos llevarán a la
depresión.

Anotar nuestras metas

Posiblemente no alcance a un cinco por ciento el
porcentaje de nuestra población de más de 21 años
de edad que haya anotado sus metas. Es interesante
comparar este hecho con una reciente estadística que
establece que el 95 por ciento de los hombres de negocios exitosos que fueron interrogados habían hecho en un momento dado, una lista de las metas de su
vida. Anotadas en forma palpable ayuda a grabarlas
con caracteres indelebles en la pantalla de nuestra imaginación y ello facilita la activación de nuestra mente
subconsciente hacia el logro de su realización. Una vez
escritas nuestras metas, deberíamos leerlas diaria-
ente durante 60 días.

3. *Principios espirituales*. Dijo el salmista: "En mi
corazón he guardado tus dichos, para no pecar contra
ti." (Salmo 119:11.) El mejor método para cambiar
los esquemas negativos de elaboración mental es el
de memorizar principios escriturales que producen felicidad. Leyendo las páginas de este libro pudiera ser
que algunos lectores hayan descubierto haber violado
ciertos preceptos bíblicos fundamentales y, a consecuencia de ello, han perdido el gozo interior. Jesucristo dijo: "Si sabéis estas cosas, (principios divinos)
bienaventurados seréis si las hiciereis" (Juan 13:17).

La bienaventuranza o felicidad es el resultado de:

a. Conocer los principios de Dios y

b. Actuar de acuerdo a los mismos.

Como pastor exhorto continuamente a los miembros de nuestra congregación a que tengan en sus Biblias cartulinas de 15 cm por 10 cm, para escribir en ellas los principios que hacen a la vida diaria y que mejor se adaptan a las necesidades particulares de cada uno. La Palabra de Dios rebosa de consejos prácticos, de modo que toda vez que alguien predica la sana doctrina, descubrimos principios fundamentales adaptados a nuestras necesidades. Mientras más anotemos y más atesoremos en nuestra mente, más fácil le será a nuestro subconsciente dirigir nuestros hábitos en la dirección que indican esos principios y más felices seremos.

4. *Memoria.* Ya dijimos que la mente humana jamás se olvida de nada. Y aun cuando no recordemos algo conscientemente, puede influenciarnos en forma espontánea. Una mujer me dijo que se deprimía cuando se cantaba un himno en particular en su iglesia; y en algunas ocasiones tuvo que retirarse del culto llorando. Más tarde un familiar le informó que ese himno lo cantaron en el entierro de su madre. Ello ocurrió cuando esta mujer era una jovencita, a quien la impresionó profundamente esa muerte. Y si bien ahora no recordaba el himno a nivel consciente, reaccionaba contra el mismo subconscientemente.

A menudo somos ajenos al hecho de que ciertas experiencias ejercen una poderosa influencia sobre nuestro comportamiento. Por esta razón deberíamos cuidar de nuestra memoria, caminando en el Espíritu sobre bases firmes, pues de esa manera el banco de nuestra memoria será siempre agradable a Dios. Las personas que dan rienda suelta a sus pensamientos sensuales desarrollan una memoria sensual y cultivan apetitos sensuales. Lo mismo cabe decir para la depresión. Los que se deleitan en recordar cada desdicha, cada rechazo o cada pérdida, van en derechura a la depresión.

Todas las veces que la memoria de tales sucesos ronda nuestra mente, debemos adquirir el hábito de "olvidar lo que queda atrás". Rehusémonos a recordar las desagradables experiencias del pasado, porque si no lo hacemos, se graban cada vez más profundamente en el registro de la mente y perpetúan los sentimientos de tristeza o depresión. Cuando conscientemente miramos hacia adelante, hacia el futuro, con el poder y la bendición de Dios, debemos reprogramar nuestra mente mirando a las dificultades con los ojos de la fe y reemplazar así los esquemas de elaboración mental negativos o de autoconmiseración que, subconscientemente, nos deprimirán.

5. *Hábitos*. Todo el mundo sabe la influencia que los hábitos ejercen sobre nosotros. Ya que todo lo que hacemos repetidamente se torna cada vez más fácil, es esencial que aprendamos hábitos pensantes constructivos. Mientras más pensemos en forma positiva sobre las bendiciones de Dios en el futuro, más fácil será mantener un esquema mental afirmativo. Por supuesto que el reverso también se cumple. En Romanos 12:2 el apóstol Pablo nos revela el secreto de ser "transformados" por la "renovación de vuestro entendimiento". Cuando renovamos nuestras mentes según los principios establecidos por Dios y creamos nuevos hábitos, se hace realidad el estilo transformado de vida que Dios promete a todo creyente.

6. *El Espíritu Santo*. Una de las funciones especiales del Espíritu Santo es el de recordarnos "todo lo que yo os he dicho" (Juan 14:26). Por eso es tan importante que el cristiano lea y memorice la palabra de Dios en forma regular, para que el Espíritu Santo pueda retirar del banco de la memoria las cosas que Dios ha declarado. El Espíritu Santo no traerá a nuestra mente nada de lo que Dios no nos haya dicho, porque confía en la palabra de Dios para redactar un programa para nuestras mentes, y para ello tenemos que escuchar, leer, meditar, estudiar y memorizar los principios establecidos por Dios. De este depósito de principios bíblicos el Espíritu Santo puede retirar sus preciadas riquezas a medida que las necesitemos. Como complemento, el aprender los principios bíblicos que hacen a la vida diaria, quitará la influencia de recuerdos pasados perjudiciales y los reemplazará con

mensajes positivos de Dios, asegurando el futuro y preparando a las personas para enfrentarlo.

El Espíritu Santo quiere llenar y enriquecer nuestra vida para instalar en nosotros un testimonio dinámico de una vida cristiana abundante. Para que él lo pueda hacer, tenemos que cooperar aprendiendo y guardando la palabra de Dios. Dios bendice a los que le obedecen, pero el conocimiento antecede siempre a la obediencia. Sin duda alguna esto ocurría por la mente del salmista cuando escribió en el salmo del hombre feliz: "(Feliz) el varón ... en la ley de Jehová (la Biblia) está su delicia ... será como árbol plantado junto a corrientes de aguas, que da su fruto en su tiempo, y su hoja no cae; y todo lo que hace prosperará" (Salmo 1:1-3).

Si queremos vivir una vida mentalmente abundante, como árbol cuyas raíces se hunden junto a corrientes de agua, tendremos que refrescar diariamente nuestra mente con el agua de vida, la Palabra de Dios.

CAPITULO ONCE

Autoimagen y depresión

"La actitud de una persona para consigo misma, tiene una profunda influencia en su actitud hacia Dios, su familia, sus amigos, su futuro, y muchas otras áreas significativas de su vida."

Bill Gothard
Dirigente de la juventud

Sin excepción alguna todas las personas deprimidas que me han consultado han tenido problemas de autoaprobación. Al decir esto no hemos "descubierto la pólvora", ya que prácticamente todos los seres humanos tienen una inadecuada imagen de sí mismos. En algún momento de su vida, hasta los más intrépidos y seguros de sí, se ven obligados a luchar contra el autorrechazo. Si bien la mayoría recupera su confianza, ninguno es inmune.

En estos últimos años la investigación ha producido nuevos conceptos que llevan el nombre de "sicología de la autoimagen" con resultados terapéuticos muy positivos. El doctor Maxwell Maltz ha declarado que la sicología de la autoimagen es el más importante descubrimiento del siglo. Nace de la idea de que somos gobernados por la figura mental que tenemos de notros mismos.

Dos expresiones populares en el campo de la sicología de la autoimagen ilustran esta tesis fundamental: "Somos lo que creemos ser" y "Lo que los demás piensan de mí no es ni por lejos tan importante como lo que yo pienso de mí mismo". Todo el mundo tiene una imagen de sí mismo, buena o mala, pero cualquiera que sea esa imagen, afectará nuestro comportamiento, actitudes, productividad y, en última instancia, nuestro éxito en la vida.

Los pensamientos engendran sentimientos y los sentimientos engendran acciones; por consiguiente, los pensamientos que nacen de nuestra autoimagen afectan nuestras acciones, negativa o positivamente.

El que tiene una imagen de confianza en sí mismo, rendirá al máximo de su capacidad; no así el inseguro, que carece de esa confianza. Esto explica por qué fracasan algunos talentosos y triunfan algunos mediocres.

La autoimagen no se forma a consecuencia de un solo acontecimiento o experiencia. Es la culminación de las experiencias de toda la vida. Por supuesto también muchas influencias subconscientes se conjugan para producir la autoimagen, entre ellas los millares de victorias, fracasos, frustraciones, humillaciones y éxitos que conforman nuestra experiencia. La influencia que ejercen sobre nuestra autoimagen depende, en gran medida, de nuestros temperamentos naturales.

El temperamento contiene la materia prima con que se nace y combina los rasgos recibidos de los padres a través de los genes. Probablemente es el factor aislado más importante que hace a las características de la personalidad. Como hemos de ver en un capítulo más adelante, los rasgos temperamentales contienen fuerzas y debilidades. Cualquiera que sea nuestro comportamiento, se verá influenciado por las experiencias de nuestra vida. Un ejemplo aclarará el concepto: si nacimos, por temperamento, despreocupados y con gran confianza en nosotros mismos, podemos adquirir un complejo derrotista debido a padres excesivamente críticos que nos censuran por todo y acentúan nuestra ineptitud o fracaso. Y en el caso contrario, si nacemos con temperamento negativo o retraído, propensos a la indecisión y a la inseguridad, unos padres inteligentes nos pueden ayudar en nuestra actitud derrotista, rodeándonos de amor, aceptación y estímulo, particularmente durante los primeros años de nuestra vida. Sea cual fuere la causa, la autoimagen gobierna nuestra vida. Consideremos la expresión "somos los que creemos ser". Si creemos que somos horribles e incapaces, eso es, justamente, lo que somos. No importa lo que seamos en realidad, pues lo que verdaderamente afecta nuestra producción y nuestras acciones, es lo que creemos ser.

Conozco a una joven madre que siempre llama la atención cuando entra a una pieza. Tanto los hombres como las mujeres la miran dos veces. Al comentar este hecho con algunos amigos, todos coincidimos en que no era una mujer hermosa, pero que algo tenía que llamaba nuestra atención. Al conocerla mejor descubrí que era pundonorosa y con un gran respeto de sí misma. Se ve siempre impecable, no importa donde esté; sus vestidos son atractivos pero no extravagantes. Escoge con prolijidad su ropa y accesorios, y trasunta la confianza que debe acompañar a una cristiana dinámica. Ni arrogante ni orgullosa, utiliza al máximo de lo que dispone. Muchas de sus amigas son más bonitas que ella, pero nunca llaman la atención. ¿Por qué? Porque ella tiene una mejor imagen de sí misma. Es interesante acotar que la seguridad y confianza que ella tiene de sí misma no fue generada por su familia, ya que la familia la rechazó debido a su fe cristiana. Solamente su fe personal en Cristo le dio la certeza de que el Señor la capacitaría para ser una mujer dinámica y atractiva. ¡Y por cierto que lo es!

Las dos mujeres más hermosas a quienes aconsejé sufrían una grave crisis depresiva. Al mirar sus hermosos rostros, rostros que tantas mujeres envidiarían, recordé que el aspecto exterior solamente, no es lo más importante; lo que importa es el aspecto que *creemos* tener. Ninguna de esas dos mujeres hermosas se consideraba atractiva; ¿qué importancia tenía, entonces, que lo fueran?

La más joven era frígida y la otra, algo mayor, era una ninfomaníaca, pero ambas tenían el mismo problema. La primera estaba tan obsesionada con la falsa idea de su inadecuado aspecto, que le resultaba imposible exponer su cuerpo al sexo opuesto. La otra mujer estaba tan obsesionada con lo inadecuado de su cuerpo, que se lanzó a una serie de ilícitas aventuras en un esfuerzo por lograr la aceptación que tanto ansiaba. Hoy ambas mujeres son cristianas eficientes, poderosa evidencia de la influencia estabil' adora de Jesucristo en esta área tan necesitada de la vida de una persona. Todo comenzó cuando reconocieron que Dios las perdonaba y las aceptaba. Eso facilitó la tarea de aceptarse a sí mismas.

El gran error

La mayoría de las personas cometen un curioso error con respecto a la autoimagen; permiten que la opinión de los demás influya y modifique la opinión que tienen de sí mismas. Por el contrario, lo que una persona piensa de sí misma afectará lo que otra gente piense de ella. Esto lo he visto ilustrado muchas veces en el mostrador para equipajes de los aeropuertos. Un mozo de cordel se acerca a una persona y lo trata con toda cortesía y dignidad, mientras que a otra le habla irrespetuosamente. De estos dos tratamientos tan disímiles he sacado la conclusión de que el hombre que trasunta confianza y tiene una buena opinión de sí mismo es respetado por los demás. Igual cosa ocurre en los restaurantes cuando el mozo se acerca a un parroquiano.

En el momento en que las personas se dan cuenta de que son ellas las que crean su imagen pública, por medio de sus acciones y por lo que piensan de sí mismas, comprenderán la importancia que tiene contar con su propia aprobación, lo cual determinará si han de actuar confiadamente o dubitativamente. De una cosa podemos estar seguros: si no tenemos confianza en nosotros mismos, los demás tampoco la tendrán.

A continuación damos tres buenas razones por las cuales no deberíamos permitir que la actitud de los otros influya sobre lo que pensamos de nosotros mismos:

1. Aceptarnos tal cual nos valoriza Dios y no según lo hagan los demás.

2. No siempre podemos juzgar, por su apariencia o sus acciones, lo que los demás piensan de nosotros, pues pudieran estar reconcentrados en algo totalmente diferente.

3. Lo que los demás piensan de nosotros generalmente es un reflejo de nuestra propia autoimagen. Si nos sentimos inferiores, exageramos el sentido de inferioridad y, por consiguiente, los demás nos mirarán como inferiores.

Cuatro áreas de autoaprobación

El *Institute of Basic Youth Conflicts* (Instituto para el tratamiento de los conflictos juveniles), dirigido por Bill Gothard, ha iniciado a más gente en el arte de la autoaprobación, con el poder y la ayuda de Dios, que ninguna otra institución. El formidable éxito logrado por el señor Gothard, se mide no solamente por las multitudes que concurren a sus seminarios, sino también por los millares de personas que literalmente han sido transformadas al aplicar los principios bíblicos que enseña. La mayoría de los que asisten a los seminarios son personas bien educadas y entrenadas en todas las áreas de la vida, tanto en lo mental, como en lo emocional, como en lo físico. Pero casi todos ellos sufren los efectos de un lavado de cerebro de los ateos y filósofos humanistas de nuestro secular sistema educacional, y de ahí el déficit de conocimiento y de reservas espirituales. Al reconocer el aspecto espiritual de la naturaleza humana tal cual la describimos en el capítulo 6, y al aplicar los principios bíblicos que enseña el señor Gothard, estas personas logran aprobarse ante sus propios ojos y se transforman en individuos maduros y productivos.

En sus seminarios Bill Gothard describe cuatro áreas en las que la gente debe lograr su autoaprobación. Son las áreas en que la mayoría de la gente se rechaza: aspecto, capacidades, linaje, medio ambiente.

1. *Aspecto*. Prácticamente todo el mundo está desconforme con su aspecto. A doce actores y actrices de Hollywood se les formuló la siguiente pregunta: "Si estuviera en sus manos cambiar algo de sus rostros, ¿qué

cambiarían?" Las respuestas oscilaron entre cuatro y doce ítems por persona. Aunque parezca increíble, esta gente, admirada por millones de personas como las más hermosas o los más apuestos de nuestra sociedad, no se aceptaban tal cual eran; no estaban conformes de sí mismos. De nuevo nos enfrentamos a un hecho que ya señalamos: no es tan importante lo que somos, sino lo que *pensamos* que somos.

El rechazo de nuestro aspecto conforma un arduo problema espiritual. Ya que Dios es nuestro Creador, le culpamos a él por nuestro aspecto. Este resentimiento subconsciente y a veces consciente contra Dios se opone a que alcancemos la madurez cristiana. A lo largo de muchos años he podido ayudar a centenares de personas, que no tenían la seguridad de la salvación, a que lograran esa inefable bendición emocional. Y en casi todos los casos descubrí que inicialmente esa falta de seguridad se debía a que estaban desconformes con su aspecto. De acuerdo a sus normas eran demasiado altos, o bajos, o gordos o flacos. Además de prescribirles que leyeran la primera epístola de Juan todos los días durante no menos de un mes, les intimo a que se miren en el espejo y le den gracias a Dios por la forma en que fueron hechos. Solamente librándose del resentimiento contra Dios por la forma en que fueron creados, podría instalarse la ansiada autoaprobación.

2. *Capacidades*. Con excepción de contados individuos talentosos, la mayoría de la gente tiene una pobre opinión de su capacidad, especialmente cuando tienden a compararse con otros. Sea que juguemos al fútbol, que andemos en motocicleta o aprobemos un examen de geometría, nuestra vida es una eterna competencia. Tarde o temprano todos encontramos a alguien que es mejor que nosotros y este conocimiento puede desencadenar el problema. Muy a menudo hacemos injustas comparaciones entre nuestras capacidades y las de los otros. El mero hecho de que alguien haya logrado 60 *home runs* en un año no significa que sea una persona madura. Muchas personas maduras y competentes no pueden hacer un solo *home run*, pero hacen de excelentes maridos, padres, maestros y gente. Es

mucho mejor aceptar el hecho de que nuestros talentos y capacidades nos han sido conferidos por Dios y que nuestra responsabilidad en la vida es de servirle y glorificarle (Apocalipsis 4:11). Nos realizamos plenamente, hallamos la felicidad y logramos la autoaprobación cuando hacemos con nuestra vida la voluntad de Dios.

He observado que nos realizamos en plenitud y aprovechamos al máximo nuestros talentos en la crianza de los hijos. Ya que el primer mandamiento de Dios fue el de fructificar y multiplicarse y llenar la tierra, la ejecución de ese mandamiento será una experiencia gratificante en extremo. Sin embargo, queremos dejar claramente sentado que Dios no se refería únicamente a la función biológica de engendrar hijos. Sus metas iban mucho más allá. A esos hijos había que criarlos para que fueran jóvenes cristianos adiestrados en los principios básicos de Dios para que ellos, a su vez, transmitieran esos principios a sus hijos.

Después de 25 años de tratar con tanta gente, he comprobado que los éxitos vocacionales no garantizan una perdurable autoaprobación. En cambio, muchas personas renunciarían gustosos a la fortuna amasada durante toda una vida, si pudieran reparar el daño causado a su hijo o a su hija por haberles descuidado en su infancia. Por otra parte, conozco centenares de felices y satisfechos cristianos que se sienten enriquecidos porque sus hijos son una fuente de orgullo y satisfacción para ellos.

Pero no debemos esperar hasta ser abuelos para admitir esto. También se puede lograr por una fecundidad espiritual. A los que se entregan al servicio de Cristo, compartiendo personalmente su fe con otros, no se le plantean problemas de autoaprobación. Una productividad que valga la pena es un gran curalotodo para el autorrechazo. Y una de las razones por las cuales los adolescentes tienden a rechazarse es porque no han tenido tiempo de ser productivos.

3. *Linaje.* Los que se avergüenzan de sus padres tendrán serios problemas de autoaprobación. Muchísimos jóvenes hoy en día odian a sus padres y atraen

sobre sí la maldición de Dios y los trágicos resultados de una albergada animosidad. Admitamos que algunos padres pueden ser inhumanos con sus hijos. Como pastor he actuado en algunos casos increíbles.

Recientemente tuve que echar mano a toda mi fuerza de voluntad para controlarme al observar a una joven madre maltratar a su hijito de alrededor de 18 meses de edad. Mientras esperaba en el mostrador de un aeropuerto, la vi llegar corriendo y aproximarse afligida al empleado, pues temía perder el avión. Era una mujer de alrededor de 25 años y a su lado, vestido en pijamas su pequeñuelo que, al intuir su ansiedad, se prendía a su falda. Primero lo apartó de su lado empujándolo con la valija y finalmente, en su exasperación, puso su pie sobre el estómago de su criatura y se lo sacó de encima. El muchachito cayó llorando sobre el piso de mosaico y la madre se marchó. Lo último que vi fue un niño que corría desesperadamente para alcanzar a su madre que cada vez se alejaba más de él, y llorando como si fuera a rompérsele el corazón.

No hace falta ser un siquiatra para diagnoticar lo que será ese niño cuando llegue a la adolescencia, si permanentemente lo tratan de esa manera. Con toda seguridad será un rebelde, siempre buscando la aprobación de los demás porque él no se aprueba a sí mismo. Su tendencia al aferramiento, debido a los continuos rechazos, dará lugar a una maligna amargura que lo hará rechazar a las mujeres y caer víctima del pecado de la homosexualidad, o ser cruel con su esposa e hijas.

Nada destruye tanto como la amargura, particularmente cuando va dirigida a los padres. Habiendo tratado con centenares de personas así afectadas, estoy convencido de que si uno no logra librarse de esa amargura, se destruirán las normales relaciones amorosas de la vida. El alivio a ese mal se logra únicamente si se confiesa este espíritu de enemistad tal cual lo hemos explicado en el capítulo siete. La Biblia nos enseña: "Deja la ira, y desecha el enojo; no te excites en manera alguna a hacer lo malo" (Salmo 37:8).

Un apego peligroso

Aparte de los peligros espirituales que se corren al abrigar odio contra los padres, hay otra consecuencia trágica que nace de esa pasión.. Durante muchos años he observado que los jóvenes que odian a sus padres, cuando crecen son exactamente iguales que sus progenitores o se casan con alguien similar a aquéllos. Los que estudian el funcionamiento cerebral nos explican que tan raro fenómeno se origina en la mente subconsciente, que siempre actúa con vistas a que se cumplan las imágenes que proyectamos en la pantalla de nuestra imaginación. Así, por ejemplo, he notado que la joven, hija de padre alcoholista tiende a casarse con un alcoholista. La razón es muy simple. Miles de veces, durante su niñez la muchacha visualizó el cuadro de su borracho padre y juró que "¡nunca me casaré con un hombre así!". Pero su mente subconsciente la lleva inexorablemente al cumplimiento de sus pensamientos negativos de disgusto u odio por su padre. Igual cosa le ocurre al joven cuyo padre cruel e iracundo lo maltrató. Y si bien le dice a quien quiera oírlo que nunca actuará como su padre, al final hace lo mismo. Cuando el niño a quien vi maltratar en el aeropuerto crezca y se case, probablemente lo haga con una mujer parecida a su madre, porque a lo largo de su vida el resentimiento que tiene contra ella le hará proyectar en la pantalla de su imaginación esa amarga imagen, junto a la promesa de que "jamás me casaré con una mujer como ella". ¡Pero lo hará!

Un apego saludable

Todas esas tragedias que hemos mencionado se evitarían, si la gente reconociera la importancia de proyectar en la pantalla de su imaginación solamente los pensamientos que agradan a Dios. Claro está que no siempre podemos controlar esos pensamientos que aparecen como un pantallazo en nuestra imaginación, pero sí podemos regular los pensamientos prolongados, porque la persistencia de los pensamientos recurrentes activa la mente subconsciente, que a su vez origina sentimientos que impulsan las acciones.

En lugar de proyectar imágenes negativas debemos visualizar imágenes positivas. Si la joven hubiera grabado en su mente la imagen de un joven que encarnara los principios cristianos, se habría casado con ese tipo de hombre. Cualquier otro hubiera violado su imagen mental. Conozco personalmente a una joven, hija de un alcoholista, que rechazó a un espléndido cristiano para casarse con un hombre que resultó ser un alcoholista. ¿Por qué? Porque se apegó a una pésima imagen mental en su imaginación.

4. *Medio ambiente.* Si bien exagerado al extremo por los "comportamentistas" (que sostienen que la sicología debe fundarse exclusivamente en el análisis de los actos objectivamente observables), nuestro medio ambiente ejerce un profundo efecto en nuestra autoaprobación. Si un hombre se siente avergonzado y confundido por su hogar y por su familia, será un desdichado, amén de que su actitud de vergüenza o rechazo deformará su imagen por una reacción que no guarda relación con las circunstancias que originaron esa deformación.

Para entender que la actitud mental hacia las circunstancias es más significativa e importante que las circunstancias materiales o físicas propiamente dichas, analicemos la conocida historia de la adolescente que se avergonzaba de su madre porque sus manos estaban terriblemente desfiguradas por quemaduras. Cuando el padre observó que la muchacha evitaba ser vista en público con su madre, le explicó detalladamente cómo fueron desfiguradas. Cuando la jovencita era un bebé, su madre la salvó de caer al fuego en el hogar, y al hacerlo no pudo evitar quemarse y sus manos se arruinaron para siempre. La muchacha se avergonzó tanto por su actitud que corrió a su madre, tomó entre las suyas esas manos desfiguradas, las besó, y bañada en lágrimas le dijo: —Mamá, te amo. ¿Podrás alguna vez perdonarme por la forma en que te he tratado? No sé cómo agradecerte por todo tu cariño y por tu amor—. Desde entonces se enorgullecía de que la vieran con su madre, y las horribles manos fueron para ella un emblema de honor. ¿Por qué de pronto todo fue diferente? Esas manos eran tan grotescas como antes; lo que cambió fue la actitud mental de la hija hacia ellas.

Algunos jóvenes son víctimas de la falsa idea de que las personas de inferior categoría provienen de hogares de segunda categoría. A consecuencia de ello se han formado una pobre imagen de sí mismos. Los "ghettos" y las "villas miseria" nos ofrecen un buen ejemplo. Allí crecen los niños pensando que son inferiores debido al medio ambiente. Lo de los "ghettos" no es nada nuevo; siempre los hemos tenido. Ocurre que hoy son más grandes debido al aumento de la población, y más conspicuos porque toda la nación está preocupada por su existencia. Cuando yo era adolescente viví en lo que hoy llamaríamos un "ghetto", pero no me afectó porque nadie me informó que era horrible. Era lo suficientemente cándido para pensar que era un buen sitio, de modo que mi actitud mental se mantuvo dentro de los límites de lo positivo.

Los libros de historia están llenos de relatos de hombres que pasaron de las cabañas de troncos de Illinois, donde nacieron, a ocupar el sitial de la Casa Blanca, y de los "ghettos" de la ignorancia a espléndidos educadores. Una investigación reciente asegura que la mayoría de los más exitosos hombres de la historia han surgido de medios ambientes desafortunados o inadecuados. La clave para adoptar una sana actitud frente a nuestro medio ambiente es el de aceptarlo. Por lo menos deberíamos estar agradecidos a nuestro circumambiente que nos proveyó de la vida con la cual pasar a mejores condiciones, y agradecidos también por las valiosas lecciones que aprendimos durante ese proceso.

Detengámonos un instante para hacer hincapié en el hecho de que las cuatro áreas que ejercen su influencia sobre nuestra autoimagen se ven afectados por una correcta actitud espiritual. Si creemos realmente que Dios nos ama y nos ha hecho para una razón especial, tal como la Biblia lo enseña, podemos aceptar con gratitud nuestra apariencia, capacidades, linaje y medio ambiente. Una vez que aceptamos estas cosas por fe en Dios y en su palabra, resulta fácil aceptarnos a nosotros mismos. Pero si rechazamos a una o más de estas áreas, sufriremos las desdichas que acompañan al auto-

rrechazo. Hay otras áreas de autoaprobación que podríamos mencionar, pero éstas son las principales.

Los trágicos resultados del rechazo

Sería imposible, en el limitado espacio de este breve
tratado, analizar todos los resultados del autorrechazo,
porque práctica y literalmente afectan todo en la vida
de una persona. No obstante, ofrecemos a consideración de los lectores, ocho consecuencias de gran importancia.

1. *Depresión.* El resentimiento que sigue al rechazo
debido al aspecto, las capacidades, el linaje o el medio
ambiente, a poco andar se transforma en autoconmiseración que, invariablemente desemboca en la depresión. Esta depresión se agravará con la edad, a menos
que aprendamos a aceptar estas áreas como instrumentos de Dios que quiere utilizar en nuestra vida para
su gloria. Algunos cambios en nuestro medio ambiente o en las circunstancias de la vida pueden significar un alivio temporario, pero a menos que modifique-
mos nuestros esquemas mentales de autoconmiseración,
permaneceremos encadenados a la esclavitud de la depresión.

2. *Falta de fe personal en Dios.* Es totalmente imposible desarrollar una fe vital y personal en Dios, a
menos que nos aceptemos a nosotros mismos. Nuestro rechazo por la forma en que Dios hizo nuestros
cuerpos, lo mismo que con los talentos, padres y medio ambiente que nos dio, no conduce a un espíritu de
sometimiento (Efesios 5:21), que es lo que se espera
de un cristiano alegre y eficaz. Para lograr una óptima y vital relación con Dios, tenemos que agradecerle por nuestro aspecto, por nuestros talentos, por nuestros padres y por el medio ambiente en que vivimos.
Y eso es esencial si queremos vernos libres de la depresión.

Muchísima gente se critica acerbamente a sí misma
en público, como tenemos ocasión de escuchar tantas
veces. Pero los cristianos deberían saber que no pueden censurarse verbalmente, porque de hacerlo así des-
cienden del elevado nivel que Dios les fijó. Bill Gothard sabiamente nos recuerda que, por imperfectos que

seamos "Dios todavía no ha terminado con nosotros". Como hijos de Dios todavía nos está plasmando y retocando para sus divinos propósitos. En lugar de rechazarnos, y de acuerdo con la Biblia, tendríamos que presentarnos ante él y anticipar por fe lo que él quiere que hagamos en nuestra vida. Tal concepto espiritual engendrará una actitud mental conducente a la productividad que, a su vez, nos ayudará a aprobarnos a nosotros mismos.

3. *Rebelión.* El autorrechazo, cualquiera que sea su origen, avivará el fuego de la rebelión de nuestros corazones, contra Dios y contra nuestros semejantes, sean los padres, el jefe, el socio de toda la vida o cualquiera que tenga autoridad sobre nosotros.

Vivimos en una sociedad rebelde. No es de sorprender que vivamos en una sociedad desdichada. ¡Meditemos un instante! A pesar de que nadamos en la abundancia y en el lujo, gozando de comodidades que nos hubieran parecido imposibles 25 años atrás, nuestro pueblo es amargo, hostil y, en su mayor parte, desdichado. Es el resultado típico de gente que se rechaza, pues tienden a desenfrenarse contra todo y contra todos los que los rodean.

4. *Ensimismamiento.* Cuando alguien se rechaza a sí mismo es difícil que pueda disfrutar de los demás. Se vuelve hipersensible según interpreta las actitudes de los otros hacia su aspecto, sus capacidades, el origen de sus antepasados o el medio ambiente del que proviene. Por lo tanto se condena a un ostracismo voluntario para evitar todo conflicto y los sentimientos poco agradables que suscita. A medida que más se aparta, más se entrega a rumiar sobre sus propias necesidades, sus sentimientos y pensamientos. Como de cualquier manera no está satisfecho consigo mismo, se torna cada vez más desdichado.

5. *Excesivo énfasis en las cosas materiales.* El rechazo de uno mismo crea desorbitadas ansias materialistas. Las mismas pueden caracterizarse en forma de narcisismo, o de dar demasiada importancia a los vestidos, o de amasar una gran fortuna; nada de eso conduce a la felicidad. Resulta dificilísimo convencer a los jóvenes de que el logro de posesiones materiales no engendra la felicidad. Puedo nombrar por lo

menos 15 hombres que poseen una fortuna muy superior al millón de dólares y para quienes el dinero no ha sido la fuente de la felicidad y que, en algunos casos, su riqueza destruyó la felicidad de que gozaron cuando eran menos ricos.

Jesucristo dijo: "Buscad primeramente el reino de Dios y su justicia, y todas estas cosas os serán añadidas" (Mateo 6:33). A modo de contraste con lo que dije anteriormente, conozco personalmente a millonarios que son muy felices. Pero no fue el dinero lo que les trajo la felicidad. Su principal meta fue servir a Dios, y sus posesiones materiales fueron el premio a su leal servicio.

6. *Negativismo y "fracasitis"*. Con frecuencia escuchamos el proverbio popular de "conócete a ti mismo". Es un consejo peligroso para los oídos del que se rechaza, porque él lo interpreta como "conoce tu yo negativo". Recuerda el pasado como una amalgama de fracasos, afrentas, insultos y maltrato a que estuvo sometido. De ahí concluye que: "Nada me sale bien, jamás tengo éxito. ¡Estoy condenado al fracaso!" Y puesto que la mente subsconsciente tiende a hacernos ejecutar cumplidamente lo que proyectamos en la pantalla de nuestra imaginación, tal manera de pensar inevitablemente lleva al fracaso, no porque adolecemos de un déficit potencial de éxito, sino porque descontamos, de antemano, que habremos de fracasar.

7. *"Imitacionitis"*. Los que se rechazan no solamente se comparan con los demás, sino que tratan de imitarlos. Y esto puede ser una práctica nefasta. El doctor Maxwell Maltz nos advierte lo siguiente: "Recuerden esto y recuérdenlo todos los días: jamás serán felices si se pasan la vida tratando de ser algún otro. Dios los creó como individuos únicos en su género. Son poseedores de una auténtica grandeza que les pertenece exclusivamente. ¡Usenla! ¡No la malgasten! La malgastan cuando tratan de ser algún otro; y digo que la malgastan, por la sencilla razón de que *no* son ningún otro." [1]

8. *Limitar a Dios en el uso que tiene previsto para nuestra vida*. El triste resultado del autorrechazo es que evitamos que nos utilice Dios, que ha proyectado un plan para cada uno. El máximo de felicidad se lo-

gra cuando se realiza ese plan en plenitud, así como el resistirlo resulta en la máxima desdicha. Al rechazarnos a nosotros mismos, no sólo nos abstenemos de utilizar nuestros naturales talentos, sino que coartamos a Dios, impidiéndole inyectar en nuestra vida su milagroso poder. ¡Una vida de fe es una vida fascinante! La mayoría de la gente jamás llega a experimentar esa clase de vida, porque en lugar de aceptar la declaración de Cristo "...yo he venido para que tengan vida, y para que la tengan en abundancia" (Juan 10:10), se rechazan a sí mismos y, por su incredulidad, provocan un cortocircuito en el poder de Dios que, por lo tanto, no nos alcanza. ¡Los tales jamás experimentarán la vida abundante en tanto no comprendan por fe que Dios los puede bendecir aun a ellos!

Por qué la mayoría de la gente tiende a rechazarse

Ya que el autorrechazo es un hecho tan universal, debería reconocer una causa común. Analicemos las siguientes posibilidades:

1. *Gente pequeña en un mundo pequeño*. Todos comenzamos en el mismo punto de partida: gente pequeña incapaz de producir. Ya se trate del niño que procura ayudar a su padre a reparar el automóvil de la familia y queda frustrado porque ve que su sabio padre puede arreglar cualquier cosa en tanto que él no lo puede hacer, o se trate de la niñita cuya habilísima madre puede hacer una torta prácticamente de la nada mientras que ella apenas si puede desenvolverse en la cocina, a todos se nos planteó el mismo problema. Todos queremos realizar algo, pero nos falta la paciencia para dedicarle el tiempo, el entrenamiento y la experiencia acorde con la tarea.

2. *El ridículo en el niño*. No hay niño que al crecer no sea ridiculizado por sus padres. Pero para muchos niños el ridículo puede llevarlos a encontrar defectos en su personalidad.

3. *Ser más consciente de los propios errores que de los errores de los demás*. Siempre me ha fascinado y ha sido un motivo de asombro para mí, el hecho de que algunos perfeccionistas admiran a las per-

sonas que son notoriamente más incapaces que ellos. Como David, en la antigüedad, los pecados del perfeccionista siempre rondan a su alrededor. Por eso sus fracasos le afectan más que a otros. Se torna obsesionado con sus propios defectos.

4. *Padres, familiares, maestros y amigos críticos.* La crítica constante es siempre perjudicial. Todos buscan y necesitan del elogio, particularmente de los que se ama. Desgraciadamente los padres que se estiman en poco critican desmesuradamente a sus hijos, casi como si trataran de exaltar su propia importancia llamando la atención a su torpeza e insuficiencia. Para el niño esta crítica es un rechazo. Si sus padres lo rechazan, le resulta fácil rechazarse a sí mismo.

Los sellos de garantía de la autoaprobación

Las personas maduras no son perfectas por definición, pero al menos han aprendido a aceptarse por lo que son. Y esto incluye tanto sus fuerzas como sus debilidades. Proyectará y tratará de ajustarse a un programa para vencer sus debilidades. Sin darse cuenta, este tipo de autoaprobación se manifestará subconscientemente en sus acciones y reacciones. Y a medida que crece y progresa en su vida espiritual, madurará emocionalmente. Tal madurez será un cumplimiento andante de los dos mandamientos, tal cual fueron definidos por Jesucristo, que contienen los sellos de garantía de la verdadera autoaprobación. "...amarás al Señor tu Dios con todo tu corazón, y con toda tu alma, y con todas tus fuerzas, y con toda tu mente; y a tu prójimo como a ti mismo" (Lucas 10:27).

Aparte de estos dos sellos de garantía de la autoaprobación, según lo entendió Jesús en el versículo citado, hay por lo menos cinco más. Hemos de analizar brevemente cada uno de ellos.

1. *Amarás y servirás a Dios.* Tal individuo será un sumiso cristiano, sometido a la voluntad de Dios. No estará confundido en cuanto a su identidad ni constantemente impulsado por su ambición de éxito. Antes bien, la preocupación por su relación con Dios y

por servirle le harán tener en menos sus ansias de satisfacer sus propios gustos.

2. *Amarás y aceptarás a los demás*. Las personas maduras pueden amar a los demás y compartir con ellos los éxitos de la vida. La Biblia nos enseña que debemos alegrarnos con los que se alegran y llorar con los que lloran. Si nuestro vecino gana en una rifa un Cadillac último modelo, ¿somos capaces, honestamente, de regocijarnos con él? El egoísta inmaduro refunfuñará: —¿Por qué nunca me pasan estas cosas a mí? Pero si muriera la esposa del vecino, no es difícil llorar con él, sin desear una desgracia similar. La persona verdaderamente madura amará y aceptará a los otros por lo que son y se alegrará por sus éxitos.

3. *Amará y se aceptará a sí mismo*. No debemos tener ningún reparo en amarnos a nosotros mismos. Algunos cristianos piensan, equivocadamente, que el amarse a uno mismo constituye un pecado, pero Cristo no dijo "No te ames a ti mismo" sino "amarás a tu prójimo como a ti mismo", consciente de que el amor a uno mismo, en su adecuada dimensión y perspectiva, es esencial. Todo el mundo, en alguna medida, se ama a sí mismo, aun al acariciar pensamientos de autodepredación. Pero algunos se aman a sí mismos más que a Dios o a los demás. Jesús da un amplio margen para amarse a uno mismo, siempre y cuando ese amor aparezca tercero en la lista de prioridades. Es fácil advertir una adecuada autoaprobación, por la manera en que las personas aceptan el elogio sobre su trabajo o su aspecto. En lugar de ignorar el elogio, con cierta vergüenza, o de disculparse a sí misma, la persona madura reconoce cortésmente la alabanza. Los que se rechazan se aturden y confunden y aumentan su desconcierto diciendo algunas tonterías que no vienen al caso.

4. *Será una persona responsable*. Las personas maduras son de confiar, pues siempre aceptan la plena responsabilidad de sus actos. Esto se observa especialmente cuando las cosas salen mal. Los que cuentan con su propia aprobación jamás echan sobre terceros la culpa de sus errores, porque reconocen que su seguridad y autoaprobación no dependen de una sola

experiencia aislada en su vida. Más les interesa aprender de sus errores, que urdir culpas ajenas. Ese tipo de madurez hace excelentes líderes.

5. *Es emocionalmente expresivo.* Las personas maduras gozan de la libertad no solamente de reír y de llorar si la ocasión lo exige, sino también de responder emocionalmente a los que le rodean. Su gozo no depende de la gente o de las circunstancias, sino que irradia alegría desde dentro. Efesios 5:18-21 declara que el hombre lleno del Espíritu tendrá una canción en su corazón, un espíritu de gratitud y una actitud sumisa. Tal individuo jamás estará deprimido.

6. *Mantiene una flexibilidad creativa.* La persona madura aflojará, si es necesario, y reajustará su programa o su plan cuando la ocasión lo demanda. No llega al extremo de que para salirse con la suya se muestre insensible a las necesidades de los demás. Muchos desaprovechan benéficas experiencias por su resentimiento contra circunstancias sobre las que no pueden ejercer control alguno. La persona madura será lo suficientemente reposada y positiva para que en el momento en que se produzcan las circunstancias adversas, su mente creativa pueda imaginar una alternativa eficaz.

7. *Acepta el reproche, el insulto y la crítica.* Las personas maduras no se sienten amenazadas cuando alguien las corrige o les propone un método mejor. Todo lo contrario, agradecen las sugerencias de los demás y procuran encontrar mejores métodos para la consecución de sus metas.

Como mejorar nuestra autoimagen

Desde el momento en que lograr una buena imagen de uno mismo es tan importante para superar la depresión, vale la pena detenernos un poco para considerar algunos métodos que hacen a su obtención.

1. *Establecer una relación personal con Dios.* No solamente es imperativo y esencial que llenemos el vacío de Dios que haya en nuestro interior, mediante una relación personal con él, por medio de su Hijo Jesucristo, sino que también es esencial que nos aceptemos a nosotros mismos. Después de llenar el vacío de Dios

al recibir a Jesucristo invitándole personalmente a entrar en nuestro corazón, debemos perfeccionar una vital relación con Dios aprendiendo sobre él, tal cual se manifiesta en su Palabra. Desde el primer capítulo de la Biblia en adelante, Dios se reveló a Adán, Noé, Abraham y a otros, utilizando diferentes nombres (la palabra "nombre" significa, literalmente, "naturaleza"). Por consiguiente, cada vez que Dios se añadió un nuevo nombre en el Antiguo Testamento, reveló un nuevo aspecto de su naturaleza, según las necesidades de sus hijos en determinado momento y en determinadas circunstancias. Del mismo modo que le ocurrió a Abraham, mientras más aprendemos de Dios, más aprendemos a amarle y más fácil nos resulta depositar nuestra confianza en él.

Hay una sola manera de aprender sobre Dios: leer, escuchar, estudiar, meditar y memorizar lo que nos enseña sobre sí mismo en la Biblia. El hombre secular, totalmente ignorante de Dios, tiene un serio problema con el autorrechazo; solamente el conocer a Dios, tal cual viene revelado en su Palabra, podrá capacitarlo para aceptarse a sí mismo. Es así que Colosenses 3:16, 17 nos conmina, diciendo: "La palabra de Cristo more en abundancia en vosotros, enseñándoos y exhortándoos unos a otros en toda sabiduría, cantando con gracia en vuestros corazones al Señor con salmos e himnos espirituales. Y todo lo que hacéis, sea de palabra o de hecho, hacedlo todo en el nombre del Señor Jesús, dando gracias a Dios Padre por medio de él." Si la palabra de Dios abunda en nosotros, naturalmente hallaremos la paz con Dios, con nosotros mismos y con nuestros semejantes.

2. *Debemos aceptarnos como criaturas de Dios*. La Biblia nos dice que "formidables, maravillosas son tus obras", de donde se desprende que somos hechura formidable y maravillosa. Y desde el momento en que Dios nos creó, según sus propósitos, debemos aceptarnos como el cumplimiento de esos propósitos. Recurriendo a él en busca de su dirección, fuerza e instrucciones, nos ligamos al omnipotente poderío de Dios. Si somos cristianos, aprendamos a aceptarnos agradeciéndole a Dios por lo que somos, como miembros de su divina familia.

La importancia de este paso a dar en la autoaprobación la podemos ilustrar con el caso de una joven que me habló recientemente al finalizar un seminario. De aproximadamente 22 años de edad, vestía desaliñados pantalones de pana y su cabello era largo y desgreñado. Al informarme que sufría del irresistible impulso de rascarse el cuero cabelludo de un lado de la cabeza, separó una parte de sus cabellos y me mostró una zona totalmente calva. Luego me contó que su padre la envió al mejor especialista de piel de la ciudad, pero el médico no halló ninguna afección orgánica. Ingirió diversas marcas de tranquilizantes y consultó con siquiatras, pero nadie pudo dar en el clavo. Cuando la interrogué sobre el problema de su autoaprobación, bajó la cabeza y reconoció que no le gustaba su aspecto. De inmediato le sugerí dos cursos de acción: 1) Mirarse de frente en el espejo y agradecerle a Dios por su aspecto (en realidad era una muchacha atractiva, pero ella no lo creía así); 2) Ir a un salón de belleza y hacerse arreglar de cabello de tal manera que le protegiera la parte calva y le impidiera rascarse el cuero cabelludo a menos de arruinar el peinado. A las seis semanas recibí noticias de ella, de que el cabello comenzaba a crecer en la parte calva. Esta joven se había convencido de tal manera de que era fea, que subconscientemente procedió a destruir lo poco de atractivo que a su juicio tenía, rascándose hasta quedar calva y vistiendo de la peor manera posible.

Muchas veces el aspecto exterior de las personas son un elocuente índice de su autoaprobación. Si se siente inadecuado, desaliñado y abatido, vestirá ropas que exhiban esos sentimientos. Por el contrario, si es un individuo que goza de suficiente autoaprobación, vestirá de acuerdo a su vocación, medio ambiente y recursos. Me inclino a creer que la moderna tendencia de los estudiantes secundarios a vestir en forma desaliñada y con prendas impropias de una dama o de un caballero, perpetuará su actual sentimiento de autorrechazo. Lo que ellos interpretan como una andanada a la institución, con frecuencia es poco más que una expresión de insuficiencia y autodesaprobación. Claro está que no debemos generalizar en este tema, porque algunos prefieren vestir sin cuidarse mayormente de los detalles, porque se sienten más cómodos así, pero no deberíamos olvidar que se obtiene un cierto *confort* sicológico cuando en ocasiones especiales se viste correctamente. Los gustos en cuanto al estilo pueden cambiar con la edad y la madurez, pero tales cambios muchas veces indican haber alcanzado la autoaprobación.

3. *Debemos aprender a lidiar con los sentimientos de culpabilidad*. Muchas veces las personas que se autorrechazan se desilusionan terriblemente por insignificantes desatinos que cometen. Su frustración no guarda relación con sus fracasos, y parecieran olvidar que todo el mundo, en alguna ocasión, deja de estar a la altura de sus antecedentes consigo mismo, con la sociedad y con Dios. Desgraciadamente la sicología moderna ha hecho todo lo posible para culpar a la religión por el sentimiento de culpabilidad, en lugar de hallarle un remedio.

Hace algunos años un médico amigo que me trataba por una laringitis se aprovechó de mi falta de voz para informarme categóricamente que, en su opinión, los pastores habían "causado más daño a más gente que cualquier otra profesión conocida". Me explicó que durante su residencia en un instituto para enfermedades mentales, descubrió que "el 95 por ciento de los pacientes recluidos lo estaban por complejos de culpabilidad inducidos por la religión". En un susurro pude decirle: "Doctor, está usted en un craso error. ¡Las personas que se sienten culpables *son* culpables!" La Biblia enseña lo que la sicología moderna se esfuerza por rechazar: el hombre no es un animal sin conciencia que puede pecar impunemente, sino un alma viviente cuya conciencia lo acusa o lo defiende (Romanos 2:15).

¡No podemos ignorar la conciencia si hemos de disfrutar de salud mental y de autoaprobación! En lugar de confiar en el siquiatra para que anule, con sus explicaciones, los remordimientos de conciencia, lo que hace falta es llamar las cosas por su nombre, mirar de frente los pecados y apropiarse del perdón de Dios. Por esa razón Dios envió las *buenas nuevas* de que

"Cristo Jesús vino al mundo para salvar a los pecadores". (1 Timoteo 1:15.)

El Nuevo Testamento está lleno de estas buenas nuevas de que el hombre puede recibir el perdón de Dios y verse libre de la tiranía de una conciencia culpable. Pero el perdón comienza reconociendo primero el pecado, en forma personal, pues la Biblia enseña que "todos pecaron y están destituidos de la gloria de Dios". (Romanos 3:23.) Una vez confesado su pecado, el hombre tiene que aceptar el juicio de Dios contra el pecado, que lo hizo en la persona de su Hijo en la cruz del calvario, y reconocer que "la sangre de Jesucristo su Hijo nos limpia de todo pecado". (1 Juan 1:7.) El versículo significa que Dios "continúa limpiándonos" de nuestros pecados.

Una vez logrado el perdón de los pecados, hay que agradecérselo a Dios por fe. El sentimiento de liberación de la tiranía de una conciencia culpable lo motivará para anhelar una vida que a Dios le resulte más agradable. Además, si nuevamente fracasa en su intento de alcanzar el nivel que Dios le exige, debe comprender que una vez más puede apropiarse de su perdón. Para la autoaprobación es esencial una limpia conciencia, pero es un don de Dios, *no* obra del hombre.

Los perfeccionistas, en particular, luchan contra una gigantesca conciencia, que los amedrenta sin misericordia porque no logran vivir de acuerdo a las normas que se fijaron. Tienen que aprender que si Dios, que es perfecto, puede perdonar sus pecados, ciertamente ellos y sus congéneres, que a lo largo de su vida han estado "destituidos de la gloria de Dios" (Romanos 3:23), pueden perdonarse a sí mismos.

4. *Debemos alabar y agradecer a Dios por nuestros éxitos.* No es saludable permitir que nuestra mente se detenga demasiado tiempo en temas negativos, pues el rumiar en esas cosas favorece las quejas y la autoconmiseración que, a su vez, llevan a la depresión. Lo verdaderamente terapéutico es agradecerle a Dios por sus bendiciones. Este concepto me es útil cuando actúo como consejero matrimonial, y uno de los miembros me informa que ha perdido el amor por su cónyuge. Le pido que haga una lista de diez cosas que él o ella valorizan del cónyuge y luego le agradezcan a

Dios todos los días por estos diez atributos y rechacen la tentación de pensar negativamente. Es asombroso observar la renovación del amor, aun en aquellos que estaban totalmente convencidos de la imposibilidad de lograr la respuesta romántica de antaño.

Recientemente actué como consejero de una hermosa pero insegura, frígida y tensa esposa. Me di cuenta de inmediato de que esta hermosa criatura había alimentado el pecado del autorrechazo aún antes de casarse con su dinámico y perfeccionista esposo. Todas las noches, al volver de su trabajo, la trataba con frío desprecio y desdén, pues nada de lo que ella hacía le agradaba y, como la mayoría de los hombres, no comprendía la extraordinaria habilidad de las mujeres para leer en el espíritu del hombre. Su fracaso al no poder satisfacerlo y la dolorosa certidumbre de su rechazo empeoraron su autorrechazo. Y al aumentar su autorrechazo, disminuía su motivación para intentar agradarle. La situación se transformó en un círculo vicioso.

Al hablar con el esposo se asombró cuando le expliqué que él era la clave en la condición de su esposa. Le pedí que escogiera diez cualidades positivas de su esposa y le agradeciera a Dios por ellas diariamente, dos veces por día, una vez a la mañana y la otra en viaje de su trabajo al hogar. Al poco tiempo me informó que la veía más cariñosa y con evidentes signos de autorrespeto y motivación, todo lo cual hablaba claramente de su mejoramiento en su autoaprobación. Hace poco le pregunté si había memorizado la lista que había confeccionado. Me respondió con una amplia sonrisa que no sólo la había memorizado sino que había hallado nuevos atributos en ella por los cuales estar agradecido cada día.

La gratitud engendra gratitud. Una vez logrado un esquema mental de gratitud al Señor, por nosotros mismos, por los seres queridos, por la familia, por el trabajo, *ad infinitum,* nos resultará facilísimo ser agradecidos. Las personas agradecidas jamás se deprimen.

5. *Miremos el futuro con entusiasmada anticipación.* Todos los que lean este libro tienen por delante un futuro, pero más importante que los detalles de ese futuro es nuestra actitud hacia el mismo. En realidad,

muchos eruditos afirman que nuestras expectativas sobre el futuro ayudan a crear ese futuro.

Los cristianos no tienen por qué temerle al futuro. Muchas veces Jesús exhortó a sus discípulos, para beneficio de todas las generaciones futuras de cristianos: "Confiad... (Juan 16:33); ten ánimo... (Mateo 9:2); ...he aquí yo estoy con vosotros todos los días, hasta el fin del mundo" (Mateo 28:20). Y desde el momento en que Jesucristo está con nosotros ahora y nos acompañará en el futuro, no tenemos ninguna razón valedera para temer lo que nos pueda deparar.

Feliz el cristiano que se acostumbra a recibir cada nuevo día en una actitud de expectativa, ansioso de apropiarse de las bendiciones y de la provisión de Dios. Recientemente compartí la pieza de un motel con un pastor lleno del Espíritu Santo, muy conocido por su espontáneo espíritu de regocijarse y de alabar a Dios. El reloj despertador sonó a las 6 y 10 de la mañana. Si bien el sol se mostraba apagado por oscuros nubarrones, mi amigo detuvo la campanilla del reloj y exclamó en alta voz: —¡Buenos días, mundo! ¡Te doy gracias, Señor Jesús, por este nuevo y excitante día!— Evidentemente captó a la perfección lo que el salmista quiso decir cuando dijo: "Este es el día que hizo Jehová; nos gozaremos y alegraremos en él" (Salmo 118:24). La gente que todos los días enfrenta la vida con esa actitud mental, jamás deberá enfrentar el problema de la depresión.

---

[1] Maxwell Maltz, *Psycho-Cybernetics and Self-Fulfillment* (New York: Bantam Books, 1970), p. 96

CAPITULO DOCE

Temperamento y depresión

De diversas maneras se ha procurado explicar el comportamiento humano. De ahí que se hayan elaborado numerosas teorías. Los antiguos hacían hincapié en los rasgos heredados. Freud y sus seguidores lo atribuían al medio ambiente y a las experiencias infantiles. Bien es cierto que ambos hechos contribuyen a conformar nuestra conducta, pero el factor más importante es el temperamento heredado.

A través de los genes, en el momento de la concepción, el hombre hereda de sus padres, y de sus abuelos, la totalidad de su naturaleza, incluyendo el color del cabello, de los ojos, las estructuras corporales, sus talentos y, por supuesto, su temperamento. De todos los factores considerados aisladamente, el temperamento es el que mayor influencia ejerce sobre su comportamiento, siendo la causa de sus acciones y reaciones espontáneas. Ocasionalmente algunas de las víctimas del lavado cerebral de la moderna sicología tratan de acentuar la significación del "comportamiento aprendido", pero me parece una opinión algo enigmática. Nuestros cuatro hijos fueron criados en un mismo ambiente hogareño y educados en los mismos principios ¡pero los cuatro son distintos como el día y la noche! La causa de esa diferencia hay que buscarla en los ingredientes heredados. El armario de mis hijos varones es un ejemplo típico. Un lado del armario en orden perfecto; el otro lado desarreglado como si hubiera pasado un tornado. También mis hijas son totalmente distintas. A una le encantaba, cuando pequeña, andar desaliñada y hasta el día de hoy, y de entrecasa, prefiere vestir de cualquier manera. La otra, antes de los tres años de edad, demostró una clara tendencia a vestir como correspondía y a escoger cuidadosamente su atuendo.

Al escribir estas páginas nuestra nietecita ha cumplido los nueve meses. Y ya antes de que gateara detecté en ella los mismos rasgos de fuerte voluntad y obstinada determinación que he observado en sus padres. ¡La razón es obvia! Heredó ciertas cualidades o rasgos temperamentales que desencadenan sus acciones y reacciones.

Los cuatro temperamentos básicos

Formado por rasgos que heredamos en el momento de la concepción, el temperamento recibe posteriormente la influencia de la formación infantil, de la educación, de las experiencias de la vida, del medio ambiente y de las motivaciones tanto humanas como espirituales.

La mejor teoría sobre los temperamentos fue elaborada por Hipócrates hace 2400 años. Adelantó la hipótesis de que las personas encajan en cuatro categorías fundamentales: el vendedor sanguíneo superextrovertido, el líder colérico extrovertido de fuerte voluntad, el perfeccionista melancólico y el pasivo superintrovertido flemático. No obstante las variantes sugeridas, esta teoría se mantiene hoy incólume en su forma original. Lo único que podría añadirse es que nadie encaja a la perfección en *uno solo* de los moldes de Hipócrates, pues las personas representan una combinación de dos o más de estos temperamentos. Pareciera ser una conclusión razonable, puesto que todo el mundo revela características tanto de la madre como del padre.

La mayoría de la gente tiende a pertenecer predominantemente a un temperamento con leves dosis de otros. No es inusual ser 80% sanguíneo y 20% flemático, o 70% colérico y 30% melancólico. Hay un sinfín de variantes y porcentajes. Una persona a quien estudié resultó ser alrededor de 60% sanguíneo, 20% melancólico y 20% flemático.

Temperamentos y temperamentos transformados

El análisis del temperamento humano entraña uno de los más fascinantes temas que jamás haya estudiado. Debido al restringido espacio de esta obra, debo resistir a la tentación de tratarlo a fondo. Sugiero, en cambio, que lean mis libros *Spirit-Controlled Temperament* y *Transformed Temperament*[1] donde lo analizamos *in extenso*. En este libro vamos a tocar superficialmente el tema del temperamento, y solamente en lo que hace al problem de la depresión.

El sanguíneo y la depresión

El temperamento sanguíneo adorna a las personas cálidas, amigables y espontáneas que atraen a los demás como un imán. Es un excelente charlista y un despreocupado optimista, el individuo de quien se dice que es "el alma de la fiesta". Si bien es generoso y compasivo, sensible a lo que le rodea y al humor y sentimiento de los demás, al igual que los otros temperamentos, cuenta con algunas debilidades naturales. Con frecuencia es de poco carácter, emocionalmente inestable y explosivo, inquieto y egoísta. A pesar de que en su juventud se lo considera "un seguro triunfador", rara vez alcanza el nivel que se esperaba de él. No le da importancia a los detalles y casi nunca está quieto. Bajo un exterior de intrepidez esconde a menudo su inseguridad y temor. Los sanguíneos hacen buenos vendedores, oradores, actores y a veces líderes.

Rara vez el sanguíneo se deprime cuando está en compañía de otros. Siente tanta afinidad por los demás, que el solo ver a otra persona le eleva el espíritu y su rostro se estira en una sonrisa. Sea cual fuere el grado de depresión que acusa, casi invariablemente le ocurre cuando está solo.

La característica más agradable del sanguíneo es su capacidad para disfrutar del presente. No mira hacia atrás a las desdichadas experiencias del pasado y jamás se preocupa por el ignoto futuro. Un amigo mío, encantador sanguíneo, constituye un clásico ejemplo. Viajando con él en una ocasión, yo comentaba sobre la cantidad de gente que me consultaba debido a la depresión. De pronto exclamó espontáneamente: —Jamás he tenido problemas con la depresión; se me ocurre que es porque Dios ha sido tan bueno conmigo. En realidad no recuerdo haber tenido grandes problemas o dificultades en la vida—. Me asombró su declaración porque conocía muy bien al hombre. Recordé que no había terminado su secundario hasta casi los 40 años de edad, porque había escapado de su hogar y se había unido a la Marina Mercante. Mientras cumplía esa actividad se casó y tuvo dos niños, uno de los cuales murió de una extraña enfermedad. Todo esto amargó a la esposa, que luego de varios desdichados años se divorció y se volvió a casar. Cuando mi amigo me habló en la forma que lo hizo, hacía seis años que llevaba vida de soltero. Solamente un sanguíneo podía recordar una vida semejante y decir que "no recuerdo haber tenido grandes problemas o dificultades en la vida". Pero habría mucho menos depresión si todos los temperamentos pudieran pensar así.

Muchos de los indisciplinados sanguíneos sufren las alternativas de la depresión durante la cuarta y quinta décadas de su vida. Su falta de disciplina y debilidad de carácter los han hecho improductivos, por lo cual se sienten mortificados y desilusionados. Y en esta época tienen una tendencia hacia la obesidad, por su incapacidad de abstenerse a ingerir comidas y postres que engordan. Esto afecta su amor propio y es un factor concurrente a la depresión. Y si bien mantienen su modo de ser aparentemente feliz, aumenta su tendencia a sufrir leves depresiones. Un escritor los comparó a Peter Pan, significando con ello que nunca quieren crecer. Si bien la gente los estima y son atractivos, son algo irresponsables y carecen de verdadera substancia.

Cuando estos encantadores sanguíneos que a menudo actúan como si fueran niños grandes, se percatan de su superficialidad, aumenta su inseguridad. Se ponen a la defensiva y son sumamente sensibles a los desaires y a las críticas, al punto de obsesionarse por la opinión que los demás tienen de ellos. No es raro que se depriman al incurrir en la autoconmiseración. Llegan al grado de culpar a sus padres por haberles dado demasiado con los gustos durante su infancia y que nunca los disciplinaron, pero rara vez se culpan a sí mismos, ni confiesan su pecado, ni buscan ser llenados con el Espíritu Santo para lograr la fuerza de voluntad y de carácter que tan desesperadamente necesitan.

Si no encaran su problema en forma realista ni aprenden a caminar en el Espíritu, fluctuarán por un tiempo entre períodos depresivos y tiempos de bonanza, hasta que de una manera algo infantil hacen ciertos ajustes mentales y toman la vida en broma, muy por debajo de su nivel potencial.

¡Muy distinto es el sanguíneo lleno del Espíritu! El Espíritu Santo no sólo le hace ver que su esquema de autoconmiseración es un pecado, sino que lo dirige por áreas de productividad que le hacen más fácil aceptarse y aprobarse a sí mismos. Cuando el sanguíneo está lleno del Espíritu, como el apóstol Pedro en el libro de los Hechos de los Apóstoles, se transforma en una persona productiva, libre de toda depresión.

El temperamento colérico y la depresión

El temperamento colérico produce un activista práctico. Es un líder nato, optimista y de gran fuerza de voluntad. En su mente bullen ideas, proyectos y objetivos, y generalmente los lleva a cabo. Es un extrovertido, lo mismo que el señor Sanguíneo, pero en un grado muy inferior. Si bien altamente productivo, refleja una serie de debilidades naturales. Es autosuficiente, impetuoso y de carácter levantisco, con tendencias a la dureza y a la crueldad. Nadie tan agudo y sarcástico como el colérico. Hace buenos supervisores, generales, constructores, cruzados, políticos y organizadores, pero no es dado a realizar trabajos con precisión detallista.

Rara vez se deprime el colérico, debido más que nada a su permanente actividad y a su eterna búsqueda de metas que lo motiven para ocuparse simultáneamente de 14 proyectos diferentes. Si uno de ellos le resulta desconcertante o frustrante, muy poco dura su desilusión y rápidamente va en pos de un nuevo desafío. Los coléricos se sienten felices cuando están ocupados y por ello les queda poco tiempo para sentirse deprimidos. Su principal frustración en la vida es que no le alcanzan las 24 horas del día para ejecutar sus metas y objetivos.

Los rechazos o insultos que con tanta frecuencia deprimen a los otros temperamentos no hacen mella en el colérico. Es de piel tan curtida, tan autosuficiente e independiente por naturaleza, que rara vez siente la necesidad de los demás. En lugar de perder el tiempo sintiendo lástima de sí mismo cuando está solo, proyecta nuevos planes y actividades.

Emocionalmente es el más subdesarrollado de todos los temperamentos. Por ello experimenta poquísimos cambios de talante. Si bien es rápido para enojarse, raramente cae en la autoconmiseración. En cambio hace sentir su mal humor a quienes lo rodean. Como le interesan tan poco las opiniones de los demás, es casi invulnerable a la depresión provocada por personas. Si alguna vez el colérico se deprime será por frustración o retraimiento.

Cuando el colérico alcanza la cuarta o quinta década de su vida, su elucubración cerebral puede ser tan intensa que se instala un síndrome de hiperactividad mental, la que se manifiesta por la anulación o el "cortocircuito" de sus pensamientos, algo así como cuando hay una sobrecarga eléctrica en un tablero. Esta tendencia la mencionamos en el capítulo en que hablamos de las causas provocadoras de la depresión. Como cristiano, el colérico debe aprender a confiar en el Señor y encomendar a él su camino. Con harta frecuencia su carácter indomable y su espíritu autosuficiente lo hacen un cristiano inútil e improductivo, porque insiste en hacerlo todo en la carne y no en el Espíritu. Si logra promover existosamente actividades cristianas, su orgullo lo transforma en un miope espiritual, lo que le impide percibir sus motivaciones carnales.

La paz del Espíritu Santo que sobrepasa todo entendimiento moldeará su esquema de elaboración mental, haciéndole concentrar primero en el Señor y luego en la tarea. Tiene que aprender que el programa de Dios no depende de él; más bien él necesita depender de Dios. Además, es imperioso que reconozca que no es suficiente cumplir con la tarea encomendada por Dios; tiene que hacerlo en el poder del Espíritu. Debe actuar como lo dice la Biblia: "No con ejército, ni con fuerza, sino con mi Espíritu, ha dicho Jehová de los ejércitos" (Zacarías 4:6). El apóstol Pablo, probablemente el mejor ejemplo de un colérico lleno del Espíritu que fuera utilizado por Dios, aprendió esa lección, pues pudo decir "...cuando soy débil entonces soy fuerte" (2 Corintios 12:10).

El colérico cristiano no lleno del Espíritu sino lleno de la carne, puede deprimirse en tanto no perciba este principio, porque se siente frustrado por la falta de resultados espirituales, pese a sus denodados pero carnales esfuerzos. En lugar de culparse a sí mismo por su carnal y terco espíritu, se entrega a una arrogante autoconmiseración y se retira de las actividades de la iglesia. Algunos en la congregación se dan cuenta de su espíritu carnal y no lo votan cuando hay que elegir a miembros electos de la iglesia. —No lo entiendo— se queja. —Todo lo que hago ¿no es prueba suficiente de mi devoción a Cristo?— Feliz del colérico que aprende a decir, como Santiago: "...si el Señor quiere, viviremos y haremos esto o aquello" (Santiago 4:15). Cuando se empeña en descubrir las prioridades de la voluntad de Dios para con su vida, por medio de la dirección del Espíritu Santo, no sólo será más productivo sino que actuará con más compostura. Una vez que entienda que el andar en el Espíritu es el secreto a la productividad espiritual, ganará consistencia en su vida cristiana.

Cuando se jubila el colérico es vulnerable a la depresión. Generalmente no lo hace hasta los setenta o más años de edad, y si no quiere caer en la depresión, debe buscar algún otro tipo de actividad.

Un ex ejecutivo fue obligado a jubilarse a los 65

años de edad. A los seis meses tuvo que consultar a su pastor en un estado de gran depresión. No le fue difícil al pastor darse cuenta de que la causa de la depresión era la inactividad. Además había que agregarle el ingrediente de que el ejecutivo se dio al pecado de la autoconmiseración, con lamentos tales como: "Mi vida ha terminado, la era de mi productividad pertenece al pasado, no sirvo más para nada." El pastor pastoreaba una dinámica iglesia que necesitaba urgentemente un hábil comerciante que coordinara y dirigiera los aspectos financieros de la congregación. Le propuso, como un desafío, que fuera un obrero cristiano con un sueldo de 1 dólar al año. Hoy en día esa iglesia está considerada entre las más eficientes de toda la nación, y el enérgico administrador colérico disfruta a mares de su jubilación.

La capacidad del Espíritu Santo para transformar, literalmente, la tendencia depresiva del colérico, está magníficamente ejemplificada en la vida del apóstol Pablo. Si alguna vez un hombre conformó la perfecta ilustración de un temperamento colérico, ese hombre fue Saulo de Tarso antes de convertirse a Cristo. Después de su conversión, su indomable voluntad colérica, dirigida por el Espíritu Santo, se reveló en toda su magnitud, según leemos en el libro de los Hechos de los Apóstoles. Su reacción al ser enviado a la cárcel, ofrece una clásica ilustración de circunstancias deprimentes superadas por la invasión del Espíritu Santo a la naturaleza espiritual del hombre. Confinado a la fría y húmeda Cárcel Mamertina en Roma por predicar el evangelio, no manifestó un solo signo de autoconmiseración. Todo lo contrario, este dinámico cristiano aprovechó la oportunidad de compartir personalmente su fe con cada nuevo soldado romano que le asignaban como guardia. Se convirtieron tantos de estos hombres, que al saludar a la iglesia desde Roma lo hizo en los siguientes términos: "Todos los santos os saludan, y especialmente los de la casa de César" (Filipenses 4:22). Además, desde esa prisión escribió las llamadas epístolas carcelarias, incluso la epístola del gozo, como se denomina a la que envió a los filipenses, y en la cual, entre otras cosas, dijo: "He aprendido a contentarme, cualquiera que sea mi situación"

(Filipenses 4:11). Los coléricos llenos del Espíritu Santo jamás se deprimirán.

El temperamento melancólico y la depresión

El melancólico es el más rico de los temperamentos. Rico no solamente en dones y gustos estéticos, sino en la capacidad de experimentar todo el espectro de los fluctuantes talantes emocionales. También es rico en debilidades emocionales, particularmente en la tendencia depresiva. Algunos de los más grandes genios que ha dado el mundo fueron talentosos melancólicos que malgastaron sus talentos enterrados en la ciénega del abatimiento, dominados por la apatía y terminando en la improductividad. Esto es tan evidente, que para los antiguos las palabras melancolía y depresión eran casi sinónimas.

El melancólico es, por lo general, el más talentoso de todos los temperamentos. Perfeccionista por naturaleza, sensible a las bellas artes, es analítico y autosacrificado. No gusta de sobresalir y raramente se impone a los demás. En cuanto a la amistad, son excelentes y fieles amigos. Con todo, es propenso al mal humor, a la crítica, al pesimismo, y al egocentrismo. Melancólicos han sido los más grandes artistas, compositores, filósofos, inventores y teóricos.

Si bien todo el mundo es vulnerable a su propio y particular esquema de elaboración mental, nadie tan sensible como el melancólico. Entre sus numerosos dones creativos, tiene la rara habilidad de sugerirle imágenes a la pantalla de su imaginación, probablemente en technicolor y sonido estereofónico. En razón de que los melancólicos son malhumorados y taciturnos por naturaleza, consideran que tales características son espontáneas, pero hoy se sabe que son la resultante directa de sus esquemas pensantes. Si el melancólico vigila sus procesos mentales y rehúsa incurrir en los pecados mentales de la ira, del resentimiento, de la autopersecución y de la autoconmiseración, no cederá a su predisposición hacia la depresión.

Podemos ilustrar la poderosa influencia de la mente sobre nuestros talantes por una experiencia ocurrida con nuestros hijos cuando crecían. Un domingo por la noche, al meterse en cama les recordamos, como lo hacen fielmente a sus hijos millones de padres amantes: —Recuerden, mañana tienen que levantarse temprano para ir a la escuela—. Exclamaron al unísono: —¿Tenemos que ir a la escuela mañana? Asegurándoles que era necesario que así fuese como parte de su vida, y aceptando sus refunfuños con la acostumbrada eterna paciencia paternal, los metí en la cama. De más está decir que el lunes por la mañana se despertaron de pésimo humor. Me daba mala espina endilgárselos a la maestra ese día.

A la semana siguiente esos mismos muchachos estaban acostados en sus camas por la noche. Al arrebujarlos, les advertí: —No se olviden, mañana tienen que levantarse temprano ¡porque vamos a ir a Disneylandia! Imaginarán los lectores la gritería que produjo mi anuncio. A la mañana siguiente los dos chicos saltaron de la cama locos de alegría al anticipar el maravilloso viaje que les esperaba. A la mesa del desayuno esa mañana observé la diferencia en el talante de los niños en el término de una semana. Pareciera que su metabolismo funcionaba mejor, sus ojos eran más claros, sus rostros más brillantes, el mundo entero lucía mejor porque *reflejaban una mejor actitud mental.*

El melancólico que reconoce el poder del subconsciente de influenciar sus talantes, buscará el poder del Espíritu Santo para orientar en forma positiva sus esquemas pensantes.

Es difícil determinar un período dado, en la vida de un melancólico, cuando está más deprimido que en otro. Generalmente sus depresiones se evidencian desde su más tierna infancia; y a menos que esté espiritualmente motivado por el poder de Dios, le seguirán todos los días de su vida. Debido a su hipersensibilidad y egocentrismo, se imagina cosas y a veces se obsesiona con la idea de que la gente no lo quiere o que se ríen de él.

Un día el administrador del Christian Heritage College, mi esposa (que es la encargada del archivo) y yo, almorzábamos juntos en un restaurante. De pronto un joven melancólico, flaco y desvaído, se aproximó a nuestra mesa y nos preguntó: —Perdónenme, pe-

ro ¿se están ustedes riendo de mí?— Por supuesto quedamos de una sola pieza. Finalmente pude decirle:
—Vea, joven, no creo que jamás lo hayamos visto—.
Con eso se excusó y se retiró. Reflexionando sobre el incidente, llegamos a la conclusión de que mientras conversábamos habremos mirado en su dirección, e imaginó que nos reíamos de él. Así son muchas de las cosas en la vida que deprimen a un melancólico.

Perfeccionistas melancólicos

A menudo los melancólicos se deprimen porque son perfeccionistas. A mucha gente le vendría bien una cierta dosis de tendencia perfeccionista, pero el verdadero perfeccionista sufre por ello. En primer lugar se mide a sí mismo con su propia y arbitraria vara de perfección y se descorazona cuando no logra el nivel que se ha propuesto. No se le ocurre que ese nivel es tan elevado que ni él ni nadie podría alcanzarlo. Todo lo contrario, insiste en que su criterio de perfección es realista.

Pero no sólo es un perfeccionista sino también concienzudo y se enorgullece de ser una persona en quien se puede confiar y que hace las cosas con esmero. Por supuesto que todos sus amigos están muy por debajo de ese nivel, de modo que no es raro que se deprima por lo que él es y por lo que son sus compañeros. Rígido e inflexible, le resulta difícil tolerar la más mínima desviación de lo que considera ser la medida de lo excelente.

Tales melancólicos perfeccionistas pueden amar entrañablemente a sus hijos y al mismo tiempo deprimirse por causa de ellos. Los niños son notoriamente desorganizados y es imposible vaticinar lo que harán de un momento a otro; se ajustan a sus propios esquemas e insisten en actuar como niños. A un rígido melancólico le resulta difícil lidiar con semejantes inconsecuencias y de ahí que se deprima. A veces las madres melancólicas se tornan ambivalentes con respecto a sus hijos, amándolos intensamente y al mismo tiempo mostrándose furiosas y amargadas contra ellos. El desaplicado y feliz picaruelo que insiste en caminar por el limpio piso de la cocina con sus chanclos mojados, es una fuente de irritación para cualquier madre, particularmente si es melancólica. Antes de casarse probablemente no podía acostarse de noche si sus zapatos no estaban alineados y el cuarto de baño en perfecto orden. Todo eso lo cambian automáticamente los niños, pero a la perfeccionista le resulta dificilísimo lidiar con semejante cambio; de ahí que el resultado sea la depresión. Se enojan ante la falta de perfección de los demás y se entregan a la autoconmiseración porque se creen los únicos que van en pos de metas elevadas. Tales esquemas de elaboración mental invariablemente llevan a la depresión.

Pero justo es decir de ellos que son tan críticos consigo mismos como lo son con los demás. Por consiguiente tienden a desarrollar un inadecuado punto de vista con respecto a las personas. Desde su más tierna infancia dibujan una imagen de menosprecio en la pantalla de su imaginación. Con la edad, a diferencia de otros temperamentos que aprenden a aceptarse tal cual son, tienden a rechazarse aún más. Por ello aumentan sus períodos depresivos. Si durante la infancia se les permite expresar verbalmente su autocrítica, así lo harán cuándo son adultos. Cada vez que incurren en esa costumbre, graban cada vez más profundamente en sus mentes el espíritu crítico, ¡y los críticos jamás son felices!

Un día tuve la oportunidad de ver este principio en acción. Al someterme al acostumbrado examen en el aeropuerto, antes de tomar el avión, el agente de seguridad comenzó a criticar a todas las personas que volaban en esa línea refiriéndose a ellos como "desaliñados, desconsiderados, desorganizados y desagradecidos". Cerré la boca tanto como pude, pero finalmente, mirándolo con una amplia sonrisa (se puede decir casi cualquier cosa si uno sonríe) le hice la siguiente reflexión: —¡Seguramente usted no es un hombre feliz!— Me miró algo sobresaltado y me preguntó: —¿Por qué me dice usted eso? —Porque critica tanto—, le respondí. —Nunca he conocido a un criticón que sea feliz—. Después de revisar mi equipaje me dijo: —Gracias señor, creo que lo necesitaba—. Para mi gran asombro, al próximo pasajero le dijo: —Hola, ¿cómo está usted? Me alegro que viaje en nuestra compañía—.

No sé por cuánto tiempo se beneficiará con esa experiencia, pero no me cabe la menor duda de que el sentirse feliz o desdichado está en relación directa con el modo en que pensamos y les hablamos a los demás.

Además, los melancólicos no son solamente rígidos y concienzudos perfeccionistas, sino que cuentan con un bajo umbral de ansiedad y tensión. El estilo americano de vida no los hace felices. Tal como lo asegura el Dr. Paul Tournier en el capítulo dedicado a los temperamentos en su libro *The Healing of Persons* (Curación de las personas), vivimos en una sociedad hiperactiva y colérica. Pareciera que la civilización occidental, donde el evangelio de Cristo ha tenido su mayor incidencia y ha ejercido su mayor influencia, refleja una población altamente colérica. Esto sería lo característico de la raza teutónica o nórdica, cuyos pueblos representan un alto porcentaje de temperamentos coléricos. Son los habitantes de Escandinavia, Alemania, partes de Francia, Irlanda e Inglaterra, justamente los países de los cuales proviene la mayoría de los americanos. No es fácil probarlo, pero al parecer los más animosos, vigorosos y coléricos miembros de Europa asentaron en este país. Por consiguiente, la progenie incluiría un alto porcentaje de ciudadanos coléricos e hiperactivos, lo cual pudiera explicar que la nuestra sea una sociedad industrializada y progresista. No es la mejor atmósfera para el melancólico, porque no le interesa lograr una producción masiva, sino perfección y calidad. De continuo se oye al profesional melancólico quejarse: —No contamos con el tiempo suficiente para hacer las cosas bien.

Podría ser la explicación del porqué tantos "hippies" y otros individuos tan ridículos como ellos, se separan del grueso de la sociedad hoy en día. Rechazan su paso acelerado y al observar la ausencia de perfección con los ojos del idealismo, van en pos de una cultura más pasiva. Podría ser una de las razones por la cual hablan en favor de un sistema gubernativo que ha esclavizado a los pueblos a la pasividad en contraste con el sistema de libre empresa, que piensan que los esclaviza atándolos a la actividad.

He observado que un ponderable porcentaje de los jóvenes que reniegan de nuestra sociedad son sumamente sensibles, talentosos e idealistas, que escogen la alternativa del escapismo en lugar de hacer un honesto esfuerzo para modificar la sociedad. El doctor Tournier anota el hecho de que algunas de las culturas indias y orientales les dan mayor prioridad a los individuos místicos o pasivos. Así fue que el Mahatma Gandhi, cuyos ayunos eran un símbolo de la resistencia pasiva, llegara a ser un héroe nacional. Como contraste, en el mundo occidental el héroe es el dinámico y productivo colérico. Cualquiera que sea la causa, el ritmo frenético de nuestra actual sociedad contribuye en gran medida a exacerbar las tendencias depresivas del melancólico.

Tendencia al autosacrificio y a la autopersecución

Dos características del melancólico que están en mutuo cortocircuito son su propensión al autosacrificio y su tendencia a la autopersecución. Si no se cuida, el conflicto lo hará un mártir. De ordinario elige los más difíciles y penosos sitios para practicar su vocación. Cuando otros triunfan y ganan renombre, en lugar de enfrentar de una manera realista el hecho de que fue él quien eligió la senda del autosacrificio, se entrega a la autoconmiseración porque su derrotero lo lleva cuesta arriba pasando por estrechos y peligrosos desfiladeros.

El empeño del melancólico en refunfuñar y criticar no hace más que complicar su manera de pensar negativa y, en última instancia, lo lleva a la desesperación. ¡Es por ello que 1 Tesalonicenses 5:18 puede venir en su ayuda! Si se esfuerza permanentemente en ajustarse a su fórmula, jamás se deprimirá: *"Dad gracias en todo,* porque esta es la voluntad de Dios para con vosotros en Cristo Jesús."

Creatividad del melancólico

Afortunadamente para el melancólico, cuenta con una extraordinaria capacidad para proyectar toda suerte de imágenes en la pantalla de su imaginación. Cuando finalmente comprende que sus sentimientos resultan de lograr sanas imágenes mentales de sí mismo y de las circunstancias que le son propias, está en el camino de la recuperación y de la prevención de futuros brotes depresivos. Los melancólicos se deprimen más que nada por el mal uso que hacen de su imaginación creativa. Y eso ocurre cuando en la imaginativa pantalla de su mente proyectan el negativismo, la autoconmiseración, la desesperanza y la desesperación. Cuando llegan a comprender que sus creaciones mentales pueden actuar en favor o en contra de ellos, se cuidan de proyectar solamente imágenes agradables a Dios. Tales pensamientos levantarán su espíritu, estabilizarán sus cambios de talante y le ayudarán a evitar la depresión.

El flemático y la depresión

El flemático es el tranquilo "rico tipo" que jamás se aturulla. Y aparte de ser una persona serena y de buena disposición, el señor Flemático es un individuo alegre, que trabaja en armonía con los demás, conservador, confiable, ingenioso, con una mentalidad eminentemente práctica. Como por lo general es introvertido, no demuestra ni sus fuerzas ni sus debilidades, como lo hacen los otros tipos temperamentales. Su mayor debilidad es su falta de motivación. Con la mayor afabilidad rechaza una tarea y es propenso a ser terco, mezquino e indeciso. Su rara habilidad para contemplar la vida con los ojos de un espectador lo hace evitar comprometerse con nada. Los flemáticos hacen espléndidos diplomáticos, ya que son pacificadores por naturaleza. Muchos son maestros, médicos, científicos, comediantes y editores de libros y revistas. Cuando son motivados desde el exterior, pueden ser excelentes líderes.

Por lo general no es fácil que los flemáticos se depriman. Su particularísimo sentido del humor le permiten ver la vida con optimismo y se producen muy pocos altibajos en su talante. Podemos conocer a un flemático durante toda una vida y nunca verlo verdaderamente enojado, pues sea cual fuere la circunstancia, tiende mentalmente a disculpar a la persona que lo ofendió, lo injurió o lo rechazó. Para los otros tres temperamentos les resulta increíble la capacidad del flemático para adaptarse a las circunstancias desagradables, que a ellos les darían ocasión de quejarse o criticar tanto mental como verbalmente.

Si alguna vez un flemático sufre un ataque depresivo, generalmente se produce por su falta de agresividad. Ocurre a veces que con su mente práctica y capaz discurre un excelente plan de acción para una tarea determinada, pero debido a su pasividad o al temor de ser criticado por otros, se lo guarda para sí. Si se ve arrastrado por la presión de su familia o de otros grupos a participar de la acción, de pronto se da cuenta de que está ejecutando un plan inferior al suyo. Esto le produce le consiguiente irritación que, cuando le sigue la autoconmiseración, lo lleva en derechura a la depresión. Afortunadamente su depresión no es de larga duración, en la mayoría de los casos, pues a poco andar aparece un fascinante e interesante personaje, llamado ser humano, que lo divierte y entretiene.

En un período crítico de su vida el flemático es vulnerable a la depresión. Durante la quinta o sexta décadas percibe que los otros temperamentos lo han superado, tanto vocacionalmente como espiritualmente, y en todo sentido. Mientras él contemplaba pasivamente el juego de la vida como un espectador, sus más agresivos amigos cruzaban las puertas de la oportunidad. Su tendencia a la seguridad le impidió lanzarse a ciertas temerarias aventuras que le ofreció la vida, y por ello su existencia, durante este período, carece de incentivos. Si se entrega a la autoconmiseración, con toda seguridad caerá en la depresión.

En lugar de echarle la culpa de esta situación a su temor o a su indolencia, le resulta más fácil reprochar a la "sociedad" o a "los frenos" o a "su suerte". Tales personas deberían aprender del Señor Jesús, al comienzo de su vida, a realizar grandes cosas para Dios, pues Cristo dijo: "Conforme a vuestra fe os sea hecho" (Mateo 9:29).

La frustración matrimonial provoca la depresión del flemático

Los flemáticos generalmente hacen excelentes cónyuges. Resulta fácil vivir con ellos y si bien son egoístas, generalmente ceden en una discusión, aunque no sea más que para "evitarse el trabajo". Pero las constantes capitulaciones llevan a la amargura, luego a la autoconmiseración y, finalmente, a la depresión. El único remedio perdurable para el flemático (o para cualquiera de los otros temperamentos) es andar en el Espíritu y aprender a someterse "unos a otros en el temor de Dios" (Efesios 5:21). También debe aprender a rendir sus derechos a Dios y a su cónyuge, y buscar genuinamente la felicidad de su cónyuge. Cuando alguien se casa "por lo que pueda obtener del matrimonio", se llevará una gran desilusión. Pero cuando se propone lograr la felicidad del cónyuge, su propia felicidad está garantizada. El apóstol Pablo dijo: "Todo lo que el hombre sembrare, eso también segará" (Gálatas 6:7). Nunca he podido ver desdichado e infeliz a un cónyuge que hizo cuanto pudo para hacer feliz al otro.

Cuando uno de los cónyuges cede o se rinde al otro, en un buen espíritu, se produce un asombroso efecto en el compañero, mejorando la objetividad, quitando la competencia e inspirando el deseo de responder con la misma amabilidad. Muchas veces tiene el efecto de amontonar "ascuas de fuego" (Romanos 12:20) sobre la cabeza del cónyuge, pues de salirse con la suya en una determinada circunstancia, puede sentirse abrumado por un sentido de culpabilidad, que lo hará menos agresivo o exigente la próxima vez. Pero el interrogante crucial es el siguiente: el ceder ¿nace de la alegría del corazón o de la autoconmiseración? La respuesta determinará si la rendición es seguida o no por depresión.

Los flemáticos deben cuidarse muchísimo a este respecto, porque a menudo ceden para evitar un conflicto, pero con una gran reserva y resentimiento mental. Tras el resentimiento sigue la autoconmiseración, cuya consecuencia es la depresión, que comprometerá la estabilidad emocional.

Los polos opuestos se atraen

Los asistentes a los seminarios sobre vida familiar se ríen con ganas de algunas de mis ilustraciones que muestran cómo se atraen los polos opuestos en el matrimonio. Pero de pronto cesan las risas cuando descubren la patética verdad de que las debilidades de uno chocan con las fuerzas del cónyuge en el tubo de ensayos matrimonial. A menos que las parejas se esfuercen por adaptarse a las formas de ser y hábitos del compañero, no podrán evitar el conflicto.

Las cautivadoras fuerzas que hallamos tan seductivas en nuestros novios o novias antes del casamiento, pueden desaparecer de nuestra vista al ser reemplazadas por el desagradable aspecto de sus correspondientes debilidades, una vez casados. Por una u otra razón ese problema no se anticipó. Puede que hayamos intuido que las fuerzas de nuestro compañero se correspondían con nuestras debilidades, que fue lo que nos atrajo en primer término, pero la satisfacción cede su lugar a la alarma cuando descubrimos que las debilidades del compañero se corresponden con el área de nuestra fuerza. ¡Eso es lo que molesta! Es tan fácil mirar con desprecio y con desdén las debilidades de los demás, ¡cuando cae en el área de nuestra fuerza!

¡Los flemáticos no siempre se casan con coléricos!

Si bien es muy peligroso generalizar sobre la gente, he observado repetidamente que los temperamentos semejantes no se casan. De las 428 parejas cuyos nudos matrimoniales he atado, ninguna según pude apreciar, estaba formada por temperamentos iguales. Esto es particularmente cierto cuando se trata de flemáticos, que generalmente se casan con coléricos. Pero tal unión puede producir su propia predisposición a la depresión.

Si es la esposa la colérica, el esposo flemático puede llegar a la depresión porque "no puedo soportar más las presiones de esta mujer". Lo que antes del matrimonio parecía ser en la mujer un "liderato dinámico y práctico" se transforma, después de casados, en una autocracia mandona y dominadora. Por contraste, la esposa colérica descubre que el "amable, gentil y paciente" novio ha resultado ser un "débil, cachazudo, pusilánime, aburrido" esposo. El vejado esposo flemático rara vez opondrá sus convicciones frente a su enérgica compañera, y se deprime porque ha fracasado en "imponer su masculinidad" y también por sus esquemas de autoconmiseración.

La ofendida y tantas veces criticada esposa flemática de un colérico se entrega a menudo a la autoconmiseración, porque no puede hacer absolutamente nada para satisfacer a su esposo. Según él es "demasiado lenta, cachazuda, sin elevadas miras". Cuando el marido descarga contra ella su bilis, le destruye todo vestigio de autoimagen que pudiera haber tenido cuando se casó, y cuando sus arranques sarcásticos la han vapuleado y le han hecho agachar la cabeza varias veces, la mujer incorpora la depresión a la lista de indeseables características.

No hay duda de que también los flemáticos pueden sufrir crisis depresivas. A veces logran resistir el ataque de la depresión un poco más que los otros temperamentos, pero si descuidan sus recursos espirituales, caerán presa de esa trampa.

El remedio para las debilidades temperamentales

Dios tiene un apasionante plan para superar todas las debilidades temperamentales, aun la depresión. En Efesios 5:18 se refiere al mismo como el de estar de continuo "llenos del Espíritu". Como lo hemos de señalar con mayor abundamiento en un capítulo de más adelante, el ser llenado con el Espíritu Santo produce tres grandes características emocionales:

1. Una canción en nuestro corazón (Efesios 5:19).
2. Una actitud mental de acción de gracias (Efesios 5:20).
3. Un espíritu sumiso (Efesios 5:21).

Cuando estas tres emociones son nuestras, la depresión no se puede instalar. Resulta obvio, por lo tanto, que el remedio para combatir la depresión es el henchimiento con el Espíritu Santo.

¿Toda depresión es causada por la autoconmiseración?

Casi todas las veces que hablo sobre la depresión, alguien con una triste mirada en su rostro me pregunta: —¿No hay ninguna excepción?— Seguramente algunas depresiones reconocen por causa factores orgánicos. Nos hemos acostumbrado tanto a culpar de nuestro comportamiento a otros o a nuestras condiciones físicas, que no nos gusta responsabilizarnos por nuestros actos.

Como ya lo hemos dicho, son muchísimos los médicos que atribuyen la depresión a un desequilibrio glandular, al quimismo corporal o a una cantidad de otras causas. Otros, en cambio, hacen hincapié en los procesos del pensamiento o actitudes mentales y no sobre las glándulas. Admitimos que algunas enfermedades orgánicas afectan nuestros cambios de humor, pero aun éstas pueden ser controladas por una apropiada actitud mental. El siguiente diagrama ilustrará este punto.

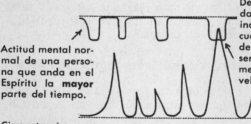

Depresión producida en el punto que indica la flecha, cuando una crisis de la vida se presenta en un momento de bajo nivel espiritual.

Actitud mental normal de una persona que anda en el Espíritu la **mayor** parte del tiempo.

Circunstancias normales de la vida = irregular.

El diagrama muestra con toda claridad la importancia de contar en todo momento con una buena actitud mental. No podemos controlar las circunstancias de la vida, pero por el poder del Espíritu Santo podemos gobernar nuestra actitud mental. Según este diagrama, el individuo incurrió en una deficiente actitud mental tres veces, debido a una negligencia espiritual, a una enfermedad, a un período mensual o ciclo de humor, a cambios hormonales, al pecado u otras causas. Durante los dos primeros períodos de una actitud mental pecaminosa nada ocurrió que pudiera desencadenar la autoconmiseración. Pero en la tercera ocasión, una de esas circunstancias impredecibles tan comunes en la vida chocó con un esquema pensante inadecuado. El resultado predecible fue la depresión.

Cuando el cristiano anda en el Espíritu, mantendrá siempre una adecuada actitud mental, de tal modo que puede alabar y agradecer a Dios aun frente a las circunstancias negativas de la vida. Recordemos que Dios ha prometido no permitir circunstancias negativas por encima de nuestra capacidad de habérnoslas con ellas. Por supuesto que Dios presupone que habremos de mantener una apropiada actitud mental.

¿Cuál es la correcta actitud mental?

Son varios los componentes que conforman una correcta actitud mental. Considerémoslos cuidadosamente para comprobar si contamos con ellos.

1. Total entrega a la voluntad y a los designios de Dios (Romanos 6:11-13; 12:1, 2).

2. Conocimiento de los principios de Dios (Romanos 12:2). Nadie conocerá jamás todos los principios de Dios para vivir de acuerdo con ellos, pero podemos refrescar nuestra mente todos los días, leyendo y estudiando la Biblia.

3. Fe (Romanos 14:23 y Hebreos 11:6). Sin fe es totalmente imposible incorporar a nuestra vida las dimensiones dinámicas de Dios. Si nuestra fe es débil, no esperemos que un milagro la fortalezca. Los siguientes pasos fortificarán nuestra fe.

a. Escuchemos, leamos y estudiemos la Biblia (Romanos 13:10).

b. Oremos para que aumente nuestra fe (1 Corintios 12:31).

c. Andemos en el Espíritu (Gálatas 5:22, 23).

d. Experimentemos la fe (Romanos 1:17). Cada vez que confiamos en Dios por algo, nos resultará más fácil confiar en él la próxima vez.

---

1 Publicado por Tyndale House Publishers, Wheaton, Illinois.

CAPITULO TRECE

Ocultismo y depresión

Por naturaleza mi esposa no es propensa a la depresión. Todo lo contrario, posee una vibrante personalidad que irradia fuerza de carácter. ¡Pero una noche se produjo una excepción! Al volver a casa del trabajo, la encontré aletargada, algo sombría y deprimida. No había comenzado a cocinar la comida para la cena, nada parecía interesarle y exhalaba profundos suspiros. Luego de observarla por algunos minutos le dije: —Algo te ocurre, querida. ¿Qué es lo que te pasa? —No lo sé—, me respondió. —Por no sé qué razón me siento deprimida. —¿Qué has hecho toda la tarde? —Desde que traje a los niños de la escuela, a las tres y media de la tarde, he estado leyendo y poco a poco se instaló esta depresión—, me respondió. Al hacerlo, me entregó una copia de un libro muy en boga sobre ocultismo, satanismo y posesión demoníaca.

Esa experiencia me convenció de la necesidad de incluir en este libro un breve capítulo relativo a los efectos emocionales que produce la literatura ocultista. El libro que ella leía fue escrito por un cristiano como un aporte contra el ocultismo. Al hojear el libro comprobé que el autor relataba su propia experiencia personal y daba minuciosos detalles sobre los ocultos movimientos del reino satánico de la oscuridad. Francamente creo que es muy poco lo que los cristianos deben conocer sobre Satanás y lo oculto, aparte de que es pecaminoso, perjudicial, dañino y algo de lo cual hay que mantenerse lo más alejado posible.

La moda del ocultismo

Desde el momento de su primera rebelión contra Dios, Satanás ha procurado repetidamente destruir a la humanidad. Las culturas primitivas siempre fueron afectas a la magia negra, la brujería y otras formas del ocultismo, y en todos los casos en detrimento de las personas. Cuentan los misioneros, en tétricos detalles, de qué manera el entrar en relación con espíritus inmundos o participar en elaborados métodos de comunicación con los demonios, produce depresión y otras formas de desdicha humana. Preguntas que suelen formularme en los Seminarios de Vida Familiar en distintas partes del país, hablan bien a las claras de la práctica del demonismo y de lo oculto. Estoy persuadido, por lo que he visto, que toda depresión no es el resultado de posesión u opresión demoníaca, pero todo contacto con demonios o espíritus malignos produce depresión. Las personas que consultan a los místicos, a las tablas de escritura espiritista o Tablas Ouija, a las mesas de tres patas, a los que leen las hojas de té o al quiromántico en cualquiera de las grandes ciudades, invariablemente a las pocas horas, tal vez días, se ven dominados por un espíritu depresivo.

Uno de los perjudiciales efectos secundarios de la moda del ocultismo en el día de hoy es el hacer que la gente culpe al exorcismo o al demonismo por su comportamiento. Los individuos iracundos prefieren la vía de la irresponsabilidad y echarle la culpa al demonio por lo que hacen, a reconocer que son personas hostiles.

A veces la depresión induce a las personas a incursionar en el campo del demonismo. Su desdicha autoinducida por largos períodos de autoconmiseración les hacen aferrarse a una fácil salida, en lugar de enfrentarse honestamente con el esquema pensante que los hundió en este pantano de la desesperanza. Algunos recurren a las drogas o al alcohol, pero también tienen a mano los médiums, los místicos y los nigromantes. Muchos deprimidos, apesadumbrados por la pérdida de seres amados, recurren a los médiums para escuchar una vez más la voz de los que han partido. Pero invariablemente, a la larga, agrava la pesadumbre. Tales panaceas pueden dar un temporario alivio, pero complican el problema de la depresión.

Un artículo aparecido en una revista universitaria, citó a Roberta Blankenship, estudiante de primer año, que describió sus experiencias como bruja. Al preguntársele qué común denominador caracterizaba a los que se daban a la brujería, respondió: "En primer lugar, todos están profundamente insatisfechos con la vida tal cual es; muchos son excesivamente emocionales, con algo que falta en el hogar."[1] Con respecto a ella misma, mientras actuaba como bruja, admitió: "Mi depresión era casi insoportable."[2] Evidentemente sus períodos depresivos aumentaron, al grado que ni aun sus brujerías la satisfacían. "Mi embarullado mundo no cambiaba. Mi hogar seguía lleno de odio, carecía de amigos íntimos. Intenté suicidarme."[3]

Si pudiera conocerse toda la verdad, numerosos suicidios reconocerían como causa una depresión inducida satánicamente. Las personas propensas a la depresión creen, erróneamente, que la brujería o el ocultismo les ofrece alivio, pero descubren, al final, que su depresión se agrava. A consecuencia de ello, y totalmente frustrados, pierden toda esperanza y piensan, equivocadamente, que la única salida que les queda es el suicidio. Hal Lindsey en su exitoso libro *Satan Is Alive and Well on Planet Earth* (Satanás está vivito y coleando en el Planeta Tierra), afirma que "...después que Satanás usó a Judas para cumplir sus propósitos, echó mano al poderoso recurso del sentido de culpabilidad para llevar a Judas a la autodestrucción (Mateo 27:5-10). El muchacho poseído por el demonio, de Mateo 17:14, 15, adolecía de una fuerte tendencia a la autodestrucción. Se arrojó al fuego y luego al agua. Este era el resultado de la obra del demonio en su intento de que el niño se dañara o autodestruyera."[4]

Cómo librarnos de la depresión inducida por el demonio

¡Contamos con la certeza de poder ser librados de Satanás! Pero esa liberación se cumple según los términos fijados por Dios, no por el hombre ni por Satanás. Si hemos incursionado en el campo del ocultismo, del demonismo, o de cualquier otro tipo de comunicación o culto satánico, tenemos que romper de inmediato toda relación con ello y volvernos a Cristo. En el caso de no ser cristianos es imprescindible recibirle como Señor y Salvador y pedir a continuación ser llenados con el Espíritu Santo. En el artículo sobre Roberta Blankenship, citado más arriba, se transcribe su entusiasmado informe de la manera en que fue liberada del poder de Satanás: "Hallé a Jesucristo. Me sacó de mi oscuridad. Con gran sorpresa mía, la Biblia tenía las *autorizadas* respuestas a mis problemas. Invité personalmente a Cristo a que entrara en mi vida, y las cosas empezaron a cambiar. Desapareció mi odio, y comenzó a esbozarse un inexplicable amor hacia las personas que odié. *Al dejar de sentir lástima de mí misma, me sentí dispuesta a alcanzar a otros y ayudarles.* Hallé en Cristo un amigo en quien depositar toda mi confianza... Alguien que realmente se preocupaba por mí, sin motivos egoístas. Al abrazarle a él desapareció mi soledad y mi desdicha. Y descubrí que Jesús sigue siendo el gran sanador... no de lo físico, en mi caso, sino de lo emocional. Curó mis arruinadas emociones."[5]

Jesucristo quiere liberarnos a todos de la misma manera que lo hizo con Roberta. La única solución duradera es la que nace del gozo que resulta de una vida llena del Espíritu Santo (Efesios 5:18-21).

Una vez que hayamos recibido a Jesucristo como nuestro Señor y Salvador personal, lo único que nos falta es ser llenados con el Espíritu Santo diariamente y andar en su Espíritu (Gálatas 5:16-24), para vernos libres de los nefastos efectos del ocultismo. Recordemos que los mandamientos de Dios (Efesios 5:18) nunca son imposibles ni difíciles de cumplir. Desde el momento en que nos ordena que seamos llenos del Espíritu Santo, se desprende que es una tarea fácil de realizar. Si hemos examinado nuestros corazones, si hemos confesado todos nuestros pecados conocidos y nos entregamos total e incondicionalmente a Dios, pidámosle ser llenados con el Espíritu y esperemos un notable cambio en nuestras emociones. La mejor manera de acelerar el tratamiento es leer largos pasajes de la Palabra de Dios. Comencemos leyendo repetidamente la carta a los filipenses. Hemos aconsejado a centenares de personas con tendencias depresivas a que lean todas las mañanas la carta a los filipenses durante 30 a 60 días. ¡Las verdades que ahí aparecen, son capaces de cambiar la perspectiva de la vida!

La perfecta obsesión

Durante los veintiséis años que he enseñado la Biblia, muchas veces me han pedido que enseñara sobre Satanás, los demonios y el ocultismo, y algunos de mis amigos me han sugerido que debería hacerlo más a menudo. Como regla general me he negado a ello, porque me parece que les hace mucho daño a los cristianos el pensar demasiado en Satanás. Todas las personas de mentalidad mística y que hablan constantemente sobre el satanismo y los demonios, son tristes y mórbidos. Sabrían el por qué de este fenómeno, si comprendieran las funciones de la mente humana. Como ya lo hemos señalado, todo lo que proyectamos en nuestra imaginaria pantalla mental, influye sobre nuestras emociones. Si no dejamos de pensar en los ardides y recursos de Satanás, naturalmente nos deprimiremos. Por el contrario, nuestro espíritu se alegrará si conscientemente proyectamos la imagen de nuestro Señor Jesucristo y las bendiciones con que nos ha bendecido en nuestra vida. Como un recordatorio de lo que acabamos de decir, la Biblia nos exhorta con las siguientes palabras: "Haya, pues, en vosotros este sentir que hubo también en Cristo Jesús" (Filipenses 2:5); "Puesto los ojos en Jesús, el autor y consumador de la fe . . ." (Hebreos 12:2). Cuando miramos a Jesús, él alivia la presión de nuestras emociones. De ahí nuestra sugerencia que debemos desarrollar el hábito de higiene mental que significa proyectar pensamientos sobre él en nuestra pantalla mental y evitar pensar en Satanás. Todo aquello que ocupa en forma permanente nuestra mente se transforma en obsesión y ejercerá sobre nosotros un indebido control. Nunca cometamos el craso error de caer en el abismo de estudiar demasiado a Satanás y pensar continuamente en él. La única obsesión del cristiano debería ser Jesucristo y el ser llenados continuamente con el Espíritu Santo.

Antes de perturbarnos y aun desmoralizarnos con la idea de que "Satanás me va a agarrar", el cristiano puede lograr madurez mental y emocional preocupándose más bien con la idea de que "Mi Dios, pues, suplirá todo lo que os falta..." (Filipenses 4:19). Después de todo, él nos ha prometido que "mayor es el que está en vosotros, que el que está en el mundo" (1 Juan 4:4). Que nuestra obsesión sea con Jesucristo; así venceremos a Satanás en toda ocasión.

La armadura del cristiano

La Palabra de Dios nos enseña que "resistid al diablo, y huirá de vosotros" (Santiago 4:7). Los medios que tenemos a nuestra disposición para hacerlo, están claramente delineados en Efesios 6 donde se nos habla de toda la armadura de Dios. Es interesante el hecho de que las distintas piezas de la armadura proveen a una adecuada defensa para todo menos para retroceder: "Por tanto, tomad toda la armadura de Dios, para que podáis resistir en el día malo, y habiendo acabado todo, estar firmes. Estad, pues, firmes, ceñidos vuestros lomos con la verdad, y vestidos con la coraza de justicia, y calzados los pies con el apresto del evangelio de la paz. Sobre todo, tomad el escudo de la fe, con que podáis apagar todos los dardos de fuego del maligno. Y tomad el yelmo de la salvación, y la espada del Espíritu, que es la palabra de Dios; y orando en todo tiempo con toda oración y súplica por todos los santos" (Efesios 6:13-19).

Es la Palabra de Dios la que le entrega al cristiano todas las piezas de la armadura para su guerra espiritual. Por ello resulta esencial leer diariamente la

Palabra de Dios como alimento espiritual, de la misma manera que todos los días se ingiere comida como alimento corporal. Los anémicos cristianos cuyas mentes consumen diariamente el alimento carnal de la televisión, la cinematografía, la pornografía y el materialismo, resultan fácil presa del diablo. Pueden preocuparse por su existencia, pueden estudiar sus métodos y pueden ser conocedores de su programa y, a pesar de todo ello, pueden ser derrotados por él.

Por contraste, el cristiano que permite que el "sentir que hubo en Cristo Jesús" sea su armadura por medio de la diaria lectura de la Biblia y por la obediencia a sus enseñanzas, triunfará en su batalla contra Satanás, logrando la victoria que se obtiene sólo mediante Jesucristo. Cada vez que el cristiano peca o es herido por los dardos de Satanás, no debe inclinarse ante su adversario, sino que debe reconocer que la derrota es inminente si no se apropia de la armadura espiritual de la palabra de Dios.

Si somos propensos a la depresión o si vemos que el leer material sobre el ocultismo ejerce una influencia deprimente sobre nosotros, lo mejor que podemos hacer la próxima vez que seamos tentados a leer un artículo o un libro sobre Satanás o lo oculto, es sofocar el deseo y leer Filipenses, Efesios, 1 Juan y el Sermón del Monte. Nuestro espíritu se sentirá aliviado y nuestras emociones fortalecidas.

---

[1] "The Campus Life Forum: Does This Girl Look Like a Witch?" (¿Se parece esta joven a una bruja?) *Campus life*, p. 16. Reimpreso por permiso de la revista *Campus Life*, Copyright 1973, Juventud para Cristo, Internacional, Wheaton, Illinois.

[2] *Ibid.*, p. 14

[3] *Ibid.*, p. 13

[4] Hal Lindsey, *Satan Is Alive and Well on Planet Earth* (Satanás está vivito y coleando en el Planeta Tierra), (Grand Rapids: Zondervan, 1972), p. 157.

[5] "The Campus Life Forum: (Foro universitario) Does This Girl Look Like a Witch?" (¿Se parece esta joven a una bruja?), p. 18.

CAPITULO CATORCE

Música y depresión

La música tiene un efecto mucho mayor sobre las emociones humanas de lo que la gente cree, pues puede vigorizar, levantar los ánimos, deprimir y, en ciertos casos, agravar el cuadro. No solamente puede crear disposiciones de ánimo, sino también perpetuarlas o eliminarlas.

Para comprobar el poder que la música ejerce sobre la gente, basta ver lo que ocurre durante un desfile. Sus talantes cambian con las diversas tonadas que ejecutan las distintas bandas. El cuerpo tiende a mecerse o a pulsar rítmicamente en relación directa con la música, sea folklórica, patriótica, cadenciosa o frenética.

Hasta que los modernos métodos de comunicaciones posibilitaron la difusión de todo tipo de música en el mundo, pareciera que cada cultura cultivó su propia música. En cierta medida, la civilización occidental brindó la más alta expresión musical. El arte musical no se desarrolló plenamente en un alto grado de perfeccionamiento en otros países, debido a la influencia de las diversas religiones de sus respectivas culturas.

La música alegre se vio limitada casi exclusivamente a la civilización occidental, en razón de que hasta hace pocos años el cristianismo y el judaísmo ejercieron su máxima influencia sobre la música occidental. El paganismo, principal factor de influencia sobre la música en otras partes del mundo, se vio siempre dominado por la endecha y el canto. Esa música utiliza mayormente los tonos menores o tristes.

En el Antiguo Testamento, los hombres expresaban por medio del canto una alborozada relación con Dios. El Nuevo Testamento menciona el hecho de que la primera característica o evidencia del Espíritu Santo en la vida de un cristiano es un cántico en el corazón y una alabanza por medio de una melodía (Efesios 5:18-20). Como resultado de ello, el cristianismo ha contribuido al mundo algunas excelsas páginas musicales, ideadas por Dios como instrumento de bendición para las emociones humanas.

En un capítulo anterior demostramos que las emociones del hombre son influenciadas por su mente. La música es una excepción a esa regla pues, al igual que los medicamentos, puede ejercitar su influencia sobre las emociones pasando por alto la mente. Es por ello que así como regulamos el tipo de medicamentos que consume la familia, es importante que regulemos el tipo de música que escuchamos en nuestros hogares.

La música afecta nuestras disposiciones de ánimo

En esta era de la depresión, la música moderna tiende a ser deprimente, sea porque los autores están deprimidos y la música refleja sus talantes, o porque la música en sí misma es deprimente. Muy a menudo las dos causas son válidas. Algunos culpan a Satanás por este uso perjudicial de la música, en un intento de desmoralizar a la gente. Me inclino a creer que es el natural resultado de eliminar a Jesucristo de la vida de uno.

Al analizar cuidadosamente la letra de muchas canciones populares, se constata que su tema está compuesto de quejas y lamentaciones. Lo tétrico y lo desastroso pareciera ser el ominoso elemento constitutivo de la música moderna. ¡Lo último que se le debe ofrecer al deprimido es este tipo de música! Pero aunque parezca raro, debido a su talante deprimido, puede que prefiera esa música.

Debido al control ateo de los medios de comunicación, lo que antes fue la alegre música occidental, está degenerando rápidamente semejándose a las tonadas que escuché en la India, el Africa y la China. A menos que el músico sea llenado con el Espíritu Santo, creará música morbosa, pesimista y negativa, con cadencias perjudiciales. Hoy en día necesitamos el retorno a una música feliz.

Un cierto día al abandonar en mi vehículo el cementerio de Forest Lawn, en Los Angeles, me asombré porque lo hacía cantando. Tuve el privilegio de participar de un servicio funerario por la muerte de un querido amigo y maestro que ejerció una significativa influencia espiritual en mi vida. Mi primera reacción al darme cuenta de que cantaba, fue de culpabilidad, porque tradicionalmente se supone que estemos tristes al despedir los restos mortales de alguien que amamos. Pero al reflexionar un poco, comprobé que lo que yo entonaba era el eco del coro del "Aleluya", que se cantó al finalizar el servicio religioso. El jubiloso canto que declara el triunfo del cristiano sobre la muerte suplantó con gozo a la tradicional tristeza.

Ha quedado perfectamente establecida la capacidad de la música para afectar nuestro talante. Y esto que decimos se remonta a los tiempos del rey Saúl, de Israel, quien cuando el "espíritu malo" venía sobre él (probablemente un espíritu depresivo), llamaba a David, el dulce salmista de Israel, para que tocara con su arpa. Las hermosas melodías del arpa ejecutadas por un músico espiritual, tenían un efecto calmante sobre el humor de Saúl (1 Samuel 16:23).

Música en el hogar

En todos los hogares debería haber música a raudales, pero no cualquier tipo de música. La música sana e inspiradora tiene la facultad de reducir las fuentes menores de irritación y los desagradables ruidos del hogar. Además, puede mejorar el humor de los niños y adultos. Dado que las mañanas de los domingos parecieran fomentar tanta irritación y conflicto en los hogares cristianos cuando la familia se apura a tomar el desayuno y a dar los toques finales a ciertas cosas que quedan por hacer, y finalmente sale desordenadamente rumbo a la escuela dominical, el padre inteligente, consciente de este barullo dominguero, pero también consciente del efecto tranquilizador de la música, conecta la radio o el tocadiscos con melodías de alabanza y exaltación. ¡Nadie que escuche "Castillo fuerte es nuestro Dios" o "Jesús reinará", puede quejarse mientras toma el desayuno!

Alguien que estudió a fondo la influencia que la música ejerce en el hogar, sugirió que debemos tocar música estimulante por la mañana, música actica a medio día y música reposada por la noche. Estamos convencidos de que una de las mejores maneras en que una familia cristiana puede contrarrestar la casi universal tendencia de la juventud por la música estridente o las baladas pesarosas, que generalmente van en detrimento de su desarrollo emocional, es proveerles una alternativa creadora. Es la única manera de estimularlos a un sano apetito por buena música.

Si nosotros, o algún miembro de la familia, somos propensos a la depresión, debemos escoger cuidadosamente la música que llevamos al hogar. Asegurémonos de que tenga un efecto gozoso y de exaltación sobre nuestra emociones. No permitamos que sean las circunstancias las que determinen la música que escojamos, y rechacemos toda música que haga juego con nuestro estado de ánimo. Busquemos la música que ejerza una influencia positiva en nosotros y en los miembros de nuestra familia.

Difícilmente encontramos un lugar menos apropiado para cantar que la celda de una prisión. Sin embargo, el apóstol Pablo, junto con Silas, su compañero de viaje, utilizaron tal ocasión para reconfortar su espíritu por medio del canto. El capítulo 16 de Hechos de los Apóstoles, relata su encarcelamiento por predicar el evangelio y arrojar fuera un espíritu maligno que moraba en una joven. No solamente fueron confinados a una celda carcelaria, sino castigados brutalmente y con sus manos y pies en un cepo. En lugar de quejarse a Dios y sentir lástima de sí mismos, comenzaron a cantar y alabar al Señor. El resultado de esa actitud les permitió adquirir un marco espiritual apropiado que les capacitó para ser instrumentos de Dios en llevar al primer europeo al conocimiento salvador de Jesucristo, lo que mantuvo y elevó más aún su alegría y buen humor.

La Biblia nos enseña que un corazón libre de culpa y en concordancia con Dios, engendra un espontáneo y gozoso himno de acción de gracias. Una vida y un corazón vacíos de Dios, tienden a producir y a responder a una música disidente y quejumbrosa. El autor de Proverbios 29:6 explica que "el justo cantará y se alegrará", y a lo largo de toda la Biblia encontramos la verdad de que la relación de las personas con Dios y el conocimiento de sus maravillosos caminos y obras, engendran cantos. Consideremos los siguientes pasajes: "Cantad salmos a Jehová, porque ha hecho cosas magníficas; sea sabido esto por toda la tierra" (Isaías 12:5). "Cantad loores, oh cielos, porque Jehová lo hizo; gritad con júbilo, profundidades de la tierra; prorrumpid, montes, en alabanza; bosques y todo árbol que en él está; porque Jehová redimió a Jacob, y en Israel será glorificado" (Isaías 44:23).

El gran cantor de Israel exclamó: "Cantad alegres a Dios, habitantes de toda la tierra. Servid a Jehová con alegría; venid ante su presencia con regocijo. Reconoced que Jehová es Dios; él nos hizo, y no nosotros a nosotros mismos; pueblo suyo somos, y ovejas de su prado. Entrad por sus puertas con acción de gracias, por sus atrios con alabanza; alabadle, bendecid su nombre. Porque Jehová es bueno; para siempre es su misericordia, y su verdad por todas sus generaciones" (Salmo 100).

El resultado emocional de una música gozosa y estimulante es altamente beneficiosa, similar al que se obtiene por la acción de gracias y por la conversación. Una música apropiada ayudará a nuestro bienestar y a evitar la tendencia depresiva. De la misma manera que la depresión alimenta a la depresión, el gozo alimenta el gozo. La música puede coadyuvar a crear una excelente actitud mental, la cual al acompañarse de un adecuado esquema pensante nos ayudará a evitar la depresión.

CAPITULO QUINCE

Diez pasos para vencer a la depresión

Nadie disfruta de la depresión, si bien todos han sido sus víctimas en algún momento de su vida. A algunos los afecta más que a otros, según sea el grado de autoconmiseración en que hayan incurrido. A esta altura de nuestro estudio ya hemos aclarado suficientemente que la depresión no se instala a consecuencia "del quimismo corporal", "de los demás" o "de las presiones de la vida", sino de nuestra propia actitud mental hacia las tensiones que inducen a la depresión.

Mi propósito al escribir este libro es demostrar que la depresión no es algo inexorable sino que, por el contrario, puede evitarse. Este capítulo trata de los diez pasos a dar para evitar el problema. Centenares de personas han dado esos diez pasos y pueden certificar su veracidad.

Una joven de 24 años de edad que vino a verme en mi calidad de consejero, admitió que estaba deprimida desde hacía años. Durante los cuatro últimos años le aplicaron treinta veces electroshock, sin resultados positivos. En realidad su problema se le complicó por la pérdida de la memoria. Debido a su depresión perdió por lo menos dos años de su vida en sanatorios.

Al mirar el rostro de esta atractiva joven, no pude menos que pensar que configuraba un caso típico de los deprimidos graves. Para empezar, digamos que pertenecía al tipo temperamental predominantemente melancólico; en consecuencia era negativa, sensible y excesivamente ocupada consigo misma. Por añadidura había perdido toda esperanza en el futuro. Producto de un hogar destruido, tanto sus padres como sus hermanos y hermanas la rechazaban.

El primer paso en su notable recuperación lo dio Beth cuando aceptó a Jesucristo como su Señor y Salvador personal. El le dio la certeza del amor y del perdón que siempre anheló. También le dio el poder necesario para superar sus esquemas pensantes de resentimiento y autoconmiseración. Al darle la capacidad de perdonar a sus padres, arrancó de raíz la amargura que la tuvo paralizada por tantos años.

Tres meses después de su conversión suspendió los medicamentos recetados por su siquiatra y experimentó la mejor estabilidad emocional de su vida. A sugerencia nuestra visitó nuevamente al siquiatra, pues ella se sentía culpable por no haberle comunicado formalmente la terminación de su tratamiento. El se alegró muchísimo ante el cambio de su paciente y llegó a la conclusión de que el éxito se debía a la feliz combinación de la terapia medicamentosa y la sicoterapia. Cuando le informó que se había convertido a Cristo y que Cristo le había dado un nuevo estilo de vida, seguramente se sintió amenazado, pues la trató pésimamente, con una absoluta falta de ética profesional. Le advirtió que "¡no duraría!, que el cristianismo era sólo una muleta, y que tendría que volver a su consultorio en pocas semanas más". Ella le informó que había suspendido los medicamentos y que dormía mejor que nunca, pero él ridiculizó tanto su fe como su inteligencia.

Afortunadamente Beth se dirigió directamente a mi oficina. Necesitaba un poco de seguridad bíblica ante su desgraciada experiencia. Una vez más repasamos los mismos pasos a dar que la ayudaron a superar su depresión. Poco a poco recuperó su confianza y su gozo, y abandonó mi oficina para continuar viviendo la abundante vida cristiana que el Señor ha prometido a todos sus hijos que aceptan sus condiciones. Si su experiencia con Cristo es solamente una "muleta", tiene que ser una muleta muy buena, pues hace casi un año que no ha sufrido ninguna depresión, a pesar del hecho de haber empeorado las circunstancias familiares y las condiciones de vida en su hogar.

La depresión de algunos de los lectores o de alguno de sus seres queridos, que los llevó, justamente, a leer este libro, seguramente está lejos de tener la gravedad que tuvo la de Beth. Estos pasos a dar para obtener la victoria sobre la depresión, que fueron tan efectivos para ella, tendrán el mismo resultado beneficioso para todo aquel que decida darlos.

1. *Aceptar a Jesucristo como Salvador personal.* Con todo el respeto debido al vigor mental y a la fuerza de voluntad de mis lectores, quiero decirles que no tienen la capacidad necesaria para escapar a la depresión sin la ayuda de Dios. Uno de los trágicos errores de la sicología moderna, de la motivación por el éxito, y de otras formas humanísticas de autoperfeccionamiento, radica en la presunción de que el hombre no necesita de la ayuda de Dios para sacarlo de la depresión. Jesucristo dijo "...sin mí nada podéis hacer" (Juan 15:5), y esto es particularmente cierto tratándose de la depresión. Si queremos anticipar una victoria perdurable sobre la depresión, debemos comenzar invitando a Cristo a morar en nuestra vida. Una vez dado este paso, según la experiencia descrita en el capítulo 6, contaremos con el recurso divino que nos capacitará para dar los nueve pasos restantes y obtener la victoria contra la depresión. En el caso de no contar con la seguridad de esa experiencia, nuestro consejo es caer de rodillas e invitar a Cristo personalmente a que entre en nuestra vida. Contemos como segura la promesa de que "todo aquel que invocare el nombre del Señor, será salvo" (Romanos 10:13).

2. *Andar en el Espíritu.* Aceptar a Jesucristo como nuestro Salvador personal y andar en el Espíritu diariamente, no son experiencias idénticas. La última, por supuesto, será posibilitada por la primera. Hay que seguir al pie de la letra los pasos a dar para

ser llenados con el Espíritu, según lo explicamos en el capítulo nueve.

El paso a dar más importante para ser llenado con el Espíritu es la total entrega de nuestra vida a Cristo. Una vida egoísta siempre termina en depresión. El hacer que Cristo sea el diario Señor de nuestra vida nos capacita para evitar la autoconmiseración, el desenfreno, el egocentrismo y todas las numerosas expresiones del egoísmo.

¿Quién controla nuestra vida?

No es difícil determinar en algún momento dado si nuestra vida está entregada a Cristo. Sabremos la respuesta con sólo preguntarnos "¿Quién controla mi vida en este momento?" El trono simboliza el libre albedrío del hombre. Solamente cada uno de nosotros o Jesucristo puede sentarse como Señor de nuestro trono en un determinado momento. La "E" en el trono de un cristiano carnal representa su ego. Cristo está en su vida pero no se le permite controlarla. Ese tipo de vida, tan frecuente por desgracia, conforma una existencia desdichada. Los cristianos que no sueltan el timón de su vida, son improductivos y sin atractivos. Nada hay en su vida que hable del cambio que puede brindar Cristo, pues su programa autodirigido y su perspectiva egocéntrica son un mentís a su posición como nueva criatura en Cristo Jesús. Algunos hasta se animan a pedirle a Dios que bendiga sus egoístas propósitos, pero ello no los salva de la desdicha y la vacuidad.

La vida controlada por Cristo vence a la depresión. Jesucristo, por medio de su Espíritu Santo, se sienta en el trono de tal persona y dirige sus pensamientos, sentimientos y acciones. En la vida tomamos un incontable número de decisiones, grandes y pequeñas. ¿Dónde hemos de vivir? ¿Cuál es nuestra vocación? ¿Con quién nos casaremos? Y todas esas decisiones las habremos de tomar nosotros o las tomará Cristo. Una vida de fe y entrega a Cristo deposita todas las decisiones en sus manos. La Biblia enseña que: "Reconócelo en todos tus caminos, y él enderezará tus veredas" (Proverbios 3:6).

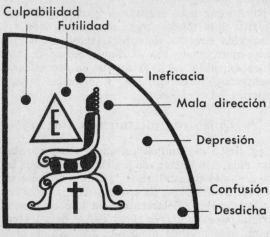

Culpabilidad
Futilidad
Ineficacia
Mala dirección
Depresión
Confusión
Desdicha

CRISTIANO CARNAL

El dibujo que insertamos describe el proceso de tomar decisiones, en el cual cada uno de los puntos representa una decisión en la vida.

El cristiano carnal decide su propia vida y toma sus propias decisiones, en tanto que el cristiano puesto bajo el control de Cristo las deposita en las manos de Jesús y en espíritu de oración pregunta: —Señor Jesús, ¿cómo quieres que actúe en esta situación? ¿Quieres que acepte el puesto que me han ofrecido? ¿Cómo quieres que responda a mi esposa, a mi esposo, a mis hijos, a mi jefe, o a mi vecino?

En el dibujo vemos con toda claridad las diferencias prácticas entre los dos estilos de vida. El autorregulado lleva una vida desdichada. En cambio, el que es controlado por Cristo lleva una vida dinámica. Una se caracteriza por el desorden y la confusión, con el yo que camina a los tumbos de crisis en crisis. La vida controlada por Cristo se desliza en paz y en confianza, y evita muchas crisis (porque está dirigida sobrenaturalmente) y con toda confianza enfrenta las inevitables crisis que sobrevengan. Tales creyentes confían en que su director suplirá abundamentemente todas sus necesidades.

Al volver de practicar esquí acuático con mis hijos, en la bahía de San Diego, nos dimos con un estudiante universitario llamado Bill. Me contó cuánto le signicaba Cristo personalmente y de qué manera controlaba íntegramente su vida. Al no verlo en el culto durante varias semanas, le pregunté a qué iglesia asistía regularmente. (He descubierto que los cristianos no pueden andar por mucho tiempo en el Espíritu a menos que asistan *regularmente* a una iglesia con bases bíblicas, donde puedan alimentar su mente, su corazón y su espíritu con la Palabra de Dios.) Me contestó: —Ultimamente no he asistido a ninguna. —¿Qué haces los domingos por la mañana, Bill?— Su respuesta fue honesta: —Me quedo durmiendo. —Pero me dijiste que Jesucristo controla tu vida—. Con un dejo de mal humor en su voz me contestó: —No es obligación asistir a la iglesia para ser un buen cristiano. —No—, le dije —pero si Jesucristo controla tu vida a las 9 y 30 horas los domingos por la mañana, ¿dónde quisiera él que estuvieras?— Salió a la superficie la sutil elaboración mental de autoindulgencia, al responder: —El domingo es el único día en que puedo dormir. Trabajo y estudio durante toda la semana, y creo que merezco un día para descansar y dedicarme a mis cosas—. Cuando le llamé la atención al hecho de que su excusa contenía implícitos cinco pronombres personales y que excluía totalmente a Jesucristo, comprendió de pronto que nunca había consultado con Jesucristo sobre sus decisiones respecto al domingo por la mañana.

Yo estaba en ventaja, durante esa conversación, pues sabía bien cuál habría sido la decisión de Cristo. Hebreos 10:25, dice así: "No dejando de reunirnos, como algunos tienen por costumbre, sino exhortándonos; y tanto más, cuanto veis que aquel día se acerca."

Cada vez que debamos tomar una decisión en nuestra vida, debemos preguntar en espíritu de oración: —Señor Jesús ¿qué debo hacer al respecto?— Por lo general recordamos de pronto un versículo de la Escritura o un principio bíblico que nos ilumina. Si actuamos a la luz de ese versículo o de ese principio, tomaremos las decisiones adecuadas; si no lo hacemos así, una vez más caeremos en el hoyo del error. Nunca formulemos la pregunta en los términos de: —¿Qué he de hacer al respecto?— La verdadera madurez espiritual, producto de un prolijo estudio de la Palabra y de un continuo andar en el Espíritu, se manifestará cuando haya perfecta concordancia entre la voluntad de Cristo y nuestra voluntad.

Las personas propensas a la depresión deberían escudriñar sus procesos pensantes para determinar si están controlados por Cristo. Su control no permite pensamientos de autoconmiseración y, consecuentemente, la vida controlada por Cristo es una vida libre de depresión.

Resultados de una vida llena del Espíritu

Si bien todo el mundo quiere gozar de los beneficios de una vida llena del Espíritu, pocos son los que la experimentan. Nunca he conocido a nadie que deliberadamente resuelva vivir como un desdichado, pero la mayoría de la gente lo hace. Al dirigir con egoísmo su propia vida, crean un cúmulo de perturbaciones desordenadas.

A este respecto Efesios 5:18-21 resulta ser un pasaje crucial para los cristianos. Habría que memorizarlo y repetirlo diariamente. Después de ordenarnos estar permanentemente llenos (o controlados) por el Espíritu, especifica sus resultados. Anotémoslos cuidadosamente:

Versículo 19: una canción en nuestros corazones
Versículo 20: una actitud de acción de gracias
Versículo 21: un espíritu sumiso

¡Jamás será desdichada la persona que tenga una canción en su corazón, una actitud de acción de gracias y un espíritu sumiso! Asimismo nadie será feliz sin ello. ¿Y no es la felicidad lo que *todos* quieren en la vida? Desgraciadamente la gente trata de lograr su felicidad por los canales mentales, emocionales y físicos que ofrece la vida, pero no es allí donde se la encuentra. La felicidad duradera la hallaremos solamente cuando dejemos que Cristo dirija todas nuestras decisiones.

3. *¡Perdonar a quienes pecan contra nosotros!* Es imposible andar en el Espíritu por un prolongado período de tiempo si nos negamos a obedecer la orden de Cristo de "perdonar a quienes nos ofenden" (Mateo 6:12). Las personas propensas a la depresión no olvidan nunca el hecho de que un ser amado o un pariente los rechazó o los ofendió en algún momento de su vida. En tanto no perdonen a esa persona, jamás conocerán una victoria perdurable sobre la depresión. Tampoco lograrán madurez espiritual. Dijo Jesús: "Porque si perdonáis a los hombres sus ofensas, os perdonará también a vosotros vuestro Padre celestial: *mas si no perdonáis a los hombres sus ofensas, tampoco vuestro Padre os perdonará vuestras ofensas*" (Mateo 6:14, 15).

El espíritu no perdonador de un cristiano carnal es perjudicial en lo espiritual, mental, emocional y físico. Sin duda todos hemos oído la expresión de "¡me hace hervir la sangre en las venas!" No se da cuenta la persona que así habla de que la amargura que anida en su mente destruirá su relación tanto con Dios como con los hombres. Las actitudes implacables nunca se limitan a una persona. Como el cáncer en el cuerpo, es una enfermedad mental que se alimenta de sí misma hasta que escinde la expresión de amor y otras sanas emociones. Además transforma al sujeto en un inválido, fácil presa de arrebatadas pasiones. La amargura se expande y se intensifica con el correr de los años, hasta que las provocaciones más insignificantes despiertan su espíritu rencoroso. He podido comprobar que un esquema pensante de amargura implacable contra alguien que odiamos, puede disminuir o limitar nuestras expresiones de amor por las personas a quienes realmente queremos.

Si de verdad ansiamos librarnos de la depresión, debemos preguntarnos: —¿Existe alguien a quien nunca hemos perdonado? En caso afirmativo, debemos confesar de inmediato ese pecado a Dios y pedirle que nos quite ese esquema mental. Si la persona involucrada sabe de nuestro resentimiento o amargura contra ella, debemos pedirle disculpas preferiblemente en forma personal o, de lo contrario, por carta. Admitimos que es un gesto muy difícil, pero es esencial para lograr la estabilidad emocional.

Una pareja cristiana acudió a verme en mi carácter de consejero matrimonial, y a primera vista parecía que los problemas que los afectaban eran superficiales. Pero al hablar más a fondo con el hombre, que parecía ser la principal fuente de fricción en el hogar, descubrí que años atrás había tenido una trágica experiencia con un socio comercial y durante muchos años alimentó su indignación e incurrió en la autoconmiseración. Su resentido esquema mental no solamente era un pecado, sino que se le había hecho un hábito que arruinaba su relación con otra gente, incluida su esposa. Y probablemente esa amargura era la principal razón por la cual el hombre nunca había llegado a ser un cristiano maduro y eficiente. Finalmente, al reconocer su problema, tuvo una entrevista con el hombre de marras y le pidió su perdón. Con gran asombro descubrió que 18 meses antes ese hombre se había convertido a Cristo y vivía apesadumbrado por una sensación de culpabilidad. Hoy en día se tratan como amigos y ha desaparecido una de las principales causas irritativas en la vida matrimonial de esa pareja. El haber arrancado esa raíz de amargura mejoró notablemente su esquema pensante y fortaleció a tal grado su vida espiritual y emocional, que sus socios en la empresa comercial han notado el cambio producido en él.

Muchas veces las causas que provocan la amargura no son reales, sino que existen solamente en la imaginación de los sujetos. Una joven profundamente deprimida vino a verme después de una ruptura explosiva de su noviazgo. Al considerarse culpable del hecho llegó a la conclusión de que tenía una actitud anormal hacia el sexo opuesto. La muchacha creía que no era normal sentirse tan fría e indiferente con relación al matrimonio y por ello vino a consultarme. La conocía lo suficientemente bien para saber que provenía de un hogar donde había sido criada por su madre divorciada que todo lo había sacrificado por su hija durante su niñez. Cuando la niña cumplió doce años de edad la madre se volvió a casar, con un excelente cristiano que la adoptó como si fuera una hija e hizo lo mejor que pudo para criarla como tal.

Ahora a los 19 años de edad, a esta joven la consumía un espíritu de amargura contra su amante y dedicada madre porque "anula y domina cada una de sus decisiones". Desgraciadamente la madre, al culparse por la ruptura de su primer matrimonio, quiso compensar su actitud entregándose de lleno a su hija, con el resultado de que la protegió en demasía. (El padre o la madre que quedan solos y deben criar a sus hijos, deben recordar que Dios es capaz de suplir a las necesidades de la criatura aún faltándole el cónyuge.) Un engreído estudiante de segundo año, con un libro de sicología bajo el brazo, le informó que dependía demasiado de su madre. De ahí que la muchacha armó toda una estructura de resentimiento que ahogó la normal expresión de sus emociones hacia los demás. Logró su restauración espiritual, emocional y mental cuando confesó su pecado de resentimiento e ingratitud hacia Dios y cuando escribió una carta a su madre pidiéndole perdón por su actitud.

Alguien, con toda sabiduría ha dicho que: "Perdona o muere". La mente humana tiene una estructura tal, que si prolongamos por mucho tiempo nuestro odio y amargura contra alguien, terminarán destruyéndonos.

4. *Renovemos nuestra mentalidad diariamente.* Como ya lo hemos dicho, la única manera de transformar nuestra vida en forma perdurable, es renovando nuestra mente con la palabra de Dios. Los caminos de este mundo son tan opuestos y contrarios a los caminos de Dios, que resulta casi imposible encontrar ayuda espiritual en el mundo secular. Por lo tanto, así como alimentamos nuestro cuerpo diariamente, deberíamos alimentar nuestra mente con elementos que contribuyan a su desarrollo espiritual. Toda la sabiduría proviene de Dios y la encontramos en su biblioteca de verdades divinas que se llama la Santa Biblia. Solamente leyendo, estudiando, meditando, memorizando y escuchando su sabiduría llegaremos a ser los cristianos maduros que Dios quiere que seamos, establecidos en la fe y capacitados para superar las tendencias que nos llevan a la depresión.

5. *Formar todos los días imágenes creativas por medio de la oración.* En el capítulo 11 analizamos la importancia de idear todos los días sanas imágenes de nosotros mismos y de nuestras metas en la pantalla de nuestra imaginación. A modo de síntesis, lo siguiente sugiere un breve método paso a paso. (Estos son los diez pasos para obtener la victoria sobre la depresión).

a. *Aceptarnos como criaturas de Dios.*

Agradezcámosle a Dios que somos un objeto de su amor y que nos hizo tal cual somos. Hagámonos el propósito de agradecerle especialmente por la parte de nuestra naturaleza o de nuestro aspecto que en alguna medida lamentamos que sea como es. Desde el momento en que es Dios quien controla los genes, durante la concepción, constituye un acto de desobediencia resentirnos por las áreas de nuestra vida que no pueden ser cambiadas. Agradezcámosle por lo que somos y confiemos en él para que nos haga la persona que él quiere que seamos.

b. *Aceptemos el perdón de Dios por nuestros pecados.*

Por supuesto que si constatamos pecados en nuestra vida debemos confesarlos. Cuantas veces nos examinamos en la pantalla de nuestra imaginación, naturalmente enfocaremos nuestra atención en los errores y pecados del pasado. Una vez confesados demos gracias a Dios por su perdón. El aceptar el perdón de Dios significa que nos veremos vestidos con la justicia de Jesús y no con los harapos de nuestros pecados. "El que venciere será vestido de vestiduras blancas; y no borraré su nombre del libro de la vida, y confesaré su nombre delante de mi Padre, y delante de sus ángeles" (Apocalipsis 3:5).

c. *Superponer a Dios sobre nuestra autoimagen.*

Agradezcamos a Dios, de una manera real y práctica, por su presencia en nuestra vida, recordando, como lo hizo el apóstol Pablo, que "Todo lo puedo en Cristo que me fortalece" (Filipenses 4:13).

d. *Visualicémonos a medida que Dios nos moldea.*

No cedamos a la tentación de vernos a la luz de fracasos pasados, sino mirémonos como creciendo y madurando en la medida en que nosotros y Dios lo deseamos. Una madre confinada a una pequeña casa con tres niños en edad preescolar, descubrió que esta práctica le era útil para aprender a controlar su genio. Por un tiempo se vio a sí misma, en la pantalla de su imaginación, como una madre irracional y de mal genio, que perdía a cada rato su control, debido al duro trabajo que le exigían sus hijitos. Mientras más se veía en esa luz, más actuaba de ese modo. Pero cuando comenzó a visualizarse todos los días como Cristo hubiera querido que lo hiciese, gradualmente aprendió a responder con más paciencia y amabilidad, en obediencia al control que el Espíritu ejercía sobre su vida. Por consiguiente, mientras más paciencia demostraba, más reforzaba la imagen positiva en la pantalla de su imaginación. A su vez esto le facilitaba el controlarse y ser más paciente. La Biblia nos dice: "Haya, pues, en vosotros este sentir que hubo también en Cristo Jesús" (Filipenses 2:5). Pensemos en nosotros mismos como un reflejo de la mente de Cristo. ¿Cómo trataría él a los niños en tales y cuales circunstancias? O ¿cómo le contestaría él a un jefe iracundo o a un padre dominante? Visualicémonos reaccionando como lo haría Cristo y poco a poco lo haremos igual.

e. *Visualicemos por fe las metas fundamentales de nuestra vida y anotémoslas.*

Si anotamos en un papel nuestros objetivos, activamos a nuestro subconsciente para que nos recuerde las cosas que debemos hacer en cumplimiento de nuestras metas. Orando por ellas con fe requerimos el poder de Dios para posibilitar el logro de lo imposible.

f. *Seamos siempre positivos.*

No hay lugar para el negativismo en la vida de un cristiano. Ligados como estamos al divino poder de Dios, no debemos anticipar otra cosa que el éxito. Evitemos al quejoso, al insistente y al crítico; sobre todo evitemos imitarlos. El director de personal de una gran empresa, que sabía de la poderosa influencia que el negativismo ejerce en la gente, me explicó por qué prefirió un hombre a otro para una tarea especial. Yo conocía a los dos y no pude disimular mi sorpresa ante su elección, pues estaba convencido de que el desechado era más capaz que el designado. Me dijo: "Nunca contrato los servicios de un ejecutivo de jerarquía sin antes conocer a su esposa. Si bien soy consciente de la formidable capacidad de nuestro mutuo amigo, también lo soy de la testarudez de su esposa. Estoy seguro que ejercería una influencia negativa en el trabajo de su marido. Elegí al otro porque pensé que el margen de capacidad entre ambos quedaría emparejado por el apoyo de su esposa."

El negativismo, el pesimismo, la testarudez, la crítica y las habladurías no solamente son perjudiciales, sino contagiosos. En realidad, los grabamos con caracteres más indelebles en nuestra mente cada vez que los traducimos en palabras. Debemos mantener bajo un signo positivo todas nuestras conversaciones y nuestra mente. Prestemos atención a la más clara instrucción que sobre este asunto nos da la Sagrada Escritura: "Por lo demás, hermanos, todo lo que es verdadero, todo lo honesto, todo lo justo, todo lo puro, todo lo amable, todo lo que es de buen nombre; si hay virtud alguna, si algo digno de alabanza, en esto pensad" (Filipenses 4:8).

g. Anticipemos la superabundante vida que Dios tiene para nosotros.

Dios ha proyectado para nuestra vida un plan completo, pero flexible. Incluye la buena, aceptable y perfecta voluntad de Dios. Romanos 12:1 dice: "Así que, hermanos, os ruego por las misericordias de Dios, que presentéis vuestros cuerpos en sacrificio vivo, santo, agradable a Dios, que es vuestro culto racional."

Necesidades del hombre	Deseos del hombre
"Mi Dios, pues, suplirá todo lo que os falta"	"Para que vuestro gozo sea cumplido"

La abundancia de Dios
"Mucho más abundantemente de lo que
pedimos o entendemos"
"Conforme a vuestra fe os sea hecho" (Mateo 9:29)

Leemos en Filipenses 4:19: "Mi Dios, pues, suplirá todo lo que os falta conforme a sus riquezas en gloria en Cristo Jesús." Respecto a sus deseos de suplir a todos nuestros sanos deseos que honran a Dios, Juan 16:24 nos promete: "Hasta ahora nada habéis pedido en mi nombre; pedid, y recibiréis, para que vuestro gozo sea cumplido." A más de todo esto, desea colmarnos de "cosas mucho más abundatemente de lo que pedimos o entendemos" (Efesios 3:20).

La mayoría de los cristianos viven fuera de foco, pidiéndole a Dios permanentemente que supla a sus necesidades. Yo nunca le *pido* que supla las mías, porque él ya me prometió hacerlo así. Años atrás descubrí, al leer Juan 16:24 que a Dios le encanta hacerme feliz dándome las cosas que necesito y proveyéndolas de acuerdo al plan fundamental que trazó para mi vida. En años más recientes descubrí que Dios es un Padre que se regocija dándoles cosas a sus hijos. Tanto es así que Jesucristo comparó un padre terrenal con el Padre Celestial cuando dijo: "Pues si vosotros, siendo malos, sabéis dar buenas dádivas a vuestros hijos, ¿*cuánto más* vuestro Padre que está en los cielos dará buenas cosas a los que le pidan?" (Mateo 7:11).

Un día, luego de pasar una hermosa Navidad en nuestro hogar, me percaté de pronto de lo maravilloso y satisfactorio que es ser padre. Mi esposa y yo siempre hemos gozado a mares dándoles cosas a nuestros hijos, más de lo que necesitan. Así somos la mayoría de los padres. No les damos porque lo merezcan, porque la mayoría de los niños hoy en día tienen más de lo que merecen. Más bien les damos por la sencilla razón de que los amamos. Y si eso lo hacemos nosotros, ¡cuánto más lo hará Dios! Nos quiere dar "¡mucho más abundantemente de lo que pedimos o entendemos!" Nunca limitemos a Dios por nuestra incredulidad; anticipemos, en cambio, que realizará cosas sobrenaturales en nuestras vidas. Recordemos: "Conforme a vuestra fe os sea hecho". Nuestros éxitos no dependen de nuestras oportunidades ni de nuestra capacidad, sino de nuestra fe. Si nuestra fe es débil, pidámosle a Dios que aumente nuestra fe para que podamos anticipar el poder de un Dios sobrenatural y superabundante que obra en nuestra vida.

h. *Busquemos primeramente el reino de Dios.*

Mateo 6:33 deja claramente sentado que el cristiano no puede permitirse actitudes codiciosas o egoístas en su vida. Si bien no le está vedado alcanzar posiciones o ganancias materiales, nunca pueden ser su objetivo principal. Su primer objetivo es buscar el reino de Dios y su justicia. Es malo para nosotros cuando la búsqueda de lo material se contrapone al reino de Dios o a su justicia. Aun cuando tengamos éxito en lograr cierto grado de prosperidad cuando actuamos contrariamente a la voluntad de Dios, nunca será una fuente permanente de regocijo. Es esencial que obedezcamos a Dios. Al decidir en cuanto a nuestra prioridades, consideremos el primer mandamiento: "Amarás al Señor tu Dios con todo tu corazón, y con toda tu alma, y con toda tu mente." (Mateo 22:37.) Podemos juzgar de la sinceridad de nuestro amor por Dios, por la medida en que le servimos. Si el objetivo primordial de nuestra vida es la ganancia y el amontonar bienes materiales, entonces no solamente demostramos nuestra codicia, sino también una falta de amor a Dios. Démosle a Dios el lugar que le corresponde en nuestros corazones, expresémoslo en nuestra actitud hacia las cosas, y él nos benedecirá con lo que necesitemos y con provisiones "mucho más abundantemente de lo que pedimos o entendemos".

i. *Entreguémonos a Dios para servir a los demás.*

No hay en la vida recompensa y gozo mayor que el servir a otros. Y además hace las veces de terapia emocional. Los deprimidos piensan demasiado en sí mismos. Servir a Dios ayudando a la gente nos hace pensar en otros y no tanto en nosotros. Personalmente estoy convencido de que Dios ha dispuesto la siquis humana de tal manera que a menos que haga amigos, jamás podrá estar satisfecho. Las recompensas por tales servicios no solamente significan un beneficio para la eternidad, sino que nos ayudan en esta vida.

Una mujer gravemente deprimida se dio cuenta de pronto de que nunca había ayudado a nadie desde

que sus hijos fueron a la escuela. Si bien enseñó en
la escuela dominical años atrás, el nacimiento de tres
hijos le hizo dirigir sus energías en otra dirección.
Consideró que las horas libres del día le eran necesarias para "un merecido descanso", hasta que finalmente fue presa de la depresión. Mientras hablába-
mos, tuvo que reconocer que Dios podía utilizarla como un medio de alcanzar a sus vecinas para Cristo, y
es así que inició una clase de estudio bíblico para mujeres los días miércoles. A las pocas semanas se transformó en una dinámica y activa mujer. Al encontrarla
un día casualmente en una reunión social, le pregunté
con una sonrisa: —¿Cómo anda su depresión?— Nunca olvidaré su respuesta. Rio con ganas y con una mirada picaresca me contestó: —¡No me queda tiempo
para estar deprimida!— El hecho de que varias de sus
vecinas hallaron a Cristo y que dos matrimonios a
punto de separarse no se separaron, le dio un nuevo
propósito a su vida, y una gran autoestimación.

La Biblia enseña que: "Dad, y se os dará; medida
buena, apretada, remecida y rebosando darán en vuestro regazo; porque con la misma medida con que me-
dís, os volverán a medir" (Lucas 6:38). También afirma la Biblia que: "El que halla su vida, la perderá;
y el que pierde su vida por causa de mí, la hallará"
(Mateo 10:39). Si realmente queremos vernos libres
de la depresión, dejemos de atesorar nuestra vida y
entreguémosla a los demás.

j. *Demos gracias en todo.*

"Dad gracias en todo, porque esta es la voluntad
de Dios para con vosotros en Cristo Jesús" (1 Tesalonicenses 5:18). ¡Ese versículo brinda una garantía absoluta contra la depresión emocional! Durante varios años he anunciado a miles de personas, en conferencias sobre la familia, que la garantía absoluta contra la depresión la encontramos en
1 Tesalonicenses 5:18. Hasta ahora no he hallado
ni una sola excepción. Es absolutamente imposible que se deprima una persona sana que está llena
del Espíritu Santo y que da gracias en todo.

Estos últimos años he observado un nuevo énfasis
sobre el dar gracias que ha significado un gozo permanente para millones de cristianos. Podemos dar gra-

cias de dos maneras diferentes que reflejan un contraste entre ellas: conscientemente, por lo que vemos, o conscientemente por fe. Veamos cada una:

1. *Demos gracias conscientemente según lo que vemos.* La Biblia recomienda repetidas veces, como actitud mental ideal, que seamos agradecidos. Una persona agradecida es una persona feliz. El contar nuestras muchas bendiciones para ver lo que Dios ha hecho ya en nuestra vida crea una fe optimista que nos permite confiar en él en el futuro.

Los deprimidos son habitualmente desagradecidos y, como resultado de ello, desdichados. Un recurso terapéutico es pedirle a esas personas que hagan una lista de las cosas por las cuales debieran estar agradecidos y leer la lista una o dos veces por día, dándole gracias a Dios por esas bendiciones. Los resultados son asombrosos. Algunos deprimidos son tan hoscos, malhumorados y poco comprensivos, que me he visto obligado a ayudarlos a redactar la lista. Pero una vez hecha, captaron el espíritu de alabanza y descubrieron muchas más cosas por las cuales estar agradecidos, de lo que hubieran imaginado. El buscar temas de gratitud y orar por ellos durante una semana vigorizó sus actitudes mentales y anuló su tristeza y desesperanza.

2. *Demos gracias conscientemente por fe.* Hay ocasiones en la vida en que nos resulta imposible entender el comportamiento de Dios en su trato con nosotros. Eso ocurre generalmente porque nos falta la perspectiva divina. Dios no ve solamente las actuales circunstancias sino los resultados finales, brindándonos su provisión sobre bases permanentes y de largo alcance. Por desgracia, más nos preocupa lo inmediato y, en consecuencia, cuando las circunstancias nos molestan o nos desagradan, tendemos a aferrarnos mentalmente a esas cosas en lugar de dar "gracias por todo". Por eso resulta esencial que aprendamos a dar gracias por fe.

Ya hemos mencionado el hecho de que nuestra mente, tipo computadora, rechaza lo imposible. Humanamente hablando, el dar gracias "en todo" es irrazonable, inconcebible e ilógico. Por esa razón debemos aprender a imaginar los designios de Dios y reconocer que él tiene un plan, el cual incluye aun las más desdichadas circunstancias, que obran para bien a largo alcance. Por ello, y como expresión de nuestra fe y confianza en su amor y en su capacidad para actuar en nuestro beneficio, deberíamos darle "gracias en todo, porque esta es la voluntad de Dios para con vosotros en Cristo Jesús".

La acción de gracias como un hábito

De la misma manera que creamos malos hábitos, podemos crear buenos hábitos. La inmensa mayoría nos cepillamos los dientes todos los días, no porque disfrutamos de ello, sino porque reconocemos su valor. Hemos desarrollado un hábito. Con el mismo argumento podemos crear el hábito de dar gracias en todo, en obediencia a la voluntad de Dios. La negativa a obedecerle en este aspecto nos puede deprimir en forma instantánea, porque las inesperadas circunstancias de la vida pueden presentarse en los momentos más inoportunos. Si reaccionamos negativamente, nos exponemos a sufrir una depresión emocional y ser inútiles espiritualmente ante Dios en ese preciso momento.

En la eventualidad de que los lectores crean que lo que acabamos de expresar sean palabras vanas y no una genuina experiencia, he de hablar en primera persona y compartir algo que me ocurrió mientras escribo esta sección del libro. En 25 años nunca he faltado a un compromiso de predicación, si bien a veces estuve a punto de hacerlo. A las 11:50 de esta mañana terminé un seminario de pastores en Amarillo, Texas. Sentado, en un avión 727 de la Continental Airlines, calculaba llegar a Dallas a las 2 y 20 de la tarde y tomar el vuelo de las 3 a Atlanta, Georgia, donde habría de comenzar un Seminario sobre Vida Familiar a las 7 de la tarde. A las 12 y 55, ya listos para despegar, observé que el piloto dio vuelta al avión y se dirigió a la estación del aeropuerto. Minutos después bajó del avión, habló con un mecánico, quien sacó la cubierta de uno de los motores. A continuación anunciaron una demora de treinta minutos. A los pocos minutos el mecánico retiró un trozo de cable, lo levantó y le dio un mensaje al piloto. Segundos después anunciaron por el altoparlante que había un defecto y que el vuelo quedaba cancelado.

Mientras caminaba por la estación terminal hice lo que acabo de escribir: alabé al Señor. Dios sabía muy bien que el próximo vuelo de Amarillo a Dallas llegaría once minutos después del vuelo de Dallas a Atlanta. Cuando confirmé esta información, le pedí que me guiara y llamé por teléfono a una empresa de taxis aéreos de otro aeropuerto. El piloto me aseguró que por 200 dólares me llevaría a Dallas con tiempo suficiente para tomar el próximo vuelo. Si bien gocé plenamente del vuelo, aterrizamos en momentos en que el avión en que debería hacer el próximo tramo levantaba vuelo. —Y ahora, ¿qué hago?, —me pregunté. La elección era mía. Podía quejarme, sentirme desdichado o alabar al Señor y dejar en sus manos todos los detalles subsiguientes. Decidí, por lo tanto, seguir el camino indicado por la Biblia, y aquí me tienen, terminando este capítulo.

El director de los Seminarios sobre Vida Familiar entró en contacto conmigo por el sistema de altoparlantes. Luego de informarle que no podría llegar a Atlanta hasta las 9 y 30 de la noche, es decir 15 minutos *después* de la terminación del seminario, preguntó: —¿Y qué puedo hacer? —¿Por qué no alaba al Señor?— Al escribir estas palabras estoy plenamente consciente de que puede haber entre los asistentes a la reunión del Seminario algunos iracundos *atlantinos*, pero quedo tranquilo en la confianza de que el Padre celestial proveerá por sus necesidades de alguna manera que para mí resulta imposible de prever. De una cosa estoy seguro: he cumplido la voluntad de Dios a mi real saber y entender, he enfrentado con alegría circunstancias incontrolables y por lo tanto puedo permanecer perfectamente tranquilo dejando que él se encargue de los detalles. No hay duda alguna de que algo tiene en mente, en cuanto a esta experiencia, que yo ignoro en absoluto.

Al pasar por la ventanilla de expendio de boletos escuché a los furiosos pasajeros mientras zaherían al empleado y pensé: —¿Por qué no pueden aprender todos a vivir por fe, y dar "gracias en todo"? Puede que llegue el día en que entienda de primera mano la razón de la demora y la suspensión del compromiso, pero es posible que nunca lo sepa. Pero de una cosa estoy más que seguro: de nada servirían las plañideras lamentaciones y las exclamaciones de protesta que reflejarían mi natural tendencia temperamental. En momentos como éstos me estimula pensar en un breve principio bíblico: "En tus manos están mis tiempos" (Salmo 31:15). Cualesquiera que fueran sus razones para hacerme perder ese vuelo, puedo confiar en que él sabe qué es lo mejor para mí.[1]

¿Somos quejumbrosos o alabadores?

Mi amigo Ken Poure, que ha sido muy utilizado por Dios en conferencias familiares en toda la nación, sugiere que nuestras reacciones en momentos como éstos, exhiben nuestra madurez espiritual. También sugiere que el lapso que transcurre entre el momento de la decepción y el instante en que se alaba a Dios por fe, revela la potencia de la vida espiritual. Si podemos regocijarnos en cuestión de minutos, somos espirituales. Si nos toma de 15 minutos a una hora, estamos creciendo. Y si de una hora a varios días "la situación es grave", nos advierte Ken. A continuación formula una pregunta perspicaz: —¿Somos alabadores o quejumbrosos? La mayoría de la gente es una cosa u otra. Mientras más rápidamente aprendamos a alabar a Dios en circunstancias adversas o en esperanzas frustradas, más felices seremos y más nos veremos libres de posibilidades depresivas.

---

[1] Para los curiosos, esa noche el director de los Seminarios de Vida Familiar proyectó dos películas sobre Vida Familiar del Dr. Henry Brandt, que satisfizo ampliamente a los presentes. Cuando inicié mis conferencias a la mañana siguiente, estaban todos de excelente humor y disfrutamos ampliamente del seminario. De haber escogido el camino de la preocupación, de la agitación o de la ansiedad, mientras esperaba en Dallas, habría recorrido un camino totalmente inútil. ¡Dios sabe lo que hace!

CAPITULO DIECISEIS

Cómo ayudar a nuestros hijos a evitar la depresión

Con gran desesperación de los padres, la tendencia a la depresión comienza, a veces, a muy temprana edad. Los niños deprimidos generalmente se ensimisman y son anormalmente callados y retraídos. Se enfurruñan y se apartan de los juegos infantiles en la esperanza de que alguien se dé cuenta de su dolor. Dado que los padres suelen ser los últimos en reconocer un estado depresivo en el hijo, su frustración y enojo ante el comportamiento de la criatura puede complicar el cuadro antes de que tomen conciencia de lo que ocurre.

Si el niño deprimido no se retrae, alimenta su resentimiento en forma de un comportamiento tan irregular, que toma fama de ser "un niño problema". Para lograr la atención de los demás es capaz de destruir objetos, pelear con otros niños, es decir, lo que se llama "una verdadera peste". Los padres deberían interpretar tal comportamiento como un llamado de auxilio. Clama por amor, afecto y seguridad, pero en lugar de ello la exasperación de sus progenitores, debido a su comportamiento, aumenta su sensación de rechazo. Esto hace disminuir su autoestimación, aumentar su enojo y producir un peor comportamiento.

Las estadísticas indican que el suicidio suele ser el

triste resultado de esa condición. Dado que los niños a menudo viven en un mundo de fantasía y se alimentan de la violencia que ven en las pantallas televisivas, no tienen un claro concepto de la ultimidad de la muerte. De ahí que, decididos a vengarse de sus padres, por medio de la autodestrucción, y al mismo tiempo esperando resucitar (como lo hacen algunos personajes de la televisión) los niños deprimidos recurren al suicidio, que está adquiriendo contornos de alarmante tragedia en nuestros tiempos. Y en los casos en que los niños escapan a la autodestrucción, adquieren casi siempre el tremendo hábito del autorrechazo. Un esquema pensante negativo o un complejo de fracaso puede dejarle secuelas emocionales y mentales por el resto de su vida.

El hijo adoptivo de un matrimonio les causó tal preocupación, debido a su anormal comportamiento, que los padres me consultaron. Si bien el muchacho adquirió en la escuela una reputación de "estúpido", "inepto" y "torpe", en realidad poseía un altísimo coeficiente de inteligencia y sabía tanto de electrónica y de las ciencias en general como muchos ingenieros. Extrayendo de lo más hondo de su ser sus recursos espirituales y dándole el máximo de amor, aceptación y aprobación, los padres lograron sacarlo de su tendencia depresiva.

Para todos los hogares que han sido bendecidos con niños, las siguientes 16 sugerencias pueden servir como una lista de las especiales necesidades de los mismos:

1. *Amor y afecto*. La principal causa provocadora de depresión en los niños —falta de amor y afecto de parte de los padres— instala esquemas pensantes de resentimiento y autoconmiseración. Dios ha construido de tal manera el mecanismo mental de un niño, que automáticamente recurre a sus padres en busca de afecto. La necesidad emocional de amor de un niño iguala su necesidad física de ingerir alimentos.

En mi opinión, una de las razones por las cuales tantos adultos sufren crisis depresivas hoy en día, es por el hecho de no haber sido amamantados al nacer. El humanista de hoy, en su determinación de llevar una vida independiente de Dios, ha cometido el error de sugerirle a las jóvenes madres que la ciencia ha producido un substituto para la leche materna. Pero no tomó en cuenta que una botella en la cuna no substituye el amor de una madre.

Un grupo de médicos judíos instalaron una clínica especial en Nueva York para la atención de huérfanos judíos. No escatimaron esfuerzos para construirlo de modo que los bebés estuvieran protegidos contra los gérmenes, al extremo de utilizar luces germicidas, filtrar el aire y exigirles a las enfermeras que se pusieran uniformes nuevos, esterilizados, y guantes de goma al alimentar a los párvulos. Cuál no sería la sorpresa de los profesionales cuando descubrieron, horrorizados, que la tasa de mortalidad en su hospital era tres veces mayor que en un hospital similar en México. Enviaron un investigador para que averiguara qué era lo que tenía el hospital de México que el de Nueva York no tenía. Cuando volvió el informe, ¡no lo podían creer! El hospital mejicano que funcionaba con déficit de personal y sin enfermeras diplomadas, y cuyas condiciones sanitarias no se ajustaban a las normas que regían para el de Nueva York, se mantenía fiel a la "vieja escuela". Las criaturas ingerían su alimento arrulladas en los brazos de una empleada.

Tan importante como es la leche de la madre para el niño en el aspecto físico, así es el cariño y la seguridad del amor de una madre en las emociones de la criatura. Estoy del todo convencido de que el Creador tenía todo esto *in mente* cuando diseñó el cuerpo de la madre y las emociones del niño.

Todos los niños ansían el afecto, aun los más coléricos. Si el afecto lo recibe a temprana edad, tiende a desarrollarse normalmente y le resulta fácil expresar, a su vez, afecto. El niño hambriento de amor será frío o desarrollará una compulsión obsesiva de afecto. Cuando nuestra primera criatura estaba en la edad preescolar, albergábamos niños. Nunca olvidaré a la niñita de cuatro años de edad, llamada Carol, con su tez olivácea y que vivió en casa durante un año. Abandonada por su madre y sin que nadie supiera quién era el padre, vivió en ocho hogares antes de llegar al nuestro. Jamás conocí una niña que ansiara tanto los besos. Cuantas veces besaba a nuestra hijita Linda, Carol exigía más besos para ella e insistía en que la besara directamente en la boca. A veces demandó el sobrenatural amor de Dios para colmar de amor a esa criatura, pero puedo certificar que él suple esa necesidad.

2. *Aceptación.* Es bien conocida la gran necesidad de contar con la aceptación de los que nos rodean más estrechamente. Ocurre con frecuencia que muchos niños temen no pertenecer a sus padres por haber habido un error en el hospital antes de llevarlos al hogar. La necesidad de ser aceptados se manifiesta no sólo en su relación con sus padres en el hogar, sino también en su apariencia, capacidades y hábitos. Afortunado el niño que sabe que sus padres lo aprueban y que lo desearon antes que naciera. Como contraste de lo antedicho, muchos de quienes nos consultan comienzan la triste narración de su vida con las palabras: —Yo fui una equivocación; para empezar, mis padres nunca quisieron tenerme. Esa carga mental es muy difícil de superar.

Es señal de madurez de un padre cuando *no* reacciona negativamente ante las debilidades de sus hijos que son similares a las suyas. La mayoría de los conflictos de personalidad en la relación padre-hijo se plantean por la reacción del padre ante sus propias debilidades manifestadas en su hijo. Odia la debilidad en sí mismo y por consiguiente lo desprecia en su hijo y reacciona excesivamente. No puede esperarse del niño que comprenda que el rechazo del padre no es contra él personalmente, sino contra los rasgos que le recuerdan a sí mismo. Como niño que es, interpretará las acciones del padre como un total rechazo.

El padre maduro se reconocerá a sí mismo en su hijo, tanto emocionalmente como físicamente y mentalmente. Si ha aprendido a aceptarse, aceptará fácilmente a su hijo. Una vez comunicada dicha aceptación, puede ayudarle cariñosamente a superar sus debilidades.

3. *Evitar la ira en el hogar.* La ira destructiva se manifiesta de muchas maneras, todas las cuales son perjudiciales para los niños, que son tan egocéntricos por naturaleza, que la irritación de los padres automáticamente les crea la idea de que son la causa de la perturbación y el objeto de la ira. Tal enojo forma

niños inseguros y resentidos que, como ya lo hemos visto, se suma a su comportamiento negativo y aumenta la iracundia del padre. Los padres jóvenes, particularmente, son muy impacientes. Cuando se ven enfrentados a la inmadurez y a menudo con la exasperante actividad de un niño, su impaciencia se manifiesta en improperios, palabrotas o duros castigos, que agravan el cuadro de autorrechazo e inseguridad del niño, y lo preparan para la autoconmiseración y la depresión.

4. *Manifestación amorosa de los padres en el hogar.* Una de las mejores cosas que pueden hacer los padres para promover la sensación de seguridad y de amor en una criatura es demostrar abiertamente su mutuo amor en el hogar. Como resultado del aumento de divorcios en el día de hoy, los niños se ven obligados a elegir entre las dos personas que más aman en el mundo —el padre y la madre— cuyos iracundos arranques del uno contra el otro confunden al niño y le impiden darse en amor a los demás. Si el hogar, finalmente, se desintegra y el niño está obligado a dejar a uno de sus padres, puede resentirse con quien queda y fantasear sobre el que se va. El niño que observa que su padre y su madre demuestran abiertamente su mutuo afecto, desarrollará una predisposición hacia la seguridad y el afecto y una excelente actitud mental.

Mirando hacia atrás, a los días de mi infancia, recuerdo que ésa transcurrió durante la gran depresión económica. Mi padre murió antes de que yo cumpuiera 10 años de edad, dejando a mi madre, de 28 años, viuda con tres criaturas entre las que se contaba mi hermanita de cinco años y mi hermano menor de siete semanas. Nunca tuve que lidiar con la inseguridad, principalmente porque nunca supe lo que es no ser amado. Mi padre poseía una inagotable capacidad de amar, y si bien nos fue arrebatado a una temprana edad, como niño pude comprender su ausencia por muerte (agudo contraste comparado con el problema que crea el divorcio).

El amor con que mi madre me amó y su gran fe en Dios le permitió mantener la optimista idea de que cualesquiera que fueran los problemas, siempre habría una solución razonable. Todo niño tiene derecho a que lo amen y lo acepten así. Cuando evoco tiernas remembranzas de mis padres, recuerdo especialmente las ocasiones en que mi padre entraba a la cocina, rodeaba con sus brazos a mi madre y la levantaba diez centímetros del suelo en un cariñoso y apretado abrazo. Esa escena me dio siempre una sensación de seguridad. Aun el simple pensar en esa escena me hacía sentir bien. Muchas de las neurosis emocionales que los niños reflejan hoy en día probablemente se hubieran evitado de haber podido experimentar tan hermosas manifestaciones amorosas en sus padres.

5. *Pautas a seguir.* De la misma manera que resulta más fácil cruzar un puente colgante provisto de barandas que cruzar el mismo puente desprovisto de esa protección, así también los niños necesitan cercos o límites impuestos por sus padres para dirigir su comportamiento. Estas reglas deberían ser simples, claramente definidas y administradas con amor. Cambiarán constantemente con la edad del niño, y cuando establezcamos una regla debemos saber que el niño nos pondrá a prueba y no debemos imaginar que nos agradezca por ella. He visto a niños burlarse de las reglas, fastidiar a sus padres sobre ellas y luego, cuando han logrado que las anulen, perder el respeto por sus mayores.

6. *Disciplina... ¡qué alivio!* Una excesiva indulgencia de los padres engendra niños indisciplinados. La Biblia no deja lugar a dudas de que si no disciplinamos al niño, lo arruinaremos. "La necedad está ligada en el corazón del muchacho; más la vara de la corrección la alejará de él" (Proverbios 22:15). Los educadores nos dicen que la mejor forma de aprender es cuando el conocimiento se acompaña de emoción. Una buena paliza u otra forma adecuada de disciplina, cuando se la aplica con amor, le hace una profunda impresión al niño. Puede sentirse rechazado por un tiempo, pero todo niño tiene que aprender que no puede hacer todo lo que quiera en la vida. Si no se lo disciplina no aprenderá muchas valiosas lecciones que necesita forzosamente saber. Además, la disciplina actúa como un enérgico purgante. El niño se siente culpable cuando ha obrado mal y es por ello que, aun

cuando le duela, el castigo le significa un alivio mental. Por eso los niños tantas veces andan de buen humor luego de haber sido castigados. Los padres que se niegan a castigar a sus hijos, les impiden calmar su conciencia.

Roger vino a vivir a casa contrariamente a mis deseos. En la tercera década de nuestra vida mi esposa y yo no estábamos preparados para habérnosla con un adolescente. Pero el empleado de la obra social nos aseguró que de no aceptarlo, el muchacho sería enviado a un reformatorio. Testigo presencial de la enconada lucha de sus padres que los llevó al divorcio, fue asignado por el juez a su madre, pero desesperadamente quería vivir con su padre.

Al principio nos llevamos bien, en tanto permitimos que Roger hiciera lo que le viniera en ganas. Poco a poco le asignamos algunas tareas al igual que a nuestros propios hijos. Empeoró a ojos vista. Desenfrenadamente destructivo, rehusó de llano ajustarse a un mínimo de normas, llegando al insulto y adoptando una actitud detestable. ¡Y entonces ocurrió! Cuando mi esposa le pidió que lavara los platos un domingo a la tarde, se negó a hacerlo, se insolentó con ella y la insultó.

Una de las cosas que aprendí de mi padre, por dura experiencia, es que ningún hombre que se precie de tal permitirá que su esposa sea maltratada verbal o físicamente por nadie, aun cuando fueran los propios hijos. Entré a la cocina y le exigí a Roger que de inmediato le pidiera disculpas, a lo que se negó rotundamente. Cuando le di la alternativa de elegir entre un paliza y un pedido de disculpas, me dijo: —¡A que no me pega! Imposible pasar por alto ese desafío; de modo que lo llevé al dormitorio y le apliqué la vara de la corrección en la zona de aprendizaje.

Quince minutos después Roger estaba en la cocina hablando afectuosamente y rebosando felicidad. Me ayudó a secar los platos. De alguna manera la paliza le dio la certeza de que lo amábamos, y también le quitó de la conciencia la pesada carga de culpabilidad por su pésima conducta. Las cosas mejoraron y el hogar retomó su ritmo habitual.

Contrariamente a la opinión popular, la disciplina no aplasta ni ahoga el espíritu del niño, cuando se aplica adecuadamente. Todo lo contrario, se logra el efecto opuesto. El niño a quien se lo castiga cuando obra mal, tiene la seguridad de que sus padres lo aman. No es inusual que el niño turbulento, cuyas actividades culposas lo hacen indomable, se torna considerado, obediente y amoroso después de un buen castigo. Por el contrario, al niño indisciplinado a quien no se castiga, le costará sentirse aceptado.

Hay un factor de la disciplina paternal sobre el cual queremos poner el mayor de los énfasis: debe haber absoluta unanimidad de criterio entre los dos padres en cuanto a las reglas y normas de comportamiento a aplicar. Naturalmente el niño tratará de indisponer a los padres entre sí para quebrar la unidad familiar y anular una disciplina efectiva. Jamás deben ventilar los padres sus diferencias de principios frente al niño, sino discutirlas a solas hasta alcanzar un perfecto acuerdo sobre la política a seguir y hacerle conocer al niño que deberá ajustarse a ello tanto si los padres están presentes como cuando no lo están. Hemos visto chicos perfectamente normales, particularmente adolescentes, transformarse en verdaderos monstruos porque la madre dejó entrever el hecho de que las normas dejaban de regir no bien el padre abandonaba la casa. Igualmente perjuidicial es el padre inmaduro que cree ganarse el afecto de los niños menospreciando las normas fijadas por la madre. Logrará con ello un amor de muy corta duración, que siembra amargas semillas de confusión y rebelión.

7. *Firmeza... ¡preciada joya!* Ser firmes es lo más importante del esfuerzo disciplinario. Y esto se refiere no solamente a los problemas individuales en la vida de un niño, sino a todos los niños de la familia. Hay que fijar pocas reglas cuya violación signifique una paliza, pero una vez establecidas, ¡hay que aplicar la pena sin dudar un instante!

8. *Debemos ser justos: ¡ningún niño es perfecto!* Pareciera que a todo niño le gusta sentarse en alguna ocasión en el banquillo de los acusados. Es por ello que los padres deberían proyectarles la imagen de que están dispuestos a discutir con el niño las reglas y

normas fijadas. El niño se siente siempre mejor cuando ha podido ventilar sus sentimientos en el tribunal de justicia familiar, aun cuando no haya violado las disposiciones. Además, los padres deberían estimular a los niños a que apliquen su razonamiento y no sólo a que respondan emocionalmente.

9. *Informarles a los niños a temprana edad sobre el amor de Dios.* Los niños criados en un hogar cristiano son realmente afortunados, porque al par del amor paternal, todo ser humano necesita contar con la certeza del amor de Dios. Es un mensaje que los padres deben comunicarle al niño en su más tierna infancia. Cuando los niños cantan con fervor todas las semanas en la Escuela Dominical la canción que dice "Cristo me ama, me ama a mí, pues la Biblia dice así", adquieren una gran seguridad. Y en algunos de ellos es la seguridad que puede compensarles por la falta de amor paternal, y les ayuda a generar una actitud normal hacia la vida.

10. *Guiar a nuestros hijos a los pies de Cristo cuando son pequeños.* Todo ser humano necesita aceptar a Cristo como su Señor y Salvador personal. Mientras más temprano en su vida lo haga, menores serán sus riesgos de caer en los hoyos que inducen al trauma emocional. De esa manera desarrollará un esquema emocional de madurez y confianza que le ayudará a prepararse para las inciertas circunstancias de la vida.

11. *Ayudarlo a evitar pensamientos negativos.* Los esquemas pensantes se aprenden muy temprano en la vida. Debemos vigilar atentamente a los niños para detectar signos de negativismo o derrotismo. Hay que inculcarle al niño la seguridad de que *puede* hacer todas las cosas en Cristo que lo fortalece. Que comprenda que la imposibilidad de hoy bien puede ser el logro de mañana. El niño debe desarrollar la actitud mental según el antiguo adagio: *"Todo* se puede hacer si se pone suficiente empeño". Pero el abordar la vida en forma positiva no es algo que nace por generación espontánea; es el resultado de una paciente y permanente afirmación repetida por los padres.

El niño nunca se beneficia por las críticas y condenas permanentes. En uno de los salones del aeropuerto, escuché hace poco a un padre darle instrucciones a su hijo acerca de cómo adquirir un diario poniendo una moneda en la ranura de un sistema automático.

Bricando de alegría el niño volvió con el diario, esperando, como era obvio esperar, la aprobación del padre. Su sonrisa se tornó en una expresión de temor cuando el padre públicamente lo trató de "estúpido". ¡Era el diario del día anterior! El padre no había aprendido que el insultar a un niño no era el mejor sistema para promover la unidad familiar y la responsabilidad personal.

12. *La enfermedad del rezongo.* Ya hemos visto anteriormente que el refunfuñar es perjudicial, pues la crítica verbal genera pensamientos negativos no sólo en la mente del que la emite, sino también en la mente de todos sus oyentes. Los niños que rezongan permanentemente se predisponen para la depresión. Debemos tomar serias medidas para evitar que los niños llenen el ambiente de nuestras casas con sus críticas.

A los quince años de edad uno de nuestros niños era un rezongón profesional. Toda ocasión era buena para expresar una crítica o decir algo negativo. Nada lo conformaba. Finalmente decidimos actuar como padres en un problema que deberíamos haber intentado solucionar mucho antes. Sobre la base de 1 Tesalonicenses 5:18, le señalamos que el rezongar era contrario a la voluntad de Dios. Lo primero que dijo fue: "Pero..." y lo paré en seco, diciéndole: ¡No hay 'peros' que valgan! De ahora en adelante no has de rezongar más en esta casa. Este es un hogar feliz y queremos que nos ayudes a mantenerlo así." A las tres semanas comprobamos evidentes signos de mejoramiento. Hoy en día ese muchacho tiene una personalidad mucho mejor que entonces, y menos mal que no le permitimos que ese mal hábito enraizara profundamente en su naturaleza.

13. *La enfermedad de la autoconmiseración no corregida.* La autoconmiseración es un natural esquema de escape para el niño que no puede competir en un mundo adulto. El tercer niño, que debe competir con sus hermanos o hermanas mayores es más dado a la autoconmiseración que los primeros.

Con permanentes y amables instrucciones debemos

enseñar a los niños a librarse de ese esquema pensante que, de formarse, tendrá que ser destruido a la fuerza, más tarde, para evitar la depresión.

14. *Y sed agradecidos.* Todo cristiano debería aprender que el espíritu de acción de gracias levanta los espíritus caídos y elimina la depresión. Los niños a quienes se les enseña ser agradecidos a Dios, en primer lugar, y luego agradecidos a sus padres, tienen casi ganada la victoria contra futuras posibles depresiones. Hay que enseñarles desde el comienzo que deben dar gracias por la comida, el amor, el hogar, la salud, los maestros, la amistad. Los niños poseen una asombrosa capacidad para aprender las verdades espirituales, y a menudo les resulta más fácil a ellos que a los adultos comprender que Dios todo lo hace siguiendo un plan, aun para las circunstancias adversas. Enseñémosles a nuestros niños a dar "gracias en todo" (1 Tesalonicenses 5:18), "y cuando fuere viejo no se apartará de él" (Proverbios 22:6).

15. *Veamos a nuestros niños a la luz de lo que serán.* La mayoría de los padres miran a sus hijos tal cual *son* y no como *habrán de ser.* Recuerdo cuando miraba a mis hijos y me preguntaba si algún día llegarían a ser alguien. Hoy estoy muy orgulloso de dos jóvenes. Cuando los niños son pequeños debemos proyectarlos en la pantalla de nuestra imaginación según sus transformaciones, pues así podemos poner énfasis en lo que creamos conveniente y captar sus potencialidades latentes. De no hacerlo así, la realidad del presente puede no permitirnos ver más que un rapazuelo egoísta, desmandado y sucio. Debemos cuidarnos y mantener siempre una actitud de afecto y paciencia, pues el niño no puede distinguir fácilmente la relación que hay entre el enojo de su padre y el hecho que lo provocó. Feliz el niño cuyos padres reconocen que por la gracia de Dios crecerá para ser, algún día, un adulto bien adaptado y exitoso.

16. *Dar un buen ejemplo.* El mejor sistema de enseñanza, para cualquier niño, es el ejemplo de sus padres. Seguirán los pasos del padre que incurre en el negativismo, en la autoconmiseración o en la autodesestimación. Pero si ve que nuestros hábitos son antidepresivos, imitará esos buenos hábitos.

Casi todas las autoridades en la materia, tanto antiguas como modernas, afirman que la depresión tiene una incidencia familiar. Habría dos razones para ello: temperamento heredado y hábitos hogareños. No podemos controlar el temperamento de nuestros hijos pero podemos dirigir su educación. Nos inclinamos a creer que la depresión viene de familia, principalmente porque el niño tiende a copiar los malos hábitos de sus padres. Hemos observado siempre que los hijos deprimidos de padres deprimidos tienen el mismo vocabulario y revelan los mismos esquemas pensantes.

Es corriente escuchar la expresión de que el niño "habla igual que su padre". Todo padre debería plantearse el siguiente problema: "Si mi hijo, al crecer, pensará y hablará como yo, ¿manifestará un espíritu feliz y estabilidad emocional o exhibirá los síntomas que anticipan la depresión?"

CAPITULO DIECISIETE

Cómo ayudar a un amigo deprimido

¡Los deprimidos necesitan ayuda! A pesar de su comportamiento excéntrico, precisan del apoyo de quienes los rodean, si bien algunas veces se tornan difíciles. Algunos ponen caras de pocos amigos y rechazan a sus amigos cuando más los necesitan. Muchos se ensimisman en un silencioso aislamiento, y crean la impresión de que quieren estar solos. ¡No lo crean así! La asistencia del amigo es más valiosa en esos momentos que en cualquier otro.

Con frecuencia los familiares del deprimido, ignorantes de su estado, se exasperan ante su comportamiento. Por consiguiente, justamente cuando necesita de su máxima comprensión y amor, se siente agredido por duras palabras y desaprobación, lo cual complica aún más el cuadro. Y aun cuando se ensimisma, siente miedo de estar solo. No debemos esperar que tales personas, en esa situación, busquen el apoyo que precisan. Pero de cualquier manera tenemos que dárselo. La Biblia nos enseña que el amor es benigno. Si realmente amamos a alguien, le mostraremos amistad y consideración, no sólo cuando es fuerte, sino cuando más nos necesita, es decir cuando se ve hundido en el abismo de la debilidad. Las siguientes sugerencias para ayudar al deprimido no son más que una lista básica a la cual el Espíritu Santo añadirá las que sean necesarias a la luz de circunstancias particulares. La lista es indicativa pero no exhaustiva.

1. *¡Hacernos presentes!* Humanamente hablando, lo mejor que podemos hacer por un deprimido es estar a su lado cuando nos necesita. No importa que reaccione adversamente ante nuestra presencia, pues nos necesita para que lo salvemos de sus emociones autodestructivas, de sus actitudes mentales y, en algunos casos de la violencia física.

No es indispensable que hablemos o que preguntemos o que ofrezcamos consejos de ayuda. Nuestra presencia en momentos de gran desesperanza es una silenciosa evidencia de amor y contrarrestará el rechazo que de una manera u otra contribuyó a su depresión.

2. *No lo compadezcamos.* Se hundió en el pantano de la desesperación porque incurrió en la autoconmiseración. No debemos ayudarle a justificar su actitud, pero al mismo tiempo no lo condenemos. Necesita el máximo de comprensión, no condenación.

3. *Proyectemos esperanzas en la pantalla de su imaginación.* Los deprimidos proyectan desesperanza y desesperación, pues como ya lo hemos mencionado, se han destruido sus metas, miran la vida desde una perspectiva negativa, y no avizoran solución alguna. Desde tiempo atrás sus esquemas pensantes se han concentrado en el fracaso y la desesperanza, y por consiguiente las circunstancias le parecen más negras de lo que son. Por lo tanto será beneficioso todo gentil susurro de esperanza que le digamos al oído, en vista de sus actuales circunstancias.

Muchas veces en mi sala de consejero, durante la primera entrevista, logro proyectar sobre la pantalla de la imaginación del deprimido la certeza de una esperanza. Si se retira con un rayo de esperanza de que alguien honestamente anticipa una inminente solución a su dilema, con toda probabilidad mejorará su estado mental en las subsiguientes entrevistas.

Una mujer estaba tan convencida de lo incurable de su condición, que abandonó mi sala tan descorazonada como al llegar. Para sorpresa mía volvió la segunda vez notoriamente mejorada. Si bien en su interior persistía su pesimismo, en cierta medida se sin-

tió apoyada ante mi confianza de que Cristo era realmente la respuesta y que había esperanzas. Primero
sacó fuerzas de mi seguridad en Cristo; luego; gradualmente, proyectamos en la pantalla de su imaginación lo que Cristo podía hacer por ella. Finalmente
hizo suyos los principios de la esperanza por medio
de la palabra de Dios.

4. *Estimular pero no discutir.* Mientras formulamos
juntos el programa de esperanza que se puede obtener por Cristo, debemos ignorar sus mecanismos de-
rrotistas y negativistas de defensa, y no ser excesivamente positivos. En esos momentos puede resentirse de nuestra fe, de modo que debemos obrar con
gentileza y comprensión.

5. *Tratar de hacerlo pensar en otras cosas y no solamente
en sí mismo.* El ocuparse de sí mismos es un rótulo
característico de los deprimidos. En tanto sea posible
debemos hacerlo pensar en otros. Una mujer que me
consultó me dijo que había recibido ayuda del conductor del
taxi en camino a mi despacho. Evidentemente se trataba de
una mujer que era bastante habladora y que sintiendo
lástima de sí misma no tenía inconveniente alguno en contar
a todos sus desdichas. Admitió sentirse mejor con sólo
escuchar al conductor, que tenía más problemas que ella.

6. *Tratar de comprometerlo en una actividad.* Hay
algo de terapéutico en la actividad física, pues estimula el torrente sanguíneo, produce una leve taqui-
cardia, y activa las glándulas. He descubierto que tro-
tar un rato, después de un intenso programa de predicación es tan beneficioso como dormir y en algunos casos, mejor. El cansancio emocional nos desgas-
ta, en tanto que la actividad física nos desintoxica.
Debemos fomentarle la idea de hacer algún deporte o
actividad cualquiera como sugerencia para cansarlo
físicamente.

7. *Ayudarle para que asuma gradualmente sus responsabilidades normales.* Todo el mundo tiene sus responsabilidades en esta vida, y tarde o temprano tendrá que resumirlas. Debemos cuidarnos de no poner
de golpe sobre sus hombros la totalidad de sus responsabilidades, pues la pesada carga de las mismas
pudieran ser la causa determinante de su depresión.

8. *¡No mostrarnos demasiado joviales!* El sabio, en Proverbios 25:20 dice así: "El que canta canciones al corazón afligido, es como el que quita la ropa en tiempo de frío, o el que sobre el jabón echa vinagre." Para el deprimido el individuo jovial y vocinglero es fuente de irritación.

Esto lo vi gráficamente ilustrado en mi estudio el día siguiente al que nuestra iglesia fue derrotada por el Ayuntamiento de San Diego, al solicitar el permiso correspondiente para edificar una nueva iglesia. Un querido amigo misionero, que vivía del sostén ministerial de nuestra iglesia, oyó las malas noticias y vino a alegrarme. Quería ayudar pero actuó con poca discreción. Con una amplia sonrisa en el rostro, me palmeó en el hombro y riendo exclamó: "¡ALABADO SEA EL SEÑOR!" Por raro que parezca, mi reacción fue de intensa ira. Me resentí con él no solamente por su falta de tacto y comprensión, sino por su alegre sonrisa. De nada me ayudó el hecho de saber que él tenía razón y yo estaba cien por ciento equivocado.

No era compasión lo que yo necesitaba, pero sí comprensión. No me dio ninguna de las dos cosas. Cuando tratamos de infundir ánimos en una persona, debemos hacerlo con delicadeza, con gentileza, con ternura y lentamente.

9. *Incursionemos con él en la Palabra de Dios.* Nada ayuda tanto a un deprimido como repasar las promesas de Dios. Desgraciadamente, su depresión lo resiente contra Dios, y se queda sin la única solución a su problema emocional. Si nos permite que le leamos algunas porciones de la Biblia, hagámoslo así. Debemos sugerirles los pasajes claves que *él* debe leer, como son algunos de los grandes salmos de David, que experimentó en carne propia la depresión y sabía cómo curarla. También hay que sugerirle la lectura de algún buen libro que podamos recomendarle. Tengo la esperanza de que este libro llegue a ser un medio terapéutico cuya lectura resulte beneficiosa para los deprimidos.

10. *Oremos con él en espíritu de gratitud.* Raramente los deprimidos llegan al extremo de negarse a una oración, que generalmente reconocen como su

última esperanza. Pero asegurémonos de que estamos orando a Dios *sobre* ellos y su problema, y no *a* ellos. En esos momentos somos en extremo vulnerables, pues nuestra oración revelará sin lugar a dudas si hemos comprendido o no el problema que aflige al amigo. No debemos condenarlo por su resentimiento y autoconmiseración. Dejemos que el fallo de culpabilidad lo establezca el Espíritu Santo, y oremos con gratitud por las cosas que Dios le ha dado en la vida. El solo escuchar la oración de acción de gracias y nuestra comprensión, pueden ejercer una acción terapéutica.

11. *Dediquémosle el tiempo necesario.* La Biblia nos enseña que la primera característica del amor es la paciencia, significando con ello el aguante. Si realmente amamos a una persona, debemos demostrarlo cuando está deprimido, permaneciendo a su lado todo el tiempo que sea necesario, bridándole la seguridad de que alguien en verdad lo ama.

Cómo ayudar a los que se hallan en las garras de la desesperación y la pesadumbre

La muerte de un ser querido lleva, naturalmente, a la pesadumbre. Y esta regla se cumple aun con los más fervientes cristianos. Muchos son los cristianos que me han dicho, después de la muerte de un ser querido, que "Nunca estamos realmente preparados para la muerte". Si bien esto es cierto, los cristianos no se entristecen "como los otros que no tienen esperanzas".

La primera epístola a los Tesalonicenses tuvo por destinataria una joven iglesia, con el fin de consolarla por la pérdida de seres queridos. El consuelo del pasaje de 4:13-18 se fundó en la promesa de que veríamos, una vez más, a nuestros seres amados creyentes. Esa verdad constituye uno de los grandes tesoros de la Biblia. Habida cuenta de que Jesucristo vendrá otra vez, todos los que confían en él se reunirán un día. Los que de una manera realista proyectan esa verdad en la pantalla de su imaginación, reducirán notablemente la tragedia de la pesadumbre. El dolor provocado por la pérdida no puede ser eliminado de inmediato, pero gradualmente disminuye.

En esos momentos de aflicción resulta difícil consolar al no cristiano, porque está "sin Cristo, y... sin esperanza... en el mundo" (Efesios 2:12). A veces tales personas claman a Dios en su desesperación y se salvan. Cualquiera que sea su condición, necesitan compañerismo, pues el estar solos es lo peor que puede ocurrirles en esos momentos. Afortunadamente hay en casi todos los seres humanos una conciencia casi intuitiva sobre esto, lo que explica que los parientes y seres queridos acudan en tropel para estar al lado del que ha perdido a su cónyuge, a su padre, a su hijo. En tales momentos todos reconocemos la necesidad de acudir a su lado.

La ayuda al apesadumbrado incluye recitarle las promesas de Dios. En los casos de extrema tristeza la mente suele ponerse en blanco. Por eso el amigo que permanece a su lado y le repite la validez de las promesas y de la fidelidad de Dios, resulta de una ayuda incomparable. Para ser un amigo así, se requiere amor, amor y más amor.

CAPITULO DIECIOCHO

La desdichada mayoría

"¿Por qué te abates, oh alma mía, y te turbas dentro de mí? Espera en Dios" (Salmo 42:5).

¡Tarde o temprano todo el mundo se deprime! Las condiciones mentales podrán no ser tan graves que requieran su hospitalización en estado catatónico o tan desesperado de la vida que intente suicidarse, pero inevitablemente alguna vez se verá en las garras de la depresión.

Para la mayoría de las personas la depresión no pasa de ser una experiencia temporaria que se instala en ellos cuando las circunstancias de la vida lo han disminuido y al mismo tiempo están descargadas sus baterías espirituales y es negativo su mecanismo de elaboración mental. Habitualmente la depresión pasa al poco tiempo, siempre y cuando la persona enderece su vida espiritual, como ya lo explicamos, y cambie sus esquemas o mecanismos pensantes apartándolas de sí mismo, de su problema o de las personas causantes del cuadro. Para eliminar la depresión no es necesario cambiar el problema, pero sí es esencial readaptar la actitud mental.

Es de esperar que el deprimido no tome decisiones transcedentales durante su depresión, que complicaría aún más las circunstancias, tales como huir del hogar, pedir el divorcio, abandonar los estudios o el trabajo. Resulta generalmente peligroso tomar decisiones de importancia cuando estamos deprimidos. Preferible es eliminar primero la depresión y luego proceder a tomar las decisiones.

Para mucha gente la depresión constituye un estilo de vida. A temprana edad aprendieron los hábitos del resentimiento y de la autoconmiseración y por ello desarrollaron un mecanismo mental celosamente protegido, que es preciso cambiar. Hay que animar y alentar a esas personas con el argumento de que si bien la depresión les significa una gran desgracia, no es necesariamente fatal. En realidad, un prolijo examen de la Biblia nos permite ver que algunos de los más grandes siervos de Dios tuvieron grandes problemas depresivos. Si es cierto el viejo adagio de que "mal de muchos consuelo de tontos", los deprimidos gozarán de este capítulo.

Job el paciente

El patriarca Job fue uno de los más grandes hombres de la antigüedad. Algunos creen que fue contemporáneo de Abraham y, de ser así, vivió alrededor de 400 años antes de Moisés. Algunos historiadores piensan que fue el genio que dirigió la construcción de las pirámides de Egipto.

Durante los primeros años de la vida de Job Dios lo bendijo con toda suerte de bendiciones. Entre sus posesiones figuraban siete hijos y tres hijas, 7.000 ovejas, 3.000 camellos, 1.000 bueyes, 500 asnas "y muchísimos criados". No en vano dice la Escritura que "era aquel varón más grande que todos los orientales".

Por supuesto que en esos días en que todo le iba bien a Job no tenía problema alguno con la depresión. Pero de pronto todo cambió. Sus animales fueron robados o muertos y un tornado destruyó la casa de su primogénito, durante una fiesta, y mató a todos sus hijos. Para colmo de males su cuerpo se cubrió "con una sarna maligna desde la planta del pie hasta la coronilla de la cabeza".

Si bien Job no se dio cuenta de que Dios lo sometía a una prueba para determinar su fidelidad, durante todo el tiempo que duró esta tragedia no pecó, aun cuando su esposa lo instó a que maldijera a Dios, diciéndole "¡maldice a Dios y muérete!" Su reacción positiva ante toda esta tragedia, que hubiera hundido a cualquier persona normal en el más profundo abismo de la desesperación, le ha dado la reputación de ser el hombre más paciente del mundo.

Pero todo hombre, aun Job, tiene un punto de resistencia más allá del cual no puede llegar. La gota de agua que faltaba fueron sus tres amigos que llegaron para convencerlo que confesara el pecado en su vida, responsable de esta serie de tragedias. Después de permanecer sentado en el suelo varios días, Job habló. Sus palabras revelan claramente la depresión que lo acometía, porque finalmente incurrió en el pecado del resentimiento y de la autoconmiseración. Es fácil comprobar lo que acabamos de decir, leyendo cuidadosamente los capítulos tres y siete. Algunos de los pensamientos que indican su autoconmiseración son los siguientes:

3:1 "Job abrió su boca y maldijo su día".

3:3 "Perezca el día en que yo nací..."

3:4 "Sea aquel día sombrío, y no cuide de él Dios desde arriba, ni claridad sobre él resplandezca."

3:6 "Ocupe aquella noche la oscuridad; no sea contada entre los días del año, ni venga en el número de los meses."

3:10 "Por cuanto no cerró las puertas del vientre donde yo estaba, ni escondió de mis ojos la miseria."

3:11 "¿Por qué no morí yo en la matriz?"

Sólo un corazón de piedra no podría comprender la pecaminosa respuesta de Job; pero esto no lo excusa ni lo mitiga. Este hombre sufrió un ataque depresivo por la misma pecaminosa actitud mental que provoca la depresión hoy en día: la autoconmiseración. Cuando confesó su pecado (7:20, 21) y expresó que había mantenido su fe en Dios a pesar de su tremenda desgracia, Job fue perdonado y su espíritu se reanimó. A continuación se suscitó un debate con sus amigos en el cual atestiguó su fidelidad a Dios. En los capítulos 9 al 41 se lee acerca de la elevación de su espíritu y del aumento de su fe, *antes* de que las circunstancias mejoraran. Como resultado de ello Dios bendijo a Job aumentando "al doble todas las cosas que habían sido de Job" (42:10). Y no solamente vio recuperadas sus riquezas materiales, sino que él y su esposa tuvieron otros siete hijos y tres hermosas hijas. Y además le fue concedida una larga vida y buena salud, pues vivió 140 años y vio cuatro generaciones de sus hijos.

La principal lección que debemos aprender de Job no es solamente que debemos regocijarnos a pesar de las circunstancias increíblemente trágicas, sino que aun cuando no lo hagamos al comienzo, es posible lograr el perdón mirando a Dios por medio de los ojos de la fe. El se mantiene siempre fiel a sus hijos, pues sabe cuánto podemos y cuánto no podemos soportar. Dios no nos guarda rencor porque al principio reaccionemos inadecuadamente, y está siempre dispuesto a perdonar y a restaurar.

Job fue instrumento poderoso en las manos de Dios, *después* de su depresión.

El mayor líder de la historia

Cuando se lo juzga según sus logros personales y el impacto que provocó en la humanidad, Moisés sobresale como el mayor líder de la historia. No sólo sacó de Egipto a tres millones de rezongones judíos y los guió durante 40 años en el desierto, sino que además sirvió como instrumento de Dios, para redactar el más notable código ético que ha conocido el mundo.

Ya dijimos en capítulos anteriores, que la oración de autoconmiseración de Moisés, registrada en Números 11:10-15, fue utilizada como una clásica ilustración de oración perjudicial. En el versículo 15 leemos que su depresión llegó a un grado tal que le pidió a Dios: "...yo te ruego que des muerte..." Felizmente para Moisés y para el pueblo de Israel, Dios hizo caso omiso de su pedido, pero el hecho de que lo solicitara pone en evidencia que en él era habitual el pecado de autoconmiseración. Cuando estudiamos su vida nos damos cuenta de que también padecía problemas de ira y resentimiento. Pongamos a la par estos dos pecados y tenemos la fórmula perfecta de la depresión.

El hecho de que Dios le perdonó a Moisés su auto-conmiseración y subsiguiente depresión, y que continuó utilizándolo durante 38 años más, es una buena ilustración de que la depresión no tiene que ser necesamente fatal. Las personas con tendencias depresivas, pueden ser utilizadas por Dios, si se arrepienten de su maligno mecanismo pensante y confían en él para el futuro. Y esto es particularmente cierto si logran arraigar en su mente los principios bíblicos como normas de su vida, para que en un momento de depresión no cometan un grave error que enrede su vida de tal manera, que al pasar la depresión se transformen en parias a quienes Dios no pueda utilizar para hacer cumplir su perfecta voluntad en la vida.

Otro gran líder que apareció en el proscenio de este mundo doce siglos después de Moisés, ofrece, por contraste, un buen ejemplo. Triunfador sobre todo el mundo occidental a la edad 33 años, Alejandro Magno padeció una crisis depresiva porque no quedaban mundos por conquistar. Durante su depresión se dio a la bebida y se dice que prácticamente la bebida lo mató. Los valores morales y los principios bíblicos para un estilo de vida tal como se los encuentra en la Biblia, al disponerlos ordenadamente en nuestro fichero mental, nos guardarán de semejantes tragedias.

El padre de los profetas

Después de Moisés, probablemente fue Elías el más grande de los hombres del Antiguo Testamento. Contaba con poderes milagrosos para curar enfermos, resucitar a los muertos, impedir la lluvia durante tres años y aun para hacer descender fuego del cielo. Y en una ocasión él sólo mató a 450 malvados profetas de Baal que cometieron el peor pecado conocido de los hombres, es decir el engañar a la gente en cuanto a Dios. Estableció la escuela de los profetas que fue utilizada poderosamente por Dios para guardar a Israel y a Judá de abrazar el paganismo idolátrico, antes de que finalmente lo hicieran.

Si bien era un gran hombre de Dios, también Elías conoció la derrota de la depresión. En cierta ocasión se sintió tan abatido que le pidió a Dios que lo matara (1 Reyes 19:4).

Algunos estudiosos de la Biblia han propuesto ciertas sugerencias algo fantasiosas en procura de justificar su depresión: "Una relajación sicológica después de la confrontación pública con los profetas de Baal en el Monte Carmelo". "Estaba desilusionado con el pueblo de Israel, porque tantos de ellos adoraban a Baal", o "La reina Jezabel estaba tras de él y tenía fama de ser maligna y depravada". Sin embargo, como todas las excusas modernas, esas explicaciones no son más que merengue intelectual: pura espuma y nada de substancia. ¡Elías se deprimió por la sencilla razón de haber incurrido en la autoconmiseración! 1 Reyes 19:10 muestra claramente cuál era su proceso mental: "He sentido un vivo celo por Jehová Dios de los ejércitos; porque los hijos de Israel han dejado tu pacto, han derribado tus altares, y han matado a espada a tus profetas; y sólo yo he quedado, y me buscan para quitarme la vida."

La realidad era muy otra, pues había 7.000 profetas que mantenían su fidelidad a Dios. Pero en la mente de Elías él era el único profeta fiel que quedaba. La autoconmiseración siempre nos enceguece para no ver los recursos y exagerar las dificultades.

¿Quién puede decir que nunca tales pensamientos se le cruzaron por la mente? "Soy el único que puede hacer esta tarea". "Soy el único que no puede cantar". "Mis padres me regañan solamente a mí y no a mis hermanos". Esa desobediente forma de pensar lleva en última instancia a la depresión, que persistirá en tanto no se cambie el esquema pensante.

Afortunadamente para Israel y para Elías, el profeta se arrepintió de su pecado, el Señor lo protegió y vivió más que Jezabel y su malvado esposo el rey Acab.

El profeta enfadado

Si el número de almas convertidas a Cristo por la predicación de un hombre fuera la medida de su grandeza, el profeta Jonás sería el más grande predicador de todos los tiempos. Se estima que más de un millón de ninivitas se arrepintieron como resultado de su predicación.

En lugar de sentirse feliz por la manera en que Dios lo utilizó para salvar a tanta gente, a este profeta lo afectó una rara crisis depresiva. Llegó al extremo de elevar la siguiente oración: "Ahora pues, oh Jehová, te ruego que me quites la vida; porque mejor me es la muerte que la vida" (Jonás 4:3).

No es difícil comprender que un consejero secular hurgaría en busca de un profundo y escondido problema emocional en la vida de Jonás para explicar su estado depresivo. Y algunos podrían atribuirlo a la relajación que sigue a su agotadora campaña de predicación. Pero queda vigente el simple hecho de que Jonás "se apesadumbró en extremo" y "se enojó". Se enojó con Dios porque Dios les perdonó a los ninivitas sus pecados y también les perdonó la vida. ¡Jonás odiaba a los ninivitas! Bien es cierto que su odio no dejaba de tener justificación humana, puesto que por años persiguieron cruelmente al pueblo de Israel. Probablemente estaba fascinado por la idea de que Dios al fin los destruiría, por lo cual, sin duda, se negó a predicarles. De modo que cuando Dios los perdonó, su furia no conoció límites. Su ira lo llevó a la autoconmiseración y en última instancia a un estado tal de depresión, que le pidió a Dios que lo dejara morir. ¡Qué ejemplo de transformar una ocasión indudablemente gozosa en una experiencia depresiva! Jonás debió confiar en Dios para dar solución a un problema que él no entendía. Pero en lugar de ello su autoconmiseración obró como un cortocircuito para anular sus posibilidades potenciales de regocijarse, de modo que se ensimismó en la angustia de la soledad, murmurando por lo bajo y quejándose a Dios.

Podríamos tentarnos a disculpar a Jonás, puesto que el mandamiento del Nuevo Testamento "dad gracias en todo" (1 Tesalonicenses 5:18) aún no se había escrito. Pero de lo que sí podemos estar seguros es que si hubiera dado gracias a Dios por el formidable avivamiento espiritual de Nínive, jamás habría caído en la depresión.

El profeta llorón

Algunos personajes inscribieron sus nombres en las páginas de la historia en momentos que el más apreciado servicio que podían hacer por su patria era llorar. Jeremías vivió en ese tiempo. Y lloró. Y sus lágrimas eran justificadas. Israel, la gran nación antaño bendecida por Dios, había apostatado a tal grado, que había sido llevada en cautiverio 135 años antes. A Judá la salvó el avivamiento espiritual durante el reinado de Ezequías y la acción del profeta Isaías. A esta tribu del sur huyeron, para salvarse, todos los fieles hijos de Israel. A pesar de que Dios salvó con mano poderosa a esta pequeña nación, sus hijos olvidaron, eventualmente, al Dios de sus padres. Y fue a esa nación que Dios llamó a Jeremías, el profeta llorón.

Con gran preocupación y llorando abiertamente, advirtió al pueblo que si no se arrepentían de sus pecados y tornaban a Dios, los babilonios destruirían su ciudad y los llevarían cautivos. En lugar de agradecer esta honesta advertencia y exhortación al arrepentimiento para evitar así el inminente juicio de Dios, el pueblo se volvió contra Jeremías sin misericordia alguna. Varias veces fue encarcelado y en una de ellas, puesto en el cepo. Si bien respondió a los dictados del Espíritu durante casi toda su vida, en una ocasión padeció una crisis depresiva, según se comprueba en su vida de oración. En el capítulo 15 del libro que lleva su nombre, hallamos una oración que revela la profundidad de su autoconmiseración. "¡Ay de mí, madre mía, que me engendraste hombre de contienda y hombre de discordia para toda la tierra! Nunca he dado ni tomado en préstamo y todos me maldicen." (Jeremías 15:10.)

Finalmente se dirigió al Señor en un trágico arranque: "No me senté en compañía de burladores, ni me engreí a causa de tu profecía; me senté solo, porque me llenaste de indignación. ¿Por qué fue perpetuo mi dolor, y mi herida desahuciada no admitió curación? ¿Serás para mí como cosa ilusoria, como aguas que no son estables?" (vv. 17, 18.) El Señor le respondió a Jeremías: ". . .pelearán contra ti, pero no te vencerán; porque yo estoy contigo para guardarte y para defenderte... Y te libraré... de la mano de los fuertes". (vv. 20, 21.)

Pareciera que Dios entiende perfectamente bien cuando sus hijos caen en la autoconmiseración, particularmente cuando las presiones de la vida se hacen insoportables. Pero eso no los salva de la depresión que naturalmente le sigue. Jeremías aceptó las seguridades que Dios le dio, de que "yo estoy contigo para guardarte" y sirvió a Dios durante muchos años. En realidad las condiciones externas empeoraron, pero miró a Dios para evitar una recidiva de su depresión.

Todos podemos aprovechar la lección que Jeremías aprendió con sus dificultades, y que se refleja en una de sus breves oraciones: "Fueron halladas tus palabras, y yo las comí; y tu palabra me fue por gozo y por alegría de mi corazón" (15:16). La mejor fuente de gozo para los deprimidos hijos de Dios la tenemos cuando miramos al Señor en su Palabra.

CAPITULO DIECINUEVE

Un optimista de ochenta y cinco años de edad

"Dad gracias en todo, porque esta es la voluntad de Dios para con vosotros en Cristo Jesús" (1 Tesalonicenses 5:18).

No es frecuente hallar un auténtico optimista, particularmente cuando tiene 85 años de edad. Contemporáneo de Moisés y Josué, este hombre de fe contagiosa hace una clásica ilustración de los principios sustentados en este libro. Hasta donde sé, no se registra un solo hecho negativo en la vida de este gran hombre. Si bien tenía más de una razón para incurrir en la autoconmiseración, pareciera que nunca lo hizo, aun cuando era un octogenario. Aparte de tener una fe vital en Dios, contaba con una actitud mental y una visión altamente positivas que todos deberían imitar. Si así lo hicieran, estamos seguros de que los días que vivimos serían conocidos como la década del optimismo, en lugar de "la década de la depresión".

Mi personaje favorito

La Biblia registra las proezas de centenares de grandes hombres. El que sobresale una cabeza por encima de todos es un hombre de Dios poco conocido, llamado Caleb. Si bien no figura en la lista neotestamentaria de "Quién es quien" en Hebreos 11, este hombre de espíritu optimista servirá de inspiración a todo aquel que esté interesado en el estudio de la gente.

La primera vez que aparece en las páginas de la Sagrada Escritura, la nación de Israel enfrentaba una prueba crucial. El Señor los había sacado de Egipto, les habló en Sinaí, y los llevó a la frontera sur de la tierra que les prometió. Para estimular a su pueblo, Dios le dio instrucciones a Moisés de escoger un líder de cada una de las doce tribus para "que reconozcan la tierra de Canaán" (Números 13:2).

El espía de Dios

Caleb contaba con 40 años de edad y era un líder de su tribu cuando fue elegido para espiar la tierra. Comisionado para descubrir la fuerza de sus adversarios, la ubicación y emplazamiento de sus ciudades y plazas fuertes, y las condiciones del territorio, hizo bien su tarea. No contento con ser el portador verbal de un informe, él y su amigo Josué, principal lugarteniente de Moisés, volvieron trayendo fruta de la tierra, que incluía gigantescos racimos de uvas acarreados cada uno por dos hombres, sostenidos con palos.

Cuando volvieron a Cades, donde la gente esperaba el informe, una multitud los rodeó para escuchar lo que tuvieran que decir. A pesar de lo fructífero de la tierra que "fluye leche y miel", lo que los impresionó fue la fuerza y el tamaño de los enemigos.

La incredulidad tiene una rara manera de aumentar las dificultades y disminuir los recursos. ¡Y además es contagiosa! Los diez espías de poca fe resumieron su informe sobre los gigantes de la tierra en los siguientes términos: "No podremos subir contra aquel pueblo, porque es más fuerte que nosotros... y éramos nosotros, a nuestro parecer, como langostas; y así les parecíamos a ellos" (Números 13:31, 33).

Los diez espías de poca fe "hablaron mal", es decir rindieron un informe pesimista de la situación. Esa actitud revela una de las más comunes consecuencias de la incredulidad, porque subestima la propia capacidad, exagera al máximo la potencia del enemigo e ignora totalmente el poder de Dios al dirigir permanentemente los asuntos de Israel. En consecuencia arribaron a una conclusión totalmente negativa, no de acuerdo con la realidad. Esta tendencia limitó seriamente el uso que Dios podía hacer de su vida y puso en peligro la vida de sus familias.

Caleb se levantó e "hizo callar al pueblo delante de Moisés, y dijo: "subamos luego, y tomemos posesión de ella; porque más podremos nosotros que ellos . . . Si Jehová se agradare de nosotros, él nos llevará a esta tierra, y nos la entregará; tierra que fluye leche y miel" (Números 13:30; 14:8).

Desgraciadamente para Israel, el pueblo creyó en el informe de la mayoría y no en el fiel testimonio de Caleb y de Josué. A consecuencia de ello, en lugar de entrar en inmediata posesión de su herencia, se vieron obligados a deambular por el desierto durante cuarenta años. De todos los adultos vivos en esa época, solamente se les permitió entrar en el territorio a Caleb y a Josué, 39 años después. ¡Los demás murieron en el desierto, debido a la incredulidad!

Cuarenta y cinco años después

Cuando finalmente llegó el momento en que los hijos de Israel poseerían la tierra de Canaán, aun el gran líder Moisés había muerto. Fue Josué, su sucesor, el que guió la nueva generación de israelitas a la tierra que Dios les prometió. Contrariamente a un erróneo concepto muy popularizado, el quitarle la tierra a los gigantes no fue tarea fácil. Fueron necesarios seis años de cruenta guerra para que las doce tribus se sintieran lo suficientemente seguras para establecerse en el territorio. Bajo la dirección de Josué, Caleb fue un líder activísimo durante esos terribles años de guerra.

Cierto día, casi al final de la misma, los dos sobrevivientes de la peregrinación por el desierto se reunieron para conversar. Caleb le recordó a su viejo amigo Josué la promesa que le hizo Moisés 45 años atrás: "Ciertamente la tierra que holló tu pie será para ti, y para tus hijos en herencia perpetua, por cuanto cumpliste siguiendo a Jehová tu Dios. Ahora bien, Jehová me ha hecho vivir, como él dijo, estos cuarenta y cinco años, desde el tiempo que Jehová habló estas palabras a Moisés, cuando Israel andaba por el desierto; y ahora, he aquí, hoy soy de edad de ochenta y cinco años. Todavía estoy tan fuerte como el día que Moisés me envió; cual era mi fuerza entonces, tal es ahora mi fuerza para la guerra, y para salir y entrar. Dame, pues, ahora este monte, del cual habló Jehová aquel día; porque tú oíste en aquel día que los anaceos están allí, y que hay ciudades grandes y fortificadas. Quizás Jehová estará conmigo, y los echaré, como Jehová ha dicho" (Josué 14:9-12).

Cuando Caleb hizo este pedido sabía que todos los gigantes que quedaban en el territorio habían huido a ese monte, pero eso no intimidó en lo más mínimo el espíritu de este octogenario. A pesar de que sus enemigos estaban bien apercibidos y habían atrincherado la montaña haciéndola una plaza fuerte de los gigantes, dijo "Dame, pues, ahora este monte". Sabía que su Dios era más que capaz para entregárselo en sus manos ¡y así fue!

La Biblia no nos dice a qué edad murió Caleb, pero se infiere que vivió muchos años en ese monte. Probablemente desde allí divisaba un hermoso panorama de la tierra que se extendía a sus pies.

El secreto de la actitud mental de Caleb

Si alguna vez pudo justificarse la autoconmiseración, humanamente hablando, Caleb tenía razones más que suficientes para incurrir en ese pecado. Condenado a mascar tierra en el desierto durante 39 años debido a pecados ajenos, podría haberse transformado en el hombre más quejoso de su época. Hubiera rumiado pensamientos tales como "Si ese pueblo incrédulo nos hubiera escuchado a Josué y a mí, podríamos haber asentado en la tierra en la flor de nuestra edad." Cada vez que se levantaba una tormenta de tierra, fácilmente podría haberles echado la culpa de la situación a los incrédulos.

Pero es interesante consignar que ni una sola palabra se menciona de que haya rezongado o sentido lástima de sí mismo. En lugar de ello engendró varios hijos y juntamente con su esposa los educó para servir al Señor. Y a lo largo de todos esos años tuvo como meta edificar un día su hogar en esa hermosa montaña que vio, cuando espiaba la tierra, a los 40 años de edad. No tenía la menor idea de cómo lo haría, pero tenía la más absoluta confianza de que eventualmente Dios cumpliría su promesa. Y aun cuando tuvo que esperar 45 años, comprobó que Dios no solamente era fiel, sino que experimentó, finalmente, las "superabundantes bendiciones" por las cuales nuestro Dios es famoso.

El verdadero secreto de la grandeza de Caleb se deja ver en la forma en que Dios lo describe, como "mi siervo Caleb por cuanto hubo en él otro espíritu, y decidió ir en pos de mí" (Números 14:24). Ese otro espíritu que caracterizó a Caleb era, sin duda, el Espíritu Santo, que es el rótulo de todo cristiano obediente, lleno de fe y del Espíritu. Todos nosotros podemos tener ese mismo espíritu. Es, ciertamente, *la voluntad de Dios que así sea para nuestra vida*.

De una cosa debemos estar seguros: el espíritu de Caleb que tan valientemente lo protegió contra la depresión, puede ser nuestra porción. Si, como Caleb, aprendemos la principal lección espiritual, frente a las presiones emocionales, de que debemos "en todo dar gracias" sea que comprendamos o no las circunstancias de la vida, esperando la solución final de Dios para nuestro problema, jamás seremos vencidos por la depresión. ¡Depende íntegramente de nosotros!

Nos agradaría recibir noticias suyas.
Por favor, envíe sus comentarios
sobre este libro
a la dirección que aparece a continuación.
Muchas gracias.

EDITORIAL VIDA
8325 NW 53rd St., Suite: 100
Miami, Florida 33166-4665
Vidapub.sales@harpercollins.com
http://www.editorialvida.com